DÉJÀ VU

MARIE D. JONES & LARRY FLAXMAN

DÉJÀ VU

Tradução
Evelyn Massaro

NOVA ERA

CIP-BRASIL. CATALOGAÇÃO NA FONTE
SINDICATO NACIONAL DOS EDITORES DE LIVROS, RJ

J66d
Jones, Marie D., 1961-
Déjà vu / Marie D. Jones e Larry Flaxman; tradução: Evelyn Massaro.
— Rio de Janeiro: Nova Era, 2012.

Tradução de: The déjà vu enigma
ISBN 978-85-7701-340-1

1. Parapsicologia. 2. Psicologia. 3. Alucinações e ilusões. I. Flaxman, Larry. II. Título.

12-0466.
CDD: 153.7
CDU: 159.961.2

Título original norte-americano:
The déjà vu enigma

Copyright da tradução © 2012 by EDITORA BEST SELLER LTDA
Copyright © 2010 by Marie D. Jones and Larry Flaxman

Publicado originalmente em inglês pela Career Press, 220 West Parkway, Unit 12, Pompton Plains, NJ 07444 USA.

Capa: Lauro Machado
Editoração eletrônica: Ilustrarte Design e Produção Editorial

Todos os direitos reservados. Proibida a reprodução, no todo ou em parte, sem autorização prévia por escrito da editora, sejam quais forem os meios empregados, com exceção das resenhas literárias, que podem reproduzir algumas passagens do livro, desde que citada a fonte.

Direitos exclusivos de publicação em língua portuguesa para o Brasil adquiridos pela EDITORA NOVA ERA, um selo da EDITORA BEST SELLER LTDA.
Rua Argentina 171 – Rio de Janeiro, RJ – 20921-380 – Tel.: 2585-2000
que se reserva a propriedade literária desta tradução

Impresso no Brasil

ISBN 978-85-7701-340-1

Seja um leitor preferencial Record.
Cadastre-se e receba informações sobre nossos lançamentos e nossas promoções.

Atendimento e venda direta ao leitor:
mdireto@record.com.br ou (21) 2585-2002

Para Max e Mary Essa.

SUMÁRIO

AGRADECIMENTOS		9
PREFÁCIO	Nós enganamos o Barqueiro?	15
INTRODUÇÃO	Você já leu isso antes?	22
CAPÍTULO 1	Fazendo de novo pela primeira vez	27
CAPÍTULO 2	O labirinto da memória	62
CAPÍTULO 3	O outro lado do normal	84
CAPÍTULO 4	Você vê o que eu vejo?	107
CAPÍTULO 5	Assustadores: isto é o que seu cérebro pensa sobre fantasmas	136
CAPÍTULO 6	Eu lancei um feitiço em você	172
CAPÍTULO 7	Viagens da mente e lapsos de tempo	198
CAPÍTULO 8	Viajando pelo espaço dos sonhos	225
CAPÍTULO 9	Você já leu isto antes? Revisitado	253
FONTES		265
BIBLIOGRAFIA		268

AGRADECIMENTOS

Marie e Larry gostariam de agradecer a Lisa Hagan, extraordinária agente, amiga e aliada, pela sua inabalável crença em nosso trabalho e por nos ajudar a encontrar uma maneira de expor nossas ideias. Também a Michael Pye, Laurie Kelly-Pye e toda a equipe da New Page Books agradecemos a oportunidade de prosseguir com nossa obra e de trazê-la ao conhecimento do mundo. Imagine... três livros agora! Estamos na crista da onda! Somos gratos, também, à maravilhosa equipe da Warwick Associates, pela sua fantástica publicidade e promoção dos nossos livros. Somos gratos, ainda, a Prue, pela sua atuação na internet! Agradecemos igualmente a cada um que contribuiu com ideias, experiências, validações e casos. São vocês que tornam nossos livros mais ricos em profundidade e insight.

Marie: Quero agradecer a minha mãe, Milly, e a meu pai, John, pelo inabalável apoio e por pensarem que sou uma pessoa brilhante, apesar de eu não saber por quê. Agradeço a minha irmã e companheira de estudos Angella, a meu irmão maluco, John, que me faz rir às gargalhadas, e a minha família ampliada: Winnie, Efren e família, Alana, Aaron, os Avakian, os LaConte e todos os meus amigos queridos, velhos e novos, que nunca deixam de torcer por mim e não se importam se solto meus cabelos sempre que tenho vontade, o que é comum! Obrigada a você, Susanne, pelo lindo website. Obrigada, também, aos que continuam me apoiando, compram meus livros e vêm assistir minhas palestras. Por alguma estranha razão eles parecem pensar que tenho algo importante a dizer, e sou eternamente grata por ouvirem e compartilharem suas ideias comigo. Acima de tudo, agradeço a Max, dono do meu coração e governante da minha vida. Você é o ser humano mais esperto e sábio que conheço, embora tenha apenas 9 anos de idade. Você é minha Luz Interior. E como sabe dançar! Ninguém poderia imaginar que um garoto branco tivesse tanto ritmo!

E, acima de tudo, sou grata a Larry Flaxman, por mais de dois anos de companheirismo e três livros dignos da mais bela amizade e parceria que já existiu. Apesar de ser escritora, não encontro palavras para descrever o orgulho e a honra que sinto por ser sua amiga e trabalhar com você. Sei que tivemos momentos difíceis, mas valeu a pena. Vamos assumir a direção do mundo — ou, no mínimo, mudá-lo para melhor, com nossas ideias e insights. Até agora foi uma jornada e tanto, e espero que dure por muitos e muitos anos.

Larry: É uma bênção conviver com tantas pessoas maravilhosas, e para agradecer a todas eu precisaria escrever um outro livro! Como você, leitor, está aqui para ler sobre o *déjà vu* e outras anomalias da mente, e não meus agradecimentos, tentarei ser breve. Em primeiro lugar, gostaria de agradecer a minha mãe, Sheila, e a meu pai, Norman, por tudo o que tenho na vida. Vocês têm sido uma constante inspiração e sou profundamente grato pelo inabalável incentivo. Agradeço a meu irmão, Jon, pelo seu bom humor e presença de espírito. E um obrigado muito especial a minha esposa, Emily, cuja compreensão, apoio e tolerância com minha agenda absolutamente frenética a faz ser uma discípula de Jó. Agradeço minha melhor "amiguinha", minha filha Mary Essa, também conhecida como "Honey". Mesmo sendo escritor, encontro dificuldade para colocar em palavras o que você faz por mim. Sempre que ouço "Papai" ou "Preciso de você"... meu coração se derrete. Jamais imaginei que ser pai poderia ser tão incrível. O trabalho de um escritor é sua arte, seu legado. Você, filha, é minha obra-prima, e depois que você chegou, sinto-me realizado. Agradeço também à minha família estendida, a ARPAST, especialmente seus diretores: vocês me mantêm centrado e me ajudam na minha busca científica. E, por fim, sou extremamente grato aos meus fãs. Quem poderia imaginar que um dia eu teria fãs? Vocês são maravilhosos! Para terminar, agradeço a Marie Jones. Parece que foi ontem que li *PSIence* e me senti compelido a passar um e-mail para você falando sobre meus pensamentos. Ainda não sei o que me fez entrar em contato com uma "pessoa famosa". É maravilhoso trabalhar com você e ser seu parceiro, mas a maior honra é poder chamá-la de amiga. Orgulho-me muito do que realizamos até agora, e estou ansioso pelo que está por vir. Quer seja o destino, providência ou a tão famosa "sorte", acredito firmemente que fomos reunidos para realizar algo grande. Segure-se firme: vai ser uma viagem incomparável!

"Há uma diferença entre conhecer o caminho e trilhar o caminho."
Morfeu, *Matrix*

"Com diligência e tenacidade, Mary Jones e Larry Flaxman reuniram uma impressionante seleção de pesquisas e ideias de última geração que estão acontecendo no mundo inteiro. Poder-se-ia dizer que tudo isso representa um esforço conjunto para ampliar nossa compreensão sobre o lugar que ocupamos no universo e sobre todos os maravilhosos talentos que aparentemente estão nos fundamentos da nossa constituição como seres humanos. É algo que todos deveríamos conhecer, por isso espero que este livro seja amplamente lido.

Sinto-me lisonjeado por eles terem incluído partes do trabalho ao qual tenho me dedicado (no primeiro capítulo) e espero que os temas apresentados ao longo do livro sejam um estímulo para o surgimento de novas pesquisas e discussões. Penso que vivemos um momento empolgante de nossa história devido aos inúmeros novos aspectos do mundo e de nossa natureza, que estão sendo descobertos e ampliados. Em face da amplitude do que está aqui apresentado, estou convencido de que este livro será uma importante contribuição para novos avanços, porque nos mostra até onde chegamos e o que teremos de fazer no futuro. Novas portas estão se abrindo, e essa abrangente pesquisa revela quais são elas e nos oferece sugestões do que se pode esperar do outro lado."

ART FUNKHOUSER
Psicoterapeuta junguiano e pesquisador
da experiência do *déjà vu*

PREFÁCIO

Nós enganamos o Barqueiro?

Em *Déjà vu* os autores Marie D. Jones e Larry Flaxman apresentam uma empolgante e muito necessária compilação das mais modernas pesquisas e teorias numa tentativa de explicar um dos mais misteriosos estados de consciência vivido pelos seres humanos: a sensação de que já vivemos o momento presente em alguma ocasião do passado. Ela é comumente chamada de *déjà vu*, ou seja, já visto, mas a denominação agora está sendo substituída pelo termo mais preciso, *déjà vecu*: já vivido. Curiosamente, foi essa mesma sensação que me levou a propor uma explicação radicalmente nova sobre o que está de fato acontecendo quando sentimos que já vivemos o momento presente anteriormente, uma hipótese que chamo de *Cheating the Ferryman* (CTF) [*Enganando o Barqueiro*].

Sofro de enxaqueca ou, como costumo dizer, sou um "enxaquecoso". Desde que me entendo por gente, tenho tido dores de cabeça terríveis e perturbações visuais. No entanto, uns 15 anos atrás as coisas mudaram. De uma hora para outra parei de ter a dor, mas as perturbações visuais mudaram em caráter e intensidade. Comecei a "ver" não somente luzes brilhantes e formas serrilhadas, mas também imagens — imagens de lugares que eu jamais tinha visto e rostos de pessoas que nunca conheci. *Imagens*, contudo, é um termo inadequado. Eram mais como *flashbacks* acontecendo em minha visão periférica. O mais estranho é que estavam "lá dentro", no meu campo de visão, ao contrário das formas serrilhadas e dos escotomas cintilantes que eu percebia como vindos do meu olho ou do meu cérebro.

Essas imagens tinham motivações próprias, e eu não conseguia controlá-las. Os rostos apareciam de frente ou de perfil e abriam a boca como se fossem falar. Entretanto, quando eu tentava focalizá-los ou prestar atenção neles, se desvaneciam e sumiam. Esse mesmo desaparecimento gradual era uma característica das imagens de lugares, mas, por serem extremamente nítidas, ficaram gravadas em minha memória. Ainda me lembro delas com absoluta clareza. Porém, as imagens começavam a sumir no instante em que eu tentava "olhar" para elas. Era como se eu tivesse de fingir desinteresse, como se as estivesse espreitando. O mais estranho é que elas sempre ficavam na extrema esquerda do meu campo de visão. Mais estranho ainda é que eu sabia que eram imagens de locais e pessoas verdadeiras.

Nessa mesma época, outra coisa estranha começou a acontecer. Não só minhas enxaquecas mudaram, mas algo começou a se manifestar, algo que mais tarde fiquei sabendo que era chamado de "aura da enxaqueca".

Geralmente, uns 20 minutos antes da "crise" eu me sentia muito estranho, quase deslocado do meu ambiente. Sons e vozes ficavam distorcidos como se estivessem vindo do fundo de um corredor. Lábios e ponta dos dedos formigavam. Esse "alerta" se mostrou muito útil. Se eu estivesse dirigindo, tinha tempo para procurar um lugar conveniente para estacionar e desligar o carro antes de as perturbações visuais começarem. Anteriormente, os brilhos vinham sem avisar, o ponto cego de bordas serrilhadas começava a crescer e depois se espalhava, me impedindo de ver em torno dele, e em segundos a fase da dor tomava conta da minha cabeça como se ela estivesse rachando. Por duas vezes esses ataques inesperados haviam se tornado muito perigosos. Eu estava dirigindo numa estrada e, por sorte, nas duas situações, perto de um trevo rodoviário por onde pude escapar.

Havia, porém, algo mais. Antes mesmo de a aura surgir, eu tinha uma sensação de *déjà vu* muito forte que durava um ou dois segundos, acompanhada da estranha certeza de que eu conhecia os locais e os eventos acontecendo à minha volta, como se já tivesse vivido o momento anteriormente. Ao mesmo tempo, eu tinha uma sensação muito peculiar, como se um arrepio subisse pelas minhas costas e explodisse como um foguete na base do meu crânio.

Tanto as imagens como os *déjà vu* continuaram a me perturbar por cerca de duas vezes por ano (e ainda acontecem), mas foi um ataque em especial que me lançou no caminho de *Enganando o Barqueiro*.

Já fazia algum tempo que eu sentia um forte desejo de escrever um livro. Minha vida profissional como consultor de gerenciamento em empresas espalhadas por todo o Reino Unido raramente me oferecia uma oportunidade de afastamento. No entanto, em março de 2000, eu me vi na confortável posição de poder reservar algum tempo para realizar minha ambição. Todavia, vi-me diante de um enorme problema: eu não tinha a menor ideia de qual deveria ser o tema do livro. De fato, àquela altura, eu nem mesmo sabia se escreveria ficção ou não ficção.

Na minha primeira manhã de liberdade, sentei-me diante de uma tela de computador em branco. O Word olhava para mim. Coloquei minhas mãos em posição sobre o teclado e esperei pela inspiração. Ela veio sob a forma de um ataque. Naquele mesmo instante, senti o formigamento nos lábios, o primeiro sinal de uma iminente crise de enxaqueca. Pode parecer estranho, mas gostei da sensação. Hoje em dia brinco com minha visão pondo minha mão bem perto do meu campo de visão central e assisto, fascinado, a mão simplesmente desaparecer no ponto cego criado pelos escotomas. Lembro-me de ter feito exatamente isso quando a sensação de *déjà vu* apareceu. Dessa vez, ela foi muito forte.

Em alguma época do meu passado eu ficara olhando para uma tela idêntica, em uma sala idêntica. Até agora sou capaz de sentir a familiaridade ao ver o sol surgindo entre as nuvens e um feixe de luz descendo para a terra. EU TINHA VISTO ISSO ANTES. Só que dessa vez a sensação era mais estranha, porque tive a impressão de que passara por isso não uma única vez, mas muitas e muitas outras.

Com essa percepção, a sensação foi desaparecendo, deixando como último tiro o conhecido raio subindo pela minha coluna vertebral. Eu sorri. Já sabia qual seria o tema do livro. Escreveria um livro sobre o *déjà vu*.

Exatamente um ano depois eu tinha o manuscrito terminado à minha frente. O livro que começara com uma sensação de *déjà vu* terminara com a página final do meu texto emergindo da impressora numa mesma tarde chuvosa de West Sussex. Folheei as centenas de páginas de palavras em tipo pequeno e sabia que continham a mais impressionante hipótese sobre a consciência humana que eu já havia encontrado. E tinha sido eu quem a escreveu!

Por 12 meses eu estive envolvido numa espantosa aventura intelectual. Enquanto a descrevia na introdução, me sentia como um arqueólogo escavando um misterioso morro. Enquanto cavava, descobria mais e mais pistas sobre a história e o significado do morro. Ele foi revelando seus segredos vagarosamente, mas numa ordem determinada. Fui do *déjà vu* para a experiência de quase morte, e daí para os mistérios da epilepsia do lobo temporal. Uma escavação paralela me fez encontrar a teologia do gnosticismo, os escritos de Peter Ouspensky e as teorias sobre o tempo de J. W. Dunne, e em seguida voltei para a escavação principal, onde comecei a explorar as complexidades da neuroquímica, da esquizofrenia, da física quântica e as últimas descobertas em um novo ramo da ciência chamado "Estudos da Consciência".

Em algum ponto da minha jornada o título tinha surgido em minha mente, o qual descrevia precisamente o que minhas conclusões sugeriam, um processo que chamei de "Enganando o Barqueiro".

O que quero dizer com "Enganando o Barqueiro" (EB)? Você deve lembrar que os antigos gregos acreditavam que depois da morte a alma do falecido, ou "Sombra", se dirigia para as margens de um grande rio, o Estige. Subitamente, um barco a remo surgia por entre a névoa, conduzido por um velho chamado Caronte, "O Barqueiro". Seu trabalho era levar a Sombra para o outro lado do rio, onde ficava o mundo dos mortos, o Hades. Todavia, o velho não trabalhava de graça, e a Sombra tinha de pagar uma pequena taxa pelo serviço. O preço era uma pequena moeda, chamada óbolo, que era colocada na boca da pessoa, sob a língua, pelas pessoas que cuidavam do enterro.

Minha longa pesquisa sugeriu que na hora da morte podemos "Enganar o Barqueiro", não pagando a passagem. Nunca entramos no barco porque algo muito estranho ocorre na consciência humana na hora da morte.

A experiência do *déjà vu* é parte importante do processo, mas trataremos disso mais adiante.

A principal pista é encontrada nos conhecidos episódios de "Experiência de Quase Morte" (EQM) segundo depoimentos de indivíduos que vivenciaram esse fenômeno. A maioria deles relata uma mesma sensação dizendo: "Minha vida passou diante dos meus olhos." Em termos técnicos, essa sensação é chamada de "Revisão Panorâmica da Vida". Muitas pessoas declararam que vivenciaram toda a sua existência com grandes detalhes e apenas num piscar de olhos, como se sua vida estivesse num DVD e alguém houvesse pressionado o botão "avançar".

No entanto, essa é uma "experiência de *quase* morte" e não uma "experiência de morte *real*" (EMR). *Enganando o Barqueiro* sugere que na EMR o filme não passa num flash, mas é vivenciado em tempo "real" — o reviver minuto a minuto da vida desde o momento do nascimento até o momento da morte. Isso ocorre nos últimos instantes de vida, mas, no que diz respeito à experiência subjetiva do moribundo, esse último minuto é sentido como se tivesse durado uma vida inteira.

Essa teoria é apoiada por outro fator clássico relatado pelos que passaram pela quase morte: a sensação de que o tempo trans-

corre mais devagar. E mais, quantas vezes você ouviu as pessoas declararem que subitamente o tempo não tinha significado para elas? Você também deve ter ouvido falar que pessoas envolvidas em acidentes de automóvel ou outras situações onde correram risco de vida contaram que, para elas, o tempo pareceu passar tão devagar a ponto de alguns segundos darem a impressão de serem horas?
Parece que a dilatação do tempo faz parte da experiência de morte. À medida que a consciência se aproxima da morte, o tempo subjetivo torna-se elástico. Ele vai se esticando até conseguir englobar uma vida inteira num piscar de olhos.
Nesse piscar de olhos o moribundo sai do tempo e descobre que voltou ao início da sua existência, pronto para viver tudo de novo. A pessoa está num tempo totalmente diferente dos indivíduos que assistem à sua morte. Quando seus olhos piscam pela última vez, ela está novamente nos braços de sua mãe, uma nova vida contendo uma antiga vida.
Como o *déjà vu* entra nessa história? Bem, imagine uma situação onde um moribundo está vivendo dentro do seu "filme de vida" e se depara com uma experiência onde velhas lembranças emergem do subconsciente para a percepção. Haverá um reconhecimento subliminar das circunstâncias. A pessoa terá uma vaga sensação de que já viveu aquele instante em um "passado indefinido", que é o modo como o Dr. Vernon Neppe define uma experiência *déjà vu*.
Segundo o *Enganando o Barqueiro*, essa é uma experiência *déjà vecu* ("já vivida"), e ela é percebida com precisão de detalhes. Não há necessidade de dar uma explicação neurológica ou psicológica. Temos experiências *déjà* porque, de fato, já vivemos esse instante anteriormente.
O mais assombroso é que podemos ter vivido essa vida não apenas uma vez, mas muitas vezes, porque no final da Revisão Panorâmica da Vida uma experiência de quase morte acontecerá de novo e, numa duração de tempo ainda menor, tem início uma nova Revisão da Vida.

É dessa forma que o Barqueiro é enganado. Ele jamais recebe seu óbolo, porque nenhum moribundo atravessa o Estige e permanece na margem girando e girando numa "eterna recorrência", similar à experimentada pelo personagem Phil Conners no filme *O feitiço do tempo*, só que no nosso cenário não se trata de um *dia*, mas de uma *vida*.

Naturalmente, *Enganando o Barqueiro* é somente uma hipótese, nada mais, mas ela não deixou de me impressionar desde que a experiência *déjà vu* diante do meu computador me levou a uma possível explicação para ela e para outras coisas inexplicáveis como a precognição, a sincronicidade e as impressões.

Este livro, *Déjà vu*, o levará numa maravilhosa viagem, que lhe apresentará algumas das mais fascinantes teorias e ideias sobre essa experiência e se aprofundará na experiência de quase morte e em outras misteriosas anomalias da mente, tempo e memória. No entanto, talvez o *déjà vu* seja exatamente o que diz no título: uma evidência de que os indivíduos que o vivenciam permanecem dentro de uma sucessão de vidas e, portanto, estão realmente *Enganando o Barqueiro*.

Anthony Peake, autor de *Is There Life After Death?* e
The Daemon: A Guide to Your Extraordinary Secret Self.
Saiba mais sobre seu trabalho em www.anthonypeake.com

INTRODUÇÃO
Você já leu isso antes?

Parecia que Tom e Judy não tiravam um dia de folga há anos. Desde que haviam comprado um mercadinho em sua cidade, 15 anos antes, a vida parecia girar em torno do trabalho. Para pequenos empresários tentando competir com os grandes da economia atual, um período de descanso nunca era uma opção. Trabalho, trabalho, trabalho. Mas haviam prometido um ao outro que um dia fariam a viagem de lua de mel que, por motivos financeiros, não havia sido possível quando casaram.

Certo dia, de muito movimento, Tom estava empilhando produtos quando sentiu uma forte pontada no braço. Ele desmaiou, e quando acordou estava deitado numa maca de pronto-socorro, cercado por médicos e enfermeiras. Ele sofrera um enfarte de menor gravidade. Mais tarde o médico disse que ele devia estar sofrendo também de fadiga crônica e sugeriu que se afastasse de qualquer tipo de estresse. Mas como ele poderia simplesmente fechar as portas por algum tempo quando se aproximava o período de melhores vendas? Depois de dizer ao médico que descanso não estava em sua agenda, ouviu a seguinte resposta: "Se você quiser viver, é sua única opção."

Era a justificativa que Judy precisava ouvir, e ela imediatamente começou a planejar uma viagem. Visto pelo lado bom, o enfarte fora uma bênção, obrigando-os a fazer um intervalo muito necessário no clima de estresse que provavelmente havia contribuído para a doença de John. Além disso, seria uma oportunidade para os dois passarem um tempo de qualidade juntos.

Nos dias seguintes Judy consultou revistas e sites de turismo procurando por uma sugestão para suas férias. Finalmente, numa noite, encontrou o que buscava: a Grécia! Sim, o lugar perfeito! Pitoresco e romântico, oferecia muitas opções históricas para explorar, ajudando-os a afastar o pensamento da sua vida cotidiana. Fez a reserva e na manhã seguinte contou a Tom enquanto tomavam o café da manhã. Ele, porém, não se mostrou muito entusiasmado, porque devia estar pensando mais no impacto que o afastamento acarretaria a seu negócio do que na aventura que os esperava.

No dia marcado, Tom e Judy partiram para a Grécia. Depois de intermináveis traslados entre aeroportos, funcionários grosseiros e viajantes irritados, eles finalmente chegaram ao seu destino: o aeroporto internacional de Atenas. Depois de esperarem por quase duas horas a bagagem ser descarregada e inspecionada, os dois nem acreditavam que estavam livres para gozar suas férias. Após uma rápida parada no hotel para fazer o check-in e deixar as malas no apartamento, entraram no ônibus de turismo que os levaria para a primeira visita a um local histórico: a Acrópole e o Partenon.

Enquanto o ônibus serpenteava por estradas estreitas e pedregosas em grande velocidade, Tom só pensava na loja que deixara para trás. Por fim, o ônibus freou com um guincho e o guia anunciou, num inglês ruim: "Vocês têm duas horas para a visita. Por favor, não atrasem a partida." Os passageiros começaram a descer e em poucos instantes Judy e Tom estavam sob o sol forte. Judy, entusiasmada, disse: "Tom, olhe que maravilha!"

Mas Tom não respondeu, porque estava estático, incapaz de falar. Experimentava uma estranha sensação de familiaridade — estava absolutamente certo de que já estivera naquele lugar! Bem devagar, examinou as ruínas à sua volta. O Propileu, o Templo de Atena vitoriosa, o Erecteu, o Teatro de Dionísio... sim, recordava-se de tudo. Mas como? Era filho de um encanador e seus pais nunca haviam tido meios para viajar ao exterior. Ele mesmo jamais saíra de sua cidade natal. Como podia se lembrar tão nitidamente de um local a quase 100 quilômetros de distância? Com a mesma rapidez como chegara, a estranha sensação de familiaridade sumiu, deixando Tom ainda mais confuso.

Você sente que já fez isso antes... mesmo se estiver fazendo pela primeira vez.
Você vê algo fresco e novo, mas é alguma coisa totalmente familiar.
Você começa uma conversa e, no mesmo instante, percebe que já falou essas mesmas palavras... para essa mesma pessoa.

Todos nós já "estivemos lá, fizemos aquilo!". De fato, estudos científicos confirmam que mais de 70% das pessoas relatam a estranha sensação que os franceses chamam de *déjà vu*, que significa "já visto". Também denominado paramnésia ou promnésia, o *déjà vu* é a nítida impressão de termos vivido uma nova situação que já aconteceu no passado. O termo *déjà vu* foi criado pelo filósofo e pesquisador psíquico francês Émile Boirac (1851-1917). Essa experiência geralmente vem acompanhada de uma profunda sensação de familiaridade e de uma impressão "estranha" ou "esquisita". A experiência "anterior" durante um episódio *déjà vu* costuma ser percebida como algo acontecido na vida real da pessoa, e muitos relatam uma firme sensação de que a experiência "realmente aconteceu" no passado. É muito raro ela durar por mais de alguns segundos.

Déjà vu, então, é uma lembrança fugaz, comparada a uma brisa soprando pela mente consciente, de algo que acarreta uma sensação incrivelmente profunda de reconhecimento no momento presente. Todavia, como é possível alguém ter memória de algo que está acontecendo no *momento presente*, no *Agora*? O *déjà vu*, um dos mais comentados mistérios da mente, também parece ser universal — cruzando todas as fronteiras sociais, religiosas e culturais. Ele é vivenciado por crianças e adultos, como se ninguém fosse impermeável a ele. E, mais surpreendente, o fenômeno é comprovadamente mais comum do que visão de fantasmas, avistamentos de OVNIs, acontecimentos paranormais e habilidades psíquicas!

Durante os últimos 30 anos a pesquisa científica sobre o *déjà vu* nos trouxe ideias e hipóteses intrigantes sobre essa lembrança do momento presente, variando desde a teoria de falhas de memória recente a distúrbios fisiológicos e até a "entrada sensorial da pré-visão". As teorias também são abundantes no campo da parapsicologia, sugerindo causas mais "paranormais" para o fenômeno, onde as novas descobertas em física quântica e estudos sobre a consciência dão credibilidade à possibilidade de essas estranhas e assustadoras falhas de memória serem vislumbres em potencial de dimensões alternativas, universos paralelos e do Campo do Ponto Zero (CPP).

Pode ser que o *déjà vu* seja muito mais do que um lapso da mente ou um defeito nos bancos de dados da memória. Talvez não seja mais do que uma brevíssima espiada em algum outro nível de realidade — onde existimos e vivemos como vivemos em nossa realidade consciente. Um mundo paralelo movimentando-se ao lado do que chamamos de "lar", o erguer de uma ponta da cortina ou a ruptura de um véu, um "lugar menos espesso", onde podemos nos conscientizar de que o mundo em que vivemos é um entre muitos.

O *déjà vu*, como a sincronicidade, nos faz lembrar que sob a superfície da realidade pode existir uma outra camada, uma camada que nos liga às regiões limítrofes onde mente e matéria perdem a nitidez e acabam se encontrando. Este livro explorará as teorias mais comuns e os estudos mais atualizados sobre o *déjà vu*, incluindo as últimas pesquisas laboratoriais sobre a estimulação do cérebro e o uso da hipnose para criar a sensação de "ter estado lá, de ter feito aquilo". Além disso, serão apresentados casos de *déjà vu* contados pelas próprias pessoas que tiveram a experiência e novas ideias e teorias sobre as ligações entre o místico e o científico, bem como a conexão entre o *déjà vu*, memória e percepção do tempo.

Pretendemos levá-lo numa jornada muito além do *déjà vu*, pois os mistérios da mente são tão grandes e desconhecidos como o próprio universo. Iremos de sonhos lúcidos a estados de fuga, de lapsos de tempo a viagens mentais, do cérebro anormal para o paranormal. Também das alucinações para visões religiosas, de distúrbio de personalidades múltiplas para prodígios, de intuição a arquétipos, de maldições e "trabalhos" de magia ao poder da sugestão, de pensamentos compartilhados à histeria de massa, de estados alterados de consciência à possessão demoníaca, do inconsciente coletivo à linguagem simbólica do subconsciente... Pedimos a você que aperte o cinto e se segure firme enquanto exploramos as mais modernas pesquisas e as teorias mais surpreendentes relacionadas com as anomalias do universo interior.

CAPÍTULO 1
Fazendo de novo pela primeira vez

É como déjà vu *de novo.*
Yogi Berra, jogador de beisebol, quando
Mickey Mantle e Roger Maris fizeram uma série
de *home runs* no início da década de 1960

Todos nós temos alguma experiência de uma sensação que nos invade ocasionalmente, sobre estarmos fazendo ou dizendo o que já fizemos ou dissemos antes, numa época remota, perdida no tempo — em que estávamos cercados pelos mesmos rostos, objetos e circunstâncias —, de sabermos perfeitamente o que será dito em seguida, como se de um instante para outro nos lembrássemos do que fora dito antes.
Charles Dickens, *David Copperfield*

Déjà vu...
Seria você o sonho que pode se realizar?
Brilhando por entre o tempo
Fico me lembrando de mim
Fico lembrando de você
Déjà vu
Dionne Warwick

Ela chega sem avisar: a súbita e esquisita sensação de "eu já estive aqui antes", mas você tem certeza de que é a primeira vez que visita o lugar. Será? Talvez você ouça uma conversa e se dê conta de que já a ouviu antes, palavra por palavra, nuance por nuance, mas não existe a mínima possibilidade de isso ter acontecido. Talvez você esteja dizendo ou fazendo alguma coisa e para de repente, quase sem fôlego, devido à sensação que está tomando conta do seu ser. "Eu disse isto antes. Eu fiz isto antes." Só que você não está se lembrando de uma ação do passado.

De fato, você está se lembrando de uma ação do presente.

Déjà vu, termo francês para "já visto", é uma das mais relatadas e menos entendidas anomalias da mente. Seria um mero lapso das funções cerebrais ou a indicação de algo mais — talvez uma verdadeira experiência paranormal? O incidente poderia ser explicado como sendo nada mais do que uma simples falha numa conexão neural, um recuo de milésimos de segundo do neurotransmissor enquanto avança em alta velocidade pelos neurônios cerebrais, fazendo o indivíduo lembrar-se de algo que acaba de acontecer ou está acontecendo AGORA?

O que é isso? Por que tantos de nós vivenciam o fenômeno com tanta frequência?

Também chamado de promnésia (lembrar de algo do futuro) ou paramnésia (distorção da memória), o *déjà vu* tem sido descrito como um "soluço do cérebro", uma memória circular ou um vislumbre de um universo paralelo situado exatamente ao lado do nosso.

"Eu estava falando as mesmas palavras, para a mesma pessoa, e usando as mesmas roupas. Eu estava sentado na mesma poltrona, fazendo a mesma coisa, de novo. Eu sabia que não havia feito nada igual a isso antes, simplesmente porque tinha acabado de comprar o computador. No entanto, o incidente aconteceu e durou no máximo poucos segundos, mas eu tinha certeza de que já havia feito aquilo antes... exatamente no mesmo cenário..." E assim por diante.

Relatos como esse são a média dos incidentes. A pessoa tem a nítida e perturbadora sensação de lembrar-se de algo que está acontecendo naquele mesmo instante, uma experiência que seria uma total contradição, porque ninguém pode se recordar de alguma coisa *enquanto ela está acontecendo.* Por certo, não se trata de memória recente, mas de uma memória instantânea.

"Eu poderia jurar que isso já aconteceu antes, exatamente da mesma maneira", ouvimos pessoas dizerem enquanto coçam a cabeça surpresas e espantadas. "Eu já fiz isto." "Eu já disse isso antes." "Eu já tinha visto aquilo." No entanto, os indivíduos que vivenciaram esse fenômeno desconcertante têm absoluta certeza de que, na verdade, não falaram, fizeram ou viram aquilo antes.

UM BREVE HISTÓRICO

Apesar de acreditarmos sem a menor sombra de dúvida que os seres humanos têm vivenciado o *déjà vu* desde o alvorecer da humanidade, a história formal da experiência começou, de fato, centenas de anos atrás, com a menção de sensações similares nos escritos de Santo Agostinho, que as chamava de *falsae memorie.* Sir Walter Scott escreveu sobre uma sensação de "preexistência" e temas similares ocorrem na obra literária de Proust, Tolstói, Dickens e muitos outros.

O termo *déjà vu,* que não tem equivalente em outras línguas, foi criado por Emile Boirac (1851-1917), um filósofo francês fascinado com os fenômenos psíquicos, que em 1876 o usou na descrição de um evento ocorrido no passado. Numa carta ao editor da revista *Revue Philosophique,* Boirac o chamou de *"le sensation du déjà vu",* embora alguns afirmem que o termo surgiu pela primeira vez no seu livro *L'avenir dés sciences psychiques* [O futuro das ciências psíquicas]. Mais tarde, em 1902, Boirac foi presidente da Academia de Dijon, onde se envolveu profundamente na pesquisa de emanações, psicocinese e magnetismo animal devido ao seu interesse pelo espiritismo. Ele também recebe o crédito de ter definido o termo *metagnomie* ("conhecimento adquirido sem o uso dos sentidos"), que atualmente chamamos de PES [Percepção Extrassensorial].

Talvez o *déjà vu* seja uma reação a uma sensação familiar ou memória de uma experiência anterior, que não ficou totalmente gravada, mas preservou elementos suficientes para disparar a sensação de ter estado ali antes. Os gatilhos poderiam ser imagens, cheiros ou sons que fariam a pessoa perceber um súbito sentido de reconhecimento durante um novo evento ou experiência. Essa explicação é simples para alguns incidentes de *déjà vu*, mas não convincente para indivíduos que tiveram sensações longas e detalhadas de conversas reais, lugares específicos e das pessoas presentes. Em certos casos o *déjà vu* foi uma experiência tão profunda e pormenorizada que os indivíduos resmungaram as palavras de uma conversa que se lembravam de ter tido anteriormente, embora *tivessem plena certeza de que a estavam ouvindo pela primeira vez*.

Em 1896, F. L. Arnaud introduziu o conceito do *déjà vu* na comunidade científica, propondo formalmente que esse termo mais comum fosse utilizado em vez das denominações científicas paramnésia, fantasmas da memória e promnésia. O trabalho de Arnaud incluiu a categorização dos primeiros "sintomas" de uma típica experiência de *déjà vu*, extraída dos seus estudos sobre um paciente de 34 anos que se recuperava de malária cerebral.

Frederick William Henry Myers (1843-1901), fundador da Sociedade para Pesquisas Psíquicas, chamou o *déjà vu* de "promnésia", do grego *pro*, significando "antes de", e *mnesis*, significando "memória". Em 1889, o psicólogo William H. Burnham sugeriu que o *déjà vu* ocorre quando o corpo humano está em excesso de repouso, afirmando que quando os centros cerebrais estão "quase inertes, a percepção de uma cena desconhecida pode ser tão fácil a ponto de o seu aspecto poder ser familiar". Essa tese ignorou as crenças anteriores de que a fadiga extrema causava o fenômeno!

Em 1896, Arthur Allin, professor de psicologia na University of Colorado de Boulder, ampliou o estudo do fenômeno propondo várias teorias sobre uma possível explicação para o *déjà vu*. Uma delas era a ideia de que a sensação derivava de elementos de sonhos esquecidos ou de uma interrupção da atenção quando alguém vivenciava uma nova imagem. Naturalmente, quando Sigmund Freud entrou em cena, seus seguidores apenas consideraram o *déjà vu* como nada mais do que um mecanismo de defesa usado para proteger o ego do id e do superego.

Carl Jung, no seu livro *Sonhos, memórias e reflexões*, descreveu o *déjà vu* como o "reconhecimento do desconhecido imemorial" e acreditava que o fenômeno tinha relação com seu conceito do inconsciente coletivo. Desde então, alguns autores interpretaram erroneamente a ideia de Jung sobre o inconsciente coletivo como sendo um tipo de banco de memória compartilhado pela humanidade e que, ao vivenciar um *déjà vu*, a pessoa estava, na verdade, acessando esse depósito. Também já foi dito que o inconsciente coletivo de Jung serviu como ponto de origem de sensações de ter vivido uma vida passada. Com certeza, o acesso a tal campo da memória seria responsável por uma variedade de anomalias psicológicas, irregulares e até mesmo "paranormais" envolvendo a mente, o tempo e a memória.

Experiências *déjà vu*
Por John Mimms

Durante toda minha vida vivenciei casos do que é chamado *déjà vu* e calculo que eles ocorram uma vez por mês. A mais recente aconteceu cerca de quatro dias atrás. Estávamos em reunião no escritório onde trabalho. Um homem vindo de uma filial da companhia em Charlotte, na Carolina do Norte, entrou na sala. Eu jamais tivera qualquer conversa com essa pessoa, nem por telefone, nem visto uma fotografia dele. Durante a reunião conversei com ele e outro gerente a respeito de um novo sistema de operações que a empresa estava implementando, completamente novo e desconhecido para mim como indivíduo. Mas a cena, embora breve, me pareceu completamente familiar.

Quando tentei lembrar porque a situação era conhecida, me pareceu que eu devia ter recordado de um sonho esquecido, mas depois de alguns segundos a memória e a sensação de familiaridade tinham desaparecido. Havia sido um sonho precognitivo? Um truque da minha mente? Ou apenas uma característica do indivíduo que desencadeara algum tipo de resposta identificável do meu cérebro? Não consegui explicar, como não consegui explicar as dezenas de outras experiências *déjà vu* em minha vida.

A maioria dos episódios que vivenciei desapareceu rapidamente e ficou esquecida. Acho que, por falta de melhor explicação, meu cérebro se aborrece com a incapacidade de encontrar sentido e localização do evento e o manda para minha lixeira mental. Posso me lembrar de uma outra experiência. Não sei por que a memória desse *déjà vu* permaneceu em mim por tanto tempo, mas talvez seja devido à singularidade das circunstâncias. Aconteceu 31 anos atrás, quando eu tinha 11 anos. Minha família estava fazendo uma viagem de férias, visitando Washington, D.C. e Williamsburg, na Virgínia, importante local histórico do país. Na volta, fizemos uma breve parada em Monticello, onde morou o presidente Thomas Jefferson, para uma excursão no período da tarde. Já havíamos visto a casa e o jardim, e o guia nos deixou sozinhos no gramado por alguns momentos. Comecei a andar na grama e fui até o final do terreno, onde havia umas edificações usadas como estufa e depósito no período colonial. Quando entrei no primeiro prédio, imediatamente reconheci tudo o que havia no interior. Tudo à minha volta — paredes, piso e janelas, antigas ferramentas penduradas sobre uma bancada — me era familiar. Fiquei olhando e "sabia" que eu estivera ali antes. Mas como seria possível? Era a minha primeira visita a Monticello e, naquela idade, os únicos desenhos e fotos que eu vira do local eram da fachada da mansão. Foi minha experiência de *déjà vu* mais longa e talvez, por causa das circunstâncias incomuns, a memória desse evento tenha permanecido em mim por tantos anos. O que causou o episódio de *déjà vu*? Depois de 31 anos, ainda não tenho uma resposta.

John Mimms é o diretor técnico da ARPAST, a Equipe de Estudos Anômalos e Paranormais de Arkansas.

Os autores deste livro lançaram a simples pergunta "O que é *déjà vu*?" no site do Yahoo, e as respostas variaram desde uma falha na química cerebral até uma obra de Deus. As respostas mais interessantes foram:

1. Memórias do passado tornando-se memórias do presente no interior do cérebro.
2. *Déjà vu* significa "já visto" em francês. Acontece que pouco antes de perceber o que você está vendo, seu cérebro já processou as imagens, criando uma memória do ocorrido. A mente humana é constituída de tal maneira que você pode automaticamente trazer memórias à superfície depois da exposição a um determinado gatilho. Por isso, basicamente, um *déjà vu* é o pré-processamento de imagens captadas pelos olhos. No entanto, existem outros tipos de *déjà vu*. Em um deles, você pode prognosticar o que alguém vai dizer e o que acontecerá num determinado período de tempo com uma clara percepção. Neste caso, ou seu cérebro de fato experimentou essa cena antes, o que é bastante improvável, porque a chance de vivenciar uma única coisa duas vezes é muito pequena; ou seu cérebro processa imediatamente as informações que recebe, criando um cenário de ações disponíveis e quais serão as mais prováveis.

3. Não acho que é uma falha, mas uma função natural do cérebro. Tudo o que acontece à sua volta — veículos passando, pessoas caminhando, vento soprando, crianças gritando — é gravado no seu subconsciente. Penso que essas coisas são computadas pelo subconsciente para ajudá-lo a analisar o que prolonga a sobrevivência. Quando o que calculou realmente acontece depois de alguns instantes, você tem a sensação de *déjà vu*. Creio que a leve euforia e reconhecimento positivo que você sente é seu cérebro produzindo substâncias químicas, indicando que prolongou sua sobrevivência. Quando fazemos algo de bom para o nosso corpo, nos sentimos bem. O mesmo vale para o estímulo mental (na maioria dos casos, não incluindo a compulsão e o defeito mental).
4. Penso que quando vivenciamos alguma coisa nosso cérebro quebra essa experiência em vários componentes, como o aspecto dessa coisa, o clima que está fazendo, como é a sensação etc. Partes diferentes do cérebro recebem as diferentes dimensões do episódio, porque ele tem áreas distintas para cor, por exemplo, movimento e outros modos sensoriais. Quando nos lembramos da experiência, esses componentes são reunidos e apresentados ao consciente como uma memória integral. Esse processo de recordação sensorial e integração é chamado de "O Apresentador". Quando temos o *déjà vu*, sentimos a sensação de estar vivenciando pela segunda vez algo que aconteceu exatamente da mesma maneira em uma ocasião anterior e que estamos sempre à beira de saber o que acontecerá em seguida porque "já estivemos lá antes". Para algumas pessoas, esse estado pode durar muito tempo. Em minha opinião, existe alguma atividade neural no cérebro, devido a um estímulo direto ou uma falha interna que evoca "O Apresentador" sozinho, sem a série de experiências sensoriais para ele integrar e mostrar ao consciente. Por-

tanto, sentimos que estamos vivenciando uma memória porque "O Apresentador" está ativo, mas funcionando no vazio. Assim, o sentido de lembrança da memória que "O Apresentador" cria é aplicado à experiência imediata e pensamos: "Tudo isto já aconteceu antes... parece que estou lembrando."

O PENSAMENTO MODERNO

As teorias modernas mais comuns sobre a origem do *déjà vu* se relacionam com o cérebro e a memória. Nas últimas décadas do século XX foram feitos estudos científicos de qualidade sobre o fenômeno como uma anomalia da recordação. Para validar essa explicação os pesquisadores salientam o fato de que a "sensação" de lembrança de um *déjà vu* é de fato mais forte do que os verdadeiros detalhes do próprio evento recordado! É sobre esse "sentir" que cai o foco da pesquisa. Os estudos afirmam que algumas pessoas continuarão a ter *déjà vu* dos *déjà vu*s do passado! Lembrar-se de uma recordação? Como seria possível?

Apesar de tudo isso parecer incrível, nesse caso a ênfase está sobre uma falha no processamento da memória recente. Com certeza, é bem provável a possibilidade de ele ser um "vírus de computador" na programação do nosso cérebro, o que explicaria a sensação quase precognitiva da experiência. Talvez exista uma superposição entre os sistemas neurológicos responsáveis pela memória de curto prazo e os que controlam a memória de longo prazo.

Alguns cientistas sugeriram que o *déjà vu* é simplesmente um olho percebendo um evento uma fração de segundo antes do outro, apresentando a teoria de que um olho poderia registrar os estímulos mais rapidamente, criando a sensação de "lembrança" quando o outro entra em funcionamento e, cognitivamente, tem a mesma percepção. Embora isso pareça uma explicação racional e científica para o fenômeno, infelizmente não explica a pesquisa que foi feita sobre pessoas com um único olho funcional que continuam relatando experiências de *déjà vu*. Esse fato apontaria para o envolvimento causal total do cérebro no estranho fenômeno.

Lamentavelmente, quando uma anomalia é apresentada para a ciência, a resposta, em geral, é imediatamente categorizá-la e rotulá-la como um distúrbio funcional. O *déjà vu* não está imune a esse tipo de apelido. Alguns pesquisadores já associaram o fenômeno a tudo, desde a ansiedade até o distúrbio de personalidade múltipla e à epilepsia. De todas as possíveis patologias, a epilepsia do lobo temporal, resultado de descargas elétricas inadequadas no interior do cérebro, parece ser a mais associada ao *déjà vu*.

Em 1955, um neurocirurgião canadense, Walter Penfield (nascido nos EUA), realizou suas agora famosas experiências estimulando os lobos temporais dos participantes com cargas elétricas. É interessante ressaltar que Penfield, um pioneiro nas pesquisas sobre a mente humana, descobriu que cerca de 8% dos participantes vivenciaram "memórias" do tipo *déjà vu* como resultado dessa sondagem elétrica. Então, seria o *déjà vu* apenas uma anomalia neurológica que só se manifesta em algumas pessoas? Seria, talvez, uma falha desencadeada por uma aberração no funcionamento do cérebro ou um microdesligamento da eletricidade indo para o lobo temporal? Pode ser, também, que o cérebro esteja confundindo uma memória passada com uma experiência presente, novamente causada por falhas nos neurônios ou conexões neurológicas perdidas.

Criptoamnésia

A criptoamnésia, ou recordação inconsciente de material, que às vezes sobe para a consciência como memória, também poderia explicar o *déjà vu*. Talvez seja verdade que a informação aprendida jamais é esquecida, pois fica armazenada bem fundo no cérebro e, quando uma ocorrência similar invoca uma necessidade desse conhecimento aprendido no passado, subitamente nos lembramos dele AGORA, gerando a sensação de familiaridade. Em um estudo de 1941, foi usada a hipnose numa tentativa de tentar criar amnésia pós-hipnótica nos participantes, utilizando material que tinham visto anteriormente. Três dos dez participantes relataram a sensação de *déjà vu* quando voltaram a ver o material.

Distúrbio da identidade dissociativa

O distúrbio de personalidades múltiplas, hoje mais formalmente chamado de distúrbio da identidade dissociativa (DID), sugere a possibilidade um tanto assustadora de que todos nós temos mentes fraturadas. Acredita-se que quando um indivíduo vivencia uma situação como sendo uma outra, no mesmo período de tempo, temos o *déjà vu* clássico. Seria como dizer: mesmo corpo, mente diferente. Essa teoria poderia explicar porque sempre sentimos nossa presença em ambos os mundos, embora saibamos que estamos atuando plenamente apenas em um deles (será verdade?).

A esquizofrenia, um dos mais interessantes distúrbios cerebrais, também pode estar ligado ao *déjà vu*, pois uma doença de mente dividida poderia ser responsável pelo duplo reconhecimento de um único evento.

Quem sabe? Talvez a mente tenha uma mente própria.

A epilepsia do lobo temporal (ELT) é mais frequentemente ligada ao *déjà vu* como uma causa potencial, porque ele, às vezes, vem acompanhado de experiências de ELT no paciente, em geral logo antes de um ataque ou durante a crise entre convulsões. Todavia, a simples prevalência de *déjà vu* na sociedade indica que essa conexão não pode ser a fonte da experiência. A verdade é que um exagerado número de pessoas que não têm ELT vivencia os episódios *déjà vu*.

CÉTICOS

Os céticos argumentam que estamos apenas nos lembrando de um evento similar ou mesmo o próprio evento, mas que de fato aconteceu muito tempo atrás. Estaríamos somente recordando um evento de nossa infância ou uma situação esquecida, à qual prestamos pouca atenção anteriormente? A simples definição da palavra *cético* — "alguém que instintivamente ou habitualmente duvida, questiona ou discorda de afirmações ou conclusões geralmente aceitas" — já diz tudo. No entanto, temos de imaginar o que o cético diria se tivesse uma intensa experiência *déjà vu*, abalando os fundamentos do que acredita ser a realidade. Qual seria sua reação a uma experiência que o força a refletir se existe algo mais profundo, um significado mais complexo na sua existência?

Nem todos concordam que o *déjà vu* seja uma anomalia da memória ou mesmo algum tipo de simples falha cerebral. Alguns sugerem que ele é um portal, ou uma espiada pelo buraco da fechadura da porta que leva a outros mundos, talvez mais interessantes! Também poderia ser uma visão fugaz de uma vida passada ou mesmo de uma vida paralela em outra dimensão, outro universo. Pense nas incríveis possibilidades! Será que realmente estamos vivendo vidas duplas? Seria o *déjà vu* a conexão entre essas vidas?

Antes de entrarmos nas pesquisas científicas mais atuais e nas explicações paranormais mais impressionantes para o *déjà vu*, é preciso dizer que existe o oposto do *déjà vu*, conhecido como *jamais vu*, ou seja, "nunca visto". Durante um episódio desse tipo o indivíduo vivencia uma sensação incomum de não reconhecer uma situação familiar. Ele vê alguma coisa que já viu dezenas de vezes, mas por um curto período de tempo não se recorda dela. Pode ser uma palavra, uma pessoa, um lugar ou uma habilidade manual. O *jamais vu* talvez seja o motivo que explica a popularidade de jogos que exigem a rápida recordação de trivialidades de que todos deveriam lembrar, mas que frequentemente não lembram — talvez porque sejam trivialidades e não coisas importantes ou bastante significativas para serem armazenadas no nosso banco de memória de longo prazo. Isso também poderia explicar a sensação temporária de não conhecer alguém muito familiar, pensando que se trata de um estranho.

Jamais vu é a sensação que temos quando olhamos para uma palavra ou sentença e ela nos parece esquisita, fora de contexto ou feia, algo que os escritores, como nós, muitas vezes vivenciamos. Também chamada de "alienação da palavra", o *jamais vu* acontece quando somos incapazes de lembrar como soletrar uma palavra conhecida e frequentemente usada. Em certo sentido, o *jamais vu* pode ser entendido como a despersonalização de alguma coisa. Questionamos sua realidade. É comum essa experiência nos levar, de fato, a duvidar de que a palavra que conhecíamos é a certa para descrever o que estamos vendo. Ficamos totalmente perdidos dentro do breve espaço de tempo até nossa memória se restaurar por completo e percebermos que estamos olhando para um termo que realmente reconhecemos e compreendemos. Mas, por um átimo de segundo ela foi a palavra mais fugidia do mundo.

A propósito, você já sentiu que está à beira de um brilhante avanço mental ou próximo de descobrir a plena verdade de alguma coisa, mas ela não acontece? Então, está vivenciando um *presque vu* ou "quase visto".

DIFERENTES TIPOS DE FAMILIARIDADE

O psicólogo Arthur Funkhouser não gostava do fato de o termo *déjà vu* ser tão amplo e vago, um rótulo enorme para englobar um número de experiências similares envolvendo a presente experiência de uma memória familiar. Ele sugeriu três categorias mais esclarecedoras para o fenômeno:

1. **Déjà vecu:** "Já vivenciado" ou "já passado". Talvez seja a forma mais prevalente do *déjà vu*. No meio de uma experiência *déjà vecu*, os detalhes são surpreendentemente nítidos e exatos, e o sujeito está consciente de que a sequência de eventos no atual cenário é uma cópia idêntica da memória que ele tem.
2. **Déjà senti:** "Já sentido." Desencadeado por um pensamento ou uma voz, por exemplo, o fenômeno tem a ver

com o reconhecimento de uma emoção que parece familiar. Ele geralmente é esquecido rapidamente.
3. **Déjà visité:** "Já visitado." Associado com um lugar, objeto ou edificação que parece ser familiar, apesar de estar sendo visto pela primeira vez. Neste caso, o tempo é indiferente.

A essas categorias, por indicação de outros cientistas e psicólogos, se juntam outras: *déjà entendu* (já ouvido), *déjà lu* (já lido), *dejà connu* (já conhecido pessoalmente), *déjà gouté* (já saboreado), *déjà revé* (já sonhado) e *dejá dit* (já dito).

Art Funkhouser é associado ao site Deja Experience Research Website (www.deja-experience-research.org), um projeto ambicioso que busca fornecer recursos on-line para pessoas interessadas em explorar as muitas formas da experiência *déjà*. O site contém análises de dados de levantamento (feito on-line em http://silenroc.com/dejavu) de experiências pessoais dos internautas, temas relacionados, links e uma tonelada de informação sobre *déjà* tudo. No seu site, Funkhouser oferece sua própria classificação de experiências *déjà* em ordem de prevalência:

1. **Normal** — curta, média ou de longa duração (pode ser até contínua). Consiste, principalmente, de uma "inexplicável sensação de familiaridade", mas não envolve nenhum elemento paranormal, como precognitivo, telepático etc. Não é associado a condições patológicas. Essas experiências devem servir para alguma necessidade psicológica.
2. **Paranormal** — experiências que incluem um pouco de conhecimento precognitivo, em que o sujeito se lembra antes da hora o que será dito ou feito, ou conhecimento telepático, em que o sujeito pode subitamente saber o que a outra pessoa está pensando. Não associado a uma condição patológica.
3. **Patológica** — causa sofrimento. A epilepsia do lobo temporal geralmente é a condição patológica conectada com

a experiência de *déjà vu* patológica. Outras "doenças" que podem produzir o *déjà vu* seriam psicose alcoólica, enxaquecas, esquizofrenia e psiconeurose. A frequência e intensidade dessas experiências junto com a perturbação devida à dor de cabeça ou náusea causam sofrimento ao sujeito.

4. **Evocada** — a reprodução ou invocação das experiências *déjà vu* por meio de coisas como estimulação elétrica de partes do cérebro, uso de drogas que as desencadeiam ou mesmo hipnose.

O site Deja Experience Research e o trabalho do Dr. Funkhouser sugerem que há muitos fenômenos relacionados com o *déjà vu* que poderiam auxiliar a encontrar uma explicação, bem como da origem das experiências *déjà vu*. Entre eles estão:

- **Síndrome de Capgras** — O indivíduo afligido acredita que pessoas conhecidas foram todas substituídas por impostores.
- **Ilusão de Fregoli** — O indivíduo atormentado acredita que todas as pessoas que encontra são, na verdade, uma ÚNICA pessoa disfarçada.
- **Tipos de paramnésia** — Pode confundir sonhos com realidade e dar uma sensação de que tudo é conhecido ou repetido.
- **Reintegração** — Ver, ouvir, tocar ou cheirar alguma coisa evoca a sequência completa de memória.
- **Sonhos precognitivos** — Sonhos que preveem um evento futuro, eles são lembrados ou escritos antes de acontecer.
- **Premonição** — Um aviso de que algo vai acontecer.
- **Impressão intuitiva** — Algo sentido que não está baseado em evidências factuais.
- **Identidade errada** — O indivíduo acredita que conhece alguém, mas na verdade não conhece.

- **Reencarnação** — Tendo vivido vida ou vidas passadas.
- **Experiências fora do corpo (OBEs)** — Sair do corpo físico e movimentar-se fora dele.
- **Telepatia** — Ler a mente dos outros.
- **Clarividência** — Ver mentalmente um evento que está ocorrendo em um lugar distante.
- **Sincronicidade** — Coincidências significativas que parecem não ter causa aparente.

EXPLICAÇÕES

As explicações para o *déjà vu* que estão sendo examinadas no site Deja Experience Research vão desde a influência de uma força exterior até mau funcionamento do cérebro; dificuldades psicológicas como a fadiga extrema ou estados de grande ansiedade; a ideia de viver de novo um átimo de segundo de uma vida passada; a súbita reminiscência de um sonho precognitivo que pode dar a impressão de ser um *déjà vu* até uma ocorrência de sincronicidade. Em seu site, Funkhouser afirma que, dentro da categoria de influências externas como causa do *déjà vu*, "a ideia é basicamente simples: o indivíduo, de alguma forma, teve uma experiência similar à presente e a sensação de reconhecimento se espalha para incluir o incidente inteiro. A fonte da primeira experiência poderia estar no mundo externo, ou seja, na vida cotidiana, ou poderia vir de dentro, sob a forma de um sonho ou fantasia. Assim, existe o envolvimento de um elemento de coincidência".

Segundo Funkhouser, há um mecanismo como esse operando nas experiências *déjà vu*, afirmando que o indivíduo frequentemente tem a impressão de familiaridade sobre uma pessoa, lugar, cheiro ou som, porém mais tarde descobre que isso é impossível. Mas em algum nível foi cometido um erro. Algo foi tomado como sendo outra coisa e, nas palavras de Funkhouser, "um pouquinho de bom trabalho de detetive" consegue descobrir o motivo da impressão errada. Muitas vezes, essa impressão errada vem do inconsciente e pode ser um "mecanismo de projeção", onde algum aspecto do mundo interior foi visto no mundo exterior.

Teorias de muitos mundos

Em termos de vidas passadas, as experiências *déjà vu* podem ser acessos a memórias do que o indivíduo viveu. No entanto, como em muitas delas o que está sendo "lembrado no momento presente" frequentemente envolve elementos que só podem ser associados ao tempo presente em que a pessoa está, seria difícil imaginar uma experiência *déjà vu* com indivíduos usando um tipo específico de roupas ou um tipo específico de tecnologia como uma espiada numa vida passada, quando eles talvez nem existissem. Isso sugere uma conexão em potencial com a possibilidade de um universo paralelo. Postulada pelo físico Hugh Everett, a Teoria de Muitos Mundos propõe que podemos existir como somos em muitos outros universos. Mas, como o vislumbre é muito curto, continuamos os mesmos antes de fazermos uma escolha diferente que poderia nos levar para outro universo (e para mais oportunidades para outros *déjà vu* ao longo do caminho!). O conceito da sincronia também pode entrar nesse quadro, sugerindo que os *déjà vus* são momentos sincronizados entre dois universos paralelos ou realidades alternadas onde estamos dizendo ou fazendo exatamente a mesma coisa no mesmo exato instante. Tomamos consciência disso mesmo que dure um breve período de tempo.

Inicialmente, Everett chamou a Teoria de Muitos Mundos de "Formulação do Estado Relativo da Mecânica Quântica", descrevendo uma função de onda universal de uma série de universos ramificados que constitui o "multiverso". É nesses universos ramificados, acreditava ele, que existem múltiplas cópias de cada um de nós, possivelmente um número infinito de cópias, onde estamos vivos e mortos e fazendo tudo o que acontece no intervalo entre as duas condições, fazendo todas as coisas possíveis em todo o tempo possível. Assim, existe a probabilidade de que, em certo momento do tempo, poderíamos estar fazendo exatamente a mesma coisa em no mínimo dois universos — ou até em 2 mil universos. Em cada um desses universos estaríamos vestidos da mesma maneira, com a mesma pessoa (ou uma cópia dela!) e comendo o mesmo alimento no jantar. É concebível que o *déjà vu* seja um lapso de consciência em que nos conectamos "com nós mesmos" em outro nível da realidade. Com certeza, isso não acontece o tempo todo porque, se assim fosse, nós enlouqueceríamos. Então, deve haver um bom motivo para o *déjà vu* ser um fenômeno de difícil compreensão.

CLASSIFICAÇÃO E TIPOS

O psiquiatra Vernon Neppe, que tem o crédito de propor a definição cientificamente aceita do *déjà vu* como uma "impressão subjetivamente imprópria de familiaridade com a experiência presente num passado indefinido", leva a categorização do fenômeno um passo adiante, classificando o *déjà vu* em 21 tipos diferentes agrupados em sete categorias. Sua pesquisa pode ser acessada no site do Pacific Neuropsychiatric Institute (www.pni.org).
1. Distúrbio da memória.
2. Distúrbio do estado de ego.
3. Defesa do ego.
4. Distúrbio perceptual temporal.
5. Distúrbio do reconhecimento.
6. Manifestação de disparo de epilético.
7. Experiência paranormal subjetiva.

Neppe também inclui vários outros tipos de *déjà vu*, como *déjà voulu* (já desejado), *déjà trouvé* (já encontrado), *déjà raconté* (já relatado), *déjà eprouvé* (já experimentado) e *déjà visité* (já visitado), entre outros.

E quanto ao nosso amigo Freud? Bem, como se poderia prever, ele associou o *déjà vu* com os genitais da mãe do paciente, sugerindo que, "de fato, não existe outro lugar sobre o qual se poderia afirmar com tanta convicção onde alguém já esteve". Embora a ciência moderna conservadora aparentemente preste pouca atenção ao *déjà vu* — porque só um pequeno grupo (se muito!) se interessou em tentar definir o enigma e compreender os mecanismos que estão por trás dele —, na última década muitos psicólogos e cientistas publicaram pesquisas inovadoras sobre o fenômeno, desafiando as persistentes teorias do passado.

Chris Moulin é um neuropsicólogo cognitivo que estuda tanto o *déjà vu* como o *déjà vécu* no seu laboratório da Leeds University, em Leeds, na Inglaterra. Ele e seus colegas publicaram trabalhos científicos e conduzem estudos contínuos sobre um assunto que poucos cientistas se atreveriam a enfrentar. De fato, Moulin é um dos poucos cientistas que estão dedicando seu tempo à busca de conhecimento sobre essa elusiva experiência.

Em 2000, Moulin, que fazia pós-graduação no campo da neurociência, estudava na Universidade de Bristol, na Inglaterra, quando, pela primeira vez, começou a trabalhar com um paciente que vivenciava repetidos episódios de *déjà vu*, chegando a lhe causar constrangimento. Essa constância aguçou o interesse de Moulin e, junto com seus colegas, ele descreveu as experiências do paciente no boletim *Neuropsychologia*, em 2005. Esse estudo resultou em revelações similares de outros pacientes que sofriam de memórias revividas, aparentadas com o *déjà vu*. Moulin começou a trabalhar com cada vez mais pacientes em condições semelhantes na clínica da universidade e, através de suas pesquisas, foi capaz de determinar que existe uma correlação entre experiências do tipo *déjà vu* e a idade do paciente.

De fato, essa relação com a idade é importante, porque alguns cientistas indicam que o *déjà vu* não é vivenciado antes dos 8 ou 9 anos, sugerindo fortemente que o cérebro precisa atingir certo estágio de desenvolvimento para que ocorram os processos requeridos.

Alan Brown, psicólogo da Southern Methodist University, escreveu sobre essas descobertas no seu abrangente livro *The Déjà vu Experience*. Ele propõe que cerca de dois terços da população têm episódios de *déjà vu*, e afirma que eles têm maior probabilidade de ocorrer quando os indivíduos estão estressados ou exaustos. Brown sugere mais de 30 possíveis explicações para o fenômeno, variando desde a dupla percepção até o processamento dual das lembranças e até sinais de que o cérebro está ficando maluco.

É possível que estejamos deixando passar o óbvio. Talvez a resposta seja muito simples. Por exemplo, o cérebro pode estar tendo um atraso nos sinais e por isso percebe esse atraso como *déjà vu*, ou pode não estar processando adequadamente uma memória presente diferenciando-a de uma passada, confundindo um objeto que se parece com outro como se fosse o objeto verdadeiro. Brown também salienta que na teoria da "dupla percepção" a sensação de *déjà vu* acaba voltando para a cena presente e a percepção é de uma "memória" normal.

No entanto, até mesmo Brown admite que o fenômeno poderia se enquadrar em várias das teorias que ele apresenta ocorrendo simultaneamente devido ao fato de que não existe uma única explicação fácil ou um mecanismo prontamente identificável. Não estamos falando sobre uma sensação de lembrar de alguma coisa. O *déjà vu* é a sensação de lembrar de algo que *está acontecendo agora, no presente instante*. É essa simples diferença que dificulta tanto explicar o que o *déjà vu* é ou não é.

Moulin, com seu colega Akira O'Connor, empenhou-se na tarefa de tentar recriar o *déjà vu* em laboratório. Sua motivação era a pesquisa de Moulin sobre o *"déjà vu* crônico", onde os que o vivenciam ficam abalados com a contínua sensação de familiaridade que encontram em novas experiências, a ponto de desenvolverem um sentido de precognição. No boletim do *WorldScience.net* de janeiro de 2006, os dois pesquisadores da Leeds University (na época, O'Connor fazia o doutorado) descreveram o processo de tentar descobrir a chave do *déjà vu* crônico, que dava aos pacientes a capacidade de se lembrar de pessoas, lugares e coisas com uma riqueza de detalhes que jamais haviam surgido até aquele momento. O foco de Moulin estava no sistema do lobo temporal, que "dispara" quando nos lembramos do passado, e também em uma "experiência reconhecível", ou a sensação de estarmos no passado.

Hipnose

Pelo que vimos anteriormente, o *déjà vu* crônico poderia ser resultante de um circuito cerebral do lobo temporal com excesso de atividade, devido a estar "ligado" o tempo inteiro, criando constantemente falsas memórias sem a preexistência de um precedente. O'Connor começou a pesquisar a indução do *déjà vu* por meio da hipnose como parte do projeto de Moulin. O *ScienceDaily.com* publicou esse projeto — Cognitive Feelings Framework, CFF [Estrutura das Sensações Cognitivas] — no início de 2006, patrocinado exclusivamente pela Leeds University e conduzido por Moulin junto com o professor Martin Conway, envolvendo o uso da hipnose para provocar o *déjà vu* em voluntários. A ideia era desencadear uma sensação de familiaridade com um objeto que o voluntário jamais tinha visto. Eles mostravam duas dúzias de palavras comuns, hipnotizando-os em seguida. Os voluntários eram colocados em cubículos à prova de som e viam palavras numa tela. Quando vissem a palavra seguinte numa moldura vermelha, eles sentiriam que tinham familiaridade com ela, apesar de não saber onde a haviam visto pela última vez. Em contraste, foi sugerido que palavras com uma moldura verde pertenciam à lista original à qual tinham sido expostos.

 O resultado foi que dez dos 18 voluntários relataram uma sensação muito similar ao *déjà vu* quando viam as palavras com moldura vermelha. As descobertas foram suficientes para motivar trabalhos adicionais sobre o estímulo do lobo temporal para desencadear a familiaridade, e o professor Alan Brown sugeriu que o uso da estimulação hipnótica para "estimular ou provocar a experiência *déjà vu* seria potencialmente um modo muito frutífero para explorar o fenômeno".

O *déjà vu* ESTÁ EM TODOS OS LUGARES

Há um número abundante de experiências *déjà vu* na internet. As pessoas se mostram ansiosas para contar suas vivências na esperança de encontrar algum entendimento ou saber que elas são comuns. Adiante mostro algumas que encontramos, com os erros gramaticais e tudo, sem nada acrescentar:

Eu vivencio o déjà vu *sem parar. Sim, tenho* déjà vus *múltiplos o tempo todo e, às vezes, as pessoas com quem estou também os têm ao mesmo tempo. Isso me sugere que nossas mentes estão de alguma forma ligadas, de uma maneira que a ciência não pode explicar. Sempre que ele acontece eu me sinto como se estivesse fora do meu corpo por um instante, conectado com uma fonte maior de conhecimento. Será que isso faz sentido?*
R. D., 12 de dezembro de 2008

Achei engraçado você pedir histórias atuais de déjà vu. *Esta tarde eu estava tomando conta das duas filhas da minha chefe no meu dia de folga porque ambas estavam gripadas e não podiam ir à escola. Eu nunca havia ficado com elas em dias de semana e quando as via estava sempre com meus próprios filhos. Nesse dia, eu as acomodei no sofá para assistirem a um filme, o* Príncipe Caspian *(parte II de* O Leão, a Feiticeira e o Guarda-roupa*) por escolha espontânea da menina. Tive um dessas avassaladoras sensações de* déjà vu. *Lembrei-me de estar trabalhando no computador, olhando a chuva pela janela, ouvindo os sons do mesmo filme e vendo as duas meninas acomodadas no sofá, assistindo-o atentamente. Como é nor-*

mal nesses episódios, a sensação passou em cerca de dez minutos, mas eu sabia que já havia passado por aquilo antes. Não tive nenhuma precognição do evento, apenas uma certeza de que eu já tinha estado naquele exato instante.
Susan Bradberry, outubro de 2009

Sou mais uma pessoa que já teve múltiplas experiências déjà vu, *inclusive duas de especial "profundidade" onde cheguei a dizer a mim mesma: "esta mulher agora vai dizer isto" e então ela falou exatamente o que eu tinha previsto. Por isso, sou um dos que consideram a explicação "padrão" completamente insustentável. Desconfio que, de tanto em tanto, temos experiências precognitivas em estado de sonho, depois nos lembramos delas quando os eventos tomam a forma de* déjà vu...
M. C., 4 de maio de 2006

Houve uma ocasião, durante uma conversa ao telefone em que parei para anunciar que eu estava tendo um déjà vu *muito forte" e ele me disse que também estava. A sensação de reviver um momento já é surpreendente, mas compartilhá-la com alguém foi algo muito diferente.*
A., 25 de outubro de 2006

Sempre tive déjà vu *e ele ia e vinha [...] Dois anos atrás, um episódio durou por quase três meses, sem parar. Eu ia para a cama com ele e acordava com ele. Meu médico está a par do caso e sugere que eu esteja com um problema de saúde mental. Eu não acredito nisso [...] Ele vai e vem, às vezes por alguns segundos, em outras por algumas horas, o dia inteiro [...] Estou com 49 anos de idade.*
R., 15 de novembro de 2006

Tenho déjà vu *o tempo todo. Ele me vem pelo menos uma vez por semana e às vezes dura minutos, não apenas segun-*

dos. *Posso prever exatamente o que alguém vai dizer ou fazer enquanto ele está acontecendo. É esquisito e há momentos em que sinto medo por saber o que está acontecendo à medida que acontece, quando eu não deveria saber de nada...*

L., 19 de dezembro de 2008

Outros estudos

A pesquisa que Moulin está fazendo sobre o *déjà vu* e outros distúrbios cerebrais continua a ser realizada no Moulin Lab Memory Research Center no Instituto de Psicologia da Leeds University. Os cientistas postam em blogs e também publicam questionários que qualquer um pode responder on-line no site web.mac.com/chris.moulin, com acesso a fotos e estudos em andamento.

Outros estudos científicos feitos ao longo dos últimos anos apoiam um segundo olhar sobre o *déjà vu*. A psicóloga da Colorado State University, Anne M. Cleary, conduziu experiências que testaram o "reconhecimento baseado na familiaridade". Ela e sua equipe deram aos participantes uma lista de nomes de celebridades e posteriormente lhes mostraram uma coleção de fotos dessas pessoas, perguntando se haviam identificado as celebridades, dizendo quais estavam na primeira lista e quais não estavam.

Os resultados do estudo sugerem que, mesmo quando os participantes não conseguiam identificar uma celebridade em particular pela fotografia, eles ainda tinham a impressão de as fotos terem estado ou não na primeira lista. O resultado final desse estudo mostrou que, apesar de os participantes não conseguirem identificar a fonte da sua familiaridade com uma celebridade, eles concordavam que a celebridade era familiar para eles. A equipe de Cleary substituiu as fotos e os nomes por locais geográficos muito conhecidos, obtendo resultados similares. Segundo os pesquisadores, os participantes armazenaram uma pequena quantidade de informação nos seus bancos de memória, mas não o suficiente para conectar mentalmente a lembrança com uma nova experiência.

Numa tentativa de determinar quais são os elementos que desencadeiam um sentido de familiaridade, Cleary também testou temas empregando a palavra reconhecimento. Usando uma lista aleatória de palavras, os participantes do estudo foram expostos a um teste de reconhecimento, onde havia algumas palavras com som parecido com algumas da lista (por exemplo: *random* soa parecido com *tandem*). Os participantes continuaram relatando uma sensação de familiaridade quando viam uma palavra com som familiar no teste, mesmo não se lembrando dela na lista aleatória que haviam visto.

A partir desse estudo, os pesquisadores postularam que os seres humanos são capazes de armazenar fragmentos de memória de uma experiência e, ao serem expostos a uma nova experiência contendo alguns desses fragmentos, vivenciam o *déjà vu*.

Déjà vu LIGADO À FAMILIARIDADE COM O PASSADO?

Em um relatório de dezembro de 2008 publicado pelo Current Directions na *Psychological Science*, os pesquisadores da Colorado State University estudaram os paralelos entre o *déjà vu* e as teorias da memória do reconhecimento humano liderados por Anne Cleary. Os resultados da pesquisa sugerem que o *déjà vu* ocorre quando uma situação atual se parece com uma que aconteceu na vida passada da pessoa. Um tipo de "sobreposição situacional" gera a sensação de familiaridade. As partes do cérebro envolvidas são as mesmas envolvidas na retenção de memória e recordação.

No entanto, apesar de alguns cientistas se apressarem a descartar o *déjà vu* como apenas uma "ocorrência interessante", sem nenhuma conotação mística, nem todos admitem que a resposta seja assim tão simples.

Na *Discover Magazine* de setembro de 2005, no artigo intitulado "A psicologia do *déjà vu*", o psicólogo Alan Brown, autor de *The Déjà vu Experience*, disse que o fenômeno é uma batata quente para os cientistas. Para ele, as teorias paranormais contaminam o campo do estudo científico. "O *déjà vu* é um fenômeno que não pode ser capturado no laboratório." Ele também salienta que é imperativo trazer o *déjà vu* para uma estrutura mais legítima. "Sempre que o cérebro se comporta de maneira errada, há uma oportunidade de aprender alguma coisa sobre como ele se comporta normalmente. [...] Conseguir detectar esses mecanismos é como encontrar uma mina de ouro."

Brown admite que tanto a natureza fugaz do *déjà vu* como a tendência dos que vivenciam a experiência esquecerem dos detalhes logo em seguida tornam essas pesquisas retrospectivas totalmente indignas de respeito. Sua pesquisa em conjunto com a psicóloga da Duke University, Elizabeth Marsh, no início desta década, sugeriu que o *déjà vu* é "mais do que apenas uma alucinação — falha no funcionamento dos neurônios —, como vários psicólogos há muito acreditavam". Os dois sugerem que a teoria da "percepção dupla", que teve suas origens no final do século XIX, faz com que o indivíduo veja as coisas duas vezes, em rápida sucessão. Na primeira, eles a veem talvez periférica ou superficialmente. Na segunda, a olham com plena consciência. O *déjà vu*, por assim dizer, ocorre quando as duas percepções se encontram e se cumprimentam. O cérebro pode não ter registrado o objeto ou evento no primeiro olhar, mas subliminarmente ele foi gravado e por isso faz o "segundo olhar" parecer estranhamente familiar.

Estimulação profunda do cérebro

Em janeiro de 2008 o ScienceDaily publicou os resultados de uma pesquisa envolvendo o uso da estimulação profunda do cérebro (EPC) para tratar enfermidades como o mal de Parkinson, e esse estudo sugere que a EPC, um procedimento médico bastante complexo, também poderia ser usada como uma modalidade potencial de tratamento para muitas outras situações. De fato, uma equipe do Toronto Western Hospital, Ontário, no Canadá, liderada pelo professor de neurocirurgia Andres Lozano, descobriu um efeito colateral muito estranho durante um estudo feito em um paciente com obesidade mórbida: *déjà vu*.

O artigo, intitulado "Estimulação profunda do hipotálamo desencadeia lembrança de memória *déjà vu* em paciente", relata o acontecido com um paciente de 50 anos com um histórico de obesidade. Nenhum tipo de tratamento tinha dado resultado, por isso a equipe de Lozano resolveu identificar locais do hipotálamo que poderiam reprimir o apetite quando estimulados por meio do implante de eletrodos. Durante a estimulação, o paciente vivenciou um súbito *déjà vu*. As experiências aumentavam em intensidade à medida que a estimulação também aumentava. Os pontos de contato que pareciam estimular o desencadear do fenômeno foram encontrados no hipotálamo e perto do fórnice. Essa região do cérebro é responsável pela transmissão de sinais para o sistema límbico, que por sua vez está ligado tanto à memória quanto à emoção. A estimulação influenciou tanto o circuito motor como o límbico do cérebro e, segundo o artigo, impulsionou a atividade do lobo temporal e do hipocampo, partes essenciais do circuito de memória do cérebro.

Dois meses depois, quando o paciente já havia recebido alta do hospital, a equipe de pesquisa foi capaz de "induzir e gravar os efeitos de memória vistos na sala de cirurgia, apenas ligando a estimulação elétrica". Esse fato aconteceu no consultório e a memória do paciente continuou a ser testada, com ou sem estimulação, finalizando com um período de três semanas de contínua estimulação hipotalâmica. O paciente mostrou uma melhora significativa nos testes de aprendizado e na capacidade de recordar objetos em pares quando estimulado, sugerindo que "como uma EPC pode influenciar os circuitos límbicos e motores, talvez seja possível aplicar a estimulação elétrica para modular a função da memória... e obter uma melhor compreensão dos substratos neurais da memória".

Não há dúvida de que esses substratos neurais estão ligados ao *déjà vu* e a anomalias da memória, o objeto de estudos em andamento envolvendo diferentes áreas do cérebro. No Capítulo 2 examinaremos mais detalhadamente o cérebro e a memória.

Algumas das mais intrigantes pesquisas envolvendo o *déjà vu* aconteceram quando o fenômeno nem mesmo era um tópico para estudo. Em 2001, o Dr. Rick Strassman, psiquiatra da University of New Mexico School of Medicine, publicou os resultados de 11 anos de pesquisas patrocinadas e aprovadas pelo governo federal sobre alucinógenos em seres humanos. Ela envolveu o uso de DMT, a dimetiltriptamina, principal alcaloide psicoativo encontrado na ayahuasca, que era injetada em voluntários. Os resultados obtidos foram chocantes, mas o que nos interessa é um efeito colateral, que Strassman notou em alguns dos participantes: o *déjà vu*. Nós o entrevistamos sobre suas experiências no laboratório:

Em suas experiências com a DMT, você afirma que algumas pessoas do grupo vivenciaram *déjà vu*. Poderia nos descrever uma dessas experiências?
Este é um trecho editado da sessão de um voluntário:
Era um lugar muito familiar, como se eu já tivesse estado nela. É estranho ter na mente a sensação de "isto está exatamente como na última vez" apesar de esta ter sido a primeira vez que tomei a DMT. Vocês [os dois pesquisadores] estavam sentados nos dois lados da minha cadeira, tanto "então" como agora. Eu vivenciava certas emoções e sensações que me davam uma poderosa convicção de estar em duas correalidades. Tudo muito conhecido. Acho que isso significa que eu estava destinado a participar deste estu-

do. É sobrenatural, porque, à medida que as coisas vão ficando mais familiares, elas parecem cada vez mais desconhecidas. É tudo desconjuntado. Neste nível, está acontecendo o tempo todo. Na realidade, todo o treinamento e condicionamentos que tenho são completamente diferentes. O problema maior é que não se consegue entender muito bem o que é real.

Agora entendo por que as pessoas a assemelham com a morte. Penso que as pessoas realmente lembram que morreram. Isto é só uma refamiliarização que fazemos com ela.

Qual parte do cérebro foi "disparada" ou "ativada" pela DMT que resultou em experiências *déjà vu*?
Não fizemos esse tipo de escaneamento em pessoas, portanto, não sei a resposta para sua pergunta.

O mesmo aconteceu com outros alucinógenos endógenos?
A DMT é o único alucinógeno que foi estudado em seres humanos. No entanto, outros alucinógenos parecem induzir o déjà vu, como o LSD e cogumelos psilocybin.

Todos temos uma pequena quantidade de DMT no cérebro, certo? É possível que o *déjà vu* seja apenas uma falha no funcionamento usual do cérebro? Baseado no seu trabalho, descreva o que é o *déjà vu*.
Todos temos DMT circulando em nossos organismos e também em nossos cérebros o tempo inteiro. Eu não chamaria o déjà vu *de falha. A pergunta que deve ser feita é por que temos um alucinógeno endógeno, como a DMT, em nossa constituição. Eu não tenho uma teoria especial sobre o* déjà vu, *por que ele não foi o principal foco do meu estudo. Mas, em termos gerais:*

O estresse eleva os níveis de DMT nos animais menos complexos e em psicóticos humanos eles parecem aumentar com a piora da psicose. Todavia, não conhecemos bem a dinâmica normal da DMT em pessoas sãs, por exemplo, se os níveis aumentam com o estresse. Faz sentido assumir que qualquer mudança na experiência consciente é associada com mudanças na química cerebral. Às vezes, ela desencadeia as experiências subjetivas em questão, em outras, a experiência subjetiva parece desencadear mudanças na química cerebral. Penso que o mesmo vale para substâncias endógenas que causam alteração da mente, seja a DMT ou qualquer outra coisa — isto é, essas substâncias podem desencadear a experiência déjà vu ou ser liberadas em associação com uma experiência déjà vu, que é desencadeada por certos antecedentes psicológicos e/ou ambientais.

Por outro lado, podemos ser muito especulativos. Seguindo essa linha, poderia ser argumentado que a DMT gera um estado de consciência especial, da qual só lembramos quando estamos sob o efeito da DMT. Essa é a definição de "estado de memória específica", um fenômeno psicológico bem conhecido. Por exemplo, durante um "apagão" alcoólico, as pessoas dizem e fazem coisas sobre as quais têm uma amnésia absoluta quando sóbrias. No entanto, poderão lembrar delas quando tiverem seu próximo apagão. É possível que certas experiências tenham acontecido a alguém que estava em um estado de consciência associado a altos níveis de DMT e poderia ser algo tão "efêmero" e "subjetivo" como um sonho. Alguns pesquisadores criariam a teoria de que os níveis de DMT aumentam durante os sonhos e que níveis elevados de DMT agem como mediadores dos elementos alucinatórios do sonho. Quando a pessoa está sóbria, essas memórias são bloqueadas, mas quando os níveis de DMT aumentam (seja num sonho ou numa circunstância superestressante [se, de fato, os níveis de DMT aumentam em resposta ao estresse em pessoas normais]), então a pessoa sofre a experiência da ligação entre as experiências presentes e passadas.

Seria possível a DMT estar envolvida na percepção de outros fenômenos paranormais como fantasmas, entidades, visões angélicas e visitas? Esses fenômenos estariam "todos na mente"?

Eu especulo livremente sobre esses assuntos em meu livro, DMT — The Spirit Molecule. *Como eu disse antes, as visões podem ser desencadeadas por substâncias endógenas. Por outro lado, a substância endógena pode ser o meio com o qual as forças espirituais ou seres se revestem para se tornar perceptíveis.*

Uma explicação científica

Apesar de a ciência ainda nos dever uma explicação simples e absoluta sobre o *déjà vu*, os envolvidos no estudo dos fenômenos anômalos consideram o *déjà vu* misterioso e enganador o suficiente para sugerir vínculos com o mundo da física quântica, o paranormal e mesmo a metafísica. No entanto, algumas dessas teorias mais incomuns de fato poderiam gerar ideias para outras pesquisas científicas sobre o cérebro e a consciência humana.

Um dos problemas na busca de uma explicação científica para o *déjà vu* é que ele é uma experiência totalmente subjetiva, vivenciada por milhões de pessoas, mas que não tem provas ou efeitos "externos". Trata-se de uma causa sem nenhum efeito (a não ser a impressão de esquisitice e a sensação perturbadora que continua depois que o *déjà vu* em si já terminou). Quando se lida com um fenômeno tão subjetivo, para o qual não existe explicação externa, só podemos basear as teorias na palavra da pessoa afligida, dificultando a determinação de uma causa. Entretanto, à medida que formos conhecendo nossos cérebros e consciência, estaremos nos aproximando da explicação.

Você tem *déjà vu*?

O psicólogo Alan S. Brown é autor de "The Déjà vu Illusion", um artigo publicado no boletim da *American Psychological Society*, de 2004. Sua extensiva pesquisa do fenômeno, usando mais de 50 levantamentos sobre o *déjà vu*, fornece alguns dados intrigantes:

- Aproximadamente dois terços dos indivíduos tiveram, no mínimo, uma experiência de *déjà vu* em sua vida.
- Muitos desses indivíduos relatam múltiplas experiências de *déjà vu*.
- Houve um aumento de incidências de *déjà vu* nos levantamentos mais recentes, sugerindo o aumento da percepção e aceitação cultural.
- A incidência de experiências *déjà vu* diminui com a idade.
- A incidência de experiências de *déjà vu* aumenta com a escolaridade e a renda.
- O *déjà vu* é mais comum em pessoas que viajam, têm boa lembrança dos sonhos e são liberais em suas crenças políticas e religiosas do que em pessoas que NÃO viajam, NÃO se recordam dos seus sonhos e se consideram conservadoras.
- O *déjà vu* é principalmente vivenciado no interior das casas e durante o lazer ou atividade relaxante.
- O *déjà vu* dura cerca de dez a 30 segundos.
- O *déjà vu* ocorre com mais frequência à noite e nos fins de semana do que pela manhã e nos dias úteis.

Cortesia de "The Déjà vu Illusion", *American Psychological Society*, volume 13, número 6.

Com essa gama de conhecimentos, os autores deste livro poderiam ser acusados de negligência se não apresentassem algumas das mais incomuns teorias e causas potenciais do *déjà vu*. De fato, é possível que em uma dessas teorias esteja a chave oculta que abrirá as portas dos mistérios da mente, do tempo e da memória.

POSSIBILIDADES PARANORMAIS

O *déjà vu* poderia ser um tipo de evento precognitivo? Como o *déjà vu* ocorre no momento presente, é impossível prever quando irá acontecer. Ele chega subitamente e termina da mesma maneira, mas envolve o conhecimento de um possível evento passado lembrado no presente, talvez um tipo de precognição desencadeada um nanosegundo antes da ocorrência da sensação de familiaridade. O *déjà vu* também já foi ligado à habilidade psíquica e visualização remota (a capacidade de acessar informações sobre pessoas e locais distantes). Contudo, como a precognição envolve o conhecimento de um evento antes de ele acontecer, talvez o *déjà vu* seja uma falha no cérebro permitindo que o evento seja "vivenciado na memória" tão próximo da real experiência física que ele nos atira em um *loop*, um circuito fechado, criando a aparência de uma memória espelho — quase como se tivéssemos apenas um lampejo de estarmos vivendo em dois mundos ao mesmo tempo. Essa "memória espelho" não sugere nenhum lapso de tempo, mas pergunte a qualquer um que já teve a experiência do *déjà vu* e ele dirá que não sentiu que ele estava vindo.

Outras teorias, menos científicas, sugerem que o *déjà vu* é o produto do inconsciente coletivo como apresentado pelo psiquiatra Carl Jung, já visto anteriormente. Uma delas especula que o fenômeno ocorre quando alguém acessa uma memória "arquetípica" similar no campo coletivo das memórias da humanidade. Jung teve essa experiência em sua primeira viagem à África, quando vivenciou uma intensa sensação de "reconhecimento do imemorialmente conhecido". Essa ideia tem um paralelo na teoria do Campo do Ponto Zero (CPP) na física quântica, que sugere a existência de um campo-depósito de eventos passados, presentes e futuros. Os metafísicos delinearam a ideia de um Campo de Todas as Possibilidades, ou Pura Potencialidade, como chamada pelo autor Deepak Chropra. Esse local seria um repositório de todas as memórias onde não existe um tempo linear e o indivíduo pode, de alguma maneira, extrair uma memória capaz de refletir diretamente sua experiência presente.

De novo, é impossível olhar tudo isso de maneira completamente objetiva. Para muitos que vivenciaram o *déjà vu* e creem numa causalidade mais paranormal, não há como provar se a pessoa leu ou não leu, viu ou viveu algo no seu distante passado que poderia desencadear sua presente experiência. Sem dúvida, essa subjetividade parece não permitir uma explicação científica, mas abre a porta para uma conexão entre a consciência humana e nossa percepção da realidade.

Adiante exploraremos a ideia de um campo, ou Grade, como nós, os autores, denominamos. A ideia de uma estrutura emaranhada (pedindo emprestado o termo de David Brown) da realidade, onde ficam as causas de coisas que nos parecem inexplicáveis, tem algum mérito tanto na física teórica como na quântica, e também no campo dos estudos da consciência. As sincronicidades, tão apreciadas por Carl Jung, que as estudou extensivamente e escreveu sobre elas, também parecem ter uma causalidade que ocorre em algum nível emaranhado, enquanto nós só vivenciamos os efeitos aqui, neste nível da Grade.

Talvez o *déjà vu* seja outra dessas estranhas e anômalas maravilhas da experiência humana que acontecem, sem conseguirmos detectar a causa ou a origem das ocorrências, e, mais importante, o porquê de acontecerem. Os cientistas podem afirmar a estimulação de partes específicas do cérebro como a causa do *déjà vu*. Talvez estejam certos. Nossos cérebros desempenham um papel na sua ocorrência, mas até agora eles não conseguiram explicar por que o fenômeno acontece. Será que existe um propósito, uma razão? Seria apenas um erro ao acaso que acontece com algumas pessoas e não com outras? Ou será que é um meio de nos lembrar que existe muito mais do que vemos na realidade e talvez em outras realidades? Existe alguma certeza de que o cérebro está sendo estimulado a partir de uma influência interior ou exterior? Se não for uma influência interior de erro nos circuitos, o que será? Se for exterior, onde está o gatilho e como ele está afetando o funcionamento do cérebro e nossa percepção do tempo?

No capítulo seguinte compreenderemos melhor o cérebro humano, a memória e como ela funciona, ou no mínimo contaremos o que sabemos sobre as descobertas de ponta que estão em andamento. Também examinaremos os erros, as falhas, o mau funcionamento e os defeitos de comportamento. Pode ser que ao chegarmos ao final deste livro possamos de fato olhar para essas falhas e defeitos de funcionamento de uma maneira totalmente nova.

CAPÍTULO 2

O labirinto da memória

Uma memória é o que resta quando alguma coisa acontece e não desacontece completamente.
Edward de Bono

A memória, de todos os poderes da mente, é o mais frágil e delicado.
Ben Johnson

O cérebro humano age como uma enorme esponja mental, capturando eventos há tempos imemoriais em um banco de memória aparentemente inesgotável capaz de armazenar memórias do passado, presente e futuro no interior da sua massa cinzenta e macia. Apesar de ser possível esquecer alguma coisa de forma inteiramente consciente (e quem nunca esqueceu de um importante evento como um aniversário de casamento!), o cérebro, como o elefante, jamais esquece. Como diziam as nossas bisavós: "O pão feito não pode ser desfeito." Quando a memória registra um evento, ele jamais é apagado. Portanto, se seu cônjuge alegar que esqueceu o seu aniversário, diga-lhe que o cérebro nunca esquece!

Mas o que é memória, exatamente? Uma construção abstrata ou é possível defini-la em termos exatos? Por definição, a memória nada mais é do que a capacidade de um organismo codificar, armazenar e, mais tarde, recuperar. Embora esse conceito pareça ser fácil de entender, à medida que vamos nos aprofundando nos mecanismos da memória, descobrimos que as coisas vão se tornando mais complexas. Como veremos adiante, o cérebro é um mecanismo incrivelmente sofisticado, muito mais rápido e poderoso do que o maior computador do mundo e, graças a Deus, menos sujeito a defeitos! O cérebro, de uma maneira quase instantânea, é capaz de capturar a imagem de um evento ou experiência gravando-a ou codificando-a, dessa forma criando um registro permanente. Esse registro é numerado e referenciado (como num cartão de biblioteca) para que possa ser acessado, ou suprimido, dependendo de seu significado, interpretação e importância. Quem não gostaria de recordar das alegrias da infância? Talvez, uma pessoa que teve uma infância infeliz. A memória do dia do casamento de alguém despertará prazer e sorrisos, a não ser que o casamento tenha sido com um indivíduo que não lhe dá mais valor. A memória é universal: algo que todos somos capazes de acessar e, por sorte, podemos escolher em que lembranças é seguro colocar nosso foco e quais varreremos para debaixo do tapete do subconsciente.

O ESTUDO DA MEMÓRIA

O estudo da memória, que antes se restringia ao reino da filosofia, hoje está entrincheirado no campo da neurociência cognitiva. Essa nova área que está emergindo faz a ligação entre as disciplinas da psicologia cognitiva e a neurociência na intenção de apresentar a mais atual compreensão de como nós criamos memórias. Além disso, essa pesquisa também procura estudar como somos capazes de as encontrar e lembrar delas depois de terem sido relegadas aos bancos de armazenamento dos recessos internos da mente. Em levantamento feito com psicólogos em 1996, mais de 84% acreditavam que todas as nossas experiências ficam permanentemente armazenadas em algum lugar da mente (Loftus e Loftus, Schacter,

1996, 76). No entanto, o que o cérebro, ou mente, parece estar armazenando se restringe mais ao campo dos bits e fragmentos de informação ou "dados sensoriais", em vez de "videoclipes" mais longos, que são armazenados em blocos de dados (pense mais no Twitter do que no YouTube).

Como seria de esperar, existem diferentes tipos de memória. A memória sensorial, a mais curta do comprimento da memória, ocorre entre 200 a 500 milissegundos depois de algo ser percebido. Esse fato é de grande importância e será examinado melhor mais adiante. Observamos, memorizamos e recordamos — "quase" instantaneamente. A memória de curto prazo vai um passo além, permitindo um tempo de lembrança que varia de alguns poucos segundos a um minuto e pouco. Quando se trata de memória de curto prazo, parece que o cérebro só é capaz de lidar eficazmente com cerca de quatro a seis itens de cada vez. Pense nisso na próxima vez que for ao supermercado sem uma lista de produtos. Telefonar para o cônjuge não vai ajudar, a não ser que ele/ela vá dizendo cada item necessário enquanto você faz a compra (você pode escrevê-los nas costas das mãos com uma caneta).

Muito melhor do que fazer compras sem uma lista é a memória de longo prazo, que permite o armazenamento de maiores quantidades de informação por períodos de tempo mais longos. Um ótimo exemplo de como a memória de longo prazo supera a de curto prazo pode ser vividamente demonstrado pela tentativa de decorar um número de dez dígitos escolhido ao acaso. Você será capaz de lembrar dele por uma hora, talvez um dia. E, o seu número de telefone? Você lembrará dele por anos ou, no mínimo, até arranjar outro. Isso se deve não somente à repetição, mas também pela classificação de importância. Você usa seu número de telefone com frequência e ele é importante para você. Assim, o cérebro o codifica como uma memória essencial e ela pode ser acessada por um botão de rediscagem, como o de um telefone, quando necessário.

Tipos diferentes de memória exigem ações de diferentes partes do cérebro. A de curto prazo é domínio do lobo frontal, mais especificamente o córtex pré-frontal dorsolateral e o lobo parietal. É interessante saber que a memória de longo prazo é retida ao longo de uma área do cérebro mais espalhada sob a forma de mudanças nas conexões neurais mais permanentes.

O CÉREBRO E SUAS PARTES FUNCIONAIS

Lobo Frontal — Pensamento, planejamento e funções executivas centrais; execução motora.
Lobo Parietal — Percepção somatossensorial da integração de informações visuais e somatoespaciais.
Lobo Temporal — Função de linguagem e percepção auditiva, envolvida em memórias e emoção de longo prazo.
Lobo Occipital — Percepção e processamento visual.

O hipocampo

Tanto para a memória de curto prazo como para a de longo prazo, o hipocampo serve como um veículo para consolidar as informações a fim de reter os dois tipos de memória. Devemos agradecer nosso hipocampo pela sua capacidade de recordar qualquer coisa além do que comemos no jantar de ontem. Também devemos agradecer nosso ciclo de sono, porque, sem uma boa noite de sono, nossa memória se torna deficiente. Sem sono, acabamos tendo a incapacidade de armazenar novas memórias. Atuando de maneira muito parecida com um computador ordenando arquivos no disco rígido, o hipocampo revisa e ordena as atividades do dia para consolidar e organizar as informações.

A Memória e o Hipocampo

O hipocampo está localizado no centro do sistema límbico e tem a forma de um C. Ele se conecta ao hipotálamo pelo fórnice. O hipocampo é crucial para transferir memórias de curto prazo para armazenagem de longo prazo. Apesar de ainda não terem terminado os debates sobre como isso ocorre, está claro que o hipocampo é necessário para arquivar novas memórias à medida que são impressas. O significado do hipocampo foi determinado por um paciente, H. M., que ficou famoso. Durante uma cirurgia de epilepsia, em 1953, os médicos removeram a maior parte dos lobos frontais mediais, inclusive o hipocampo. Desde então, o homem não formou memórias novas. Ele se recorda da sua infância e de tudo o que aconteceu antes da cirurgia, e mantém sua capacidade de memória de curto prazo, bem como a capacidade de formar memórias procedurais, isto é, de processos. Também é capaz de manter uma conversação normal, lúcida, mas se alguém deixar a sala por um momento, quando voltar, H. M. não se lembrará dele, nem da conversa. Ele perdeu totalmente a capacidade de depositar a memória declarativa (relacionada com o contexto). (Fonte: *PsyWeb.com*)

A mais moderna pesquisa, recém-saída da Case Western Reserve University, em Cleveland, Ohio, sugere que as células musgosas do hipocampo têm a capacidade de armazenar memórias em operação, mesmo em fatias do cérebro. Os pesquisadores Ben Strowbridge e Phillip Larimer usaram fatias de cérebros de camundongos para verificar se os neurônios chamados "células musgosas" conseguiriam manter uma atividade de armazenamento normal de memória, e eles mantiveram. As memórias, estimuladas por eletrodos inseridos nas fatias, duraram apenas dez segundos, mas essa memória poderia ser armazenada em um pedaço do cérebro e em muitos neurônios diferentes espalhados nessa área.

Modelos de Memória

Atualmente, não existe um único modelo universalmente aceito da mente/cérebro e de como a memória funciona, mas há muitas teorias que receberam forte apoio tanto de neurologistas como psicólogos. Estudos mais modernos concordam que a memória é um conjunto de conexões neurais codificadas em vários locais do cérebro. Quanto mais fortes as conexões, mais fortes as memórias.

O método e o processamento envolvidos quando temos uma experiência são determinantes para a memória ser mais facilmente recordada. Alguns dizem que apenas ensaiando um evento por muitas vezes, nós lembraremos dele, mas isso não foi provado até agora. Em um estudo realizado em 1972, Fergus I. M. Craik e Robert S. Lockhart, intitulado "Níveis de processamento de modelos de memória", os dois psicólogos propuseram que a memória nada mais é do que o subproduto da profundidade do processamento da informação. Para o estudo, profundidade foi descrita como "a significância extraída do estímulo em vez de número de análises feitas sobre ele". De novo, a ênfase precisa ser colocada sobre a importância do estímulo e não sobre o número de vezes que ele é repetido. E, então, você acha que ensaios de casamento são mesmo necessários? Segundo a pesquisa, a resposta é não, mas não conte isso para a noiva!

O modelo de Craik e Lockhart estava em flagrante contradição com uma outra teoria, o "modelo multidepósitos", também conhecido como o Modelo Atkinson-Shiffrin, que pressupõe que o ensaio é o único mecanismo pelo qual a memória de curto prazo é convertida em memória de longo prazo. Esse modelo também sugere que a memória de longo prazo é constituída por muitos subcomponentes e originalmente eles acreditavam que o depósito sensorial era composto de uma única unidade. Porém, novas pesquisas determinaram que o depósito sensorial é dividido em muitas partes, como paladar, visão, audição etc.

Um outro modelo de processamento se concentra nos modos como processamos a memória:

- **Processamento raso** — Por meio estrutural (aparência) ou fonêmico (som).
- **Processamento profundo** — Usa "ensaios de elaboração" via imagens, pensamentos, associações e outras análises significativas (semânticas). Em outras palavras, precisamos ter uma experiência visual de um evento, ouvir sons associados com o evento ou conferir significado a um evento para que ele encontre um lar dentro dos muros de nosso banco de memória.

Você se Lembra?

Em um estudo de psicologia feito por Craik e Tulving, em 1975, os participantes receberam uma série de 60 palavras, sobre as quais teriam de responder uma de três perguntas. Algumas perguntas exigiam que os participantes processassem a palavra de modo profundo (semântico) e/ou raso (estrutural ou fonético). A meta era investigar como os dois modos de processamento afetavam a lembrança da memória.

As perguntas eram parecidas com estas:
- Processamento estrutural/visual: "A palavra está em letras maiúsculas ou minúsculas?"
- Processamento fonético/auditivo: "A palavra rima com..."
- Processamento semântico: "A palavra entra na seguinte sentença..."

O resultado do estudo demonstrou que os participantes era capazes de lembrar MAIS palavras usando o processamento semântico do que usando o processamento fonético ou estrutural. Isso sugere que o "ensaio de elaboração" e processamento profundo envolvido no modo semântico cria uma recordação mais exata.

Talvez isso explique o comentário maldoso que as pessoas fazem quando você esquece o que iria dizer: "Bem, não devia ser TÃO importante!"

Mas existe uma pegadinha que tem bastante importância! Nós frequentemente esquecemos de coisas importantes para nós. Elas podem até ser muito importantes, e isso costuma ocorrer nas horas mais impróprias! Aniversários, aniversários de casamento, prazos de entrega — acontece com todos nós. Se a ideia por trás do processamento da memória é converter memória temporária, de curto prazo, em memória de longo prazo, especialmente quando significado e importância estão envolvidos, porque ainda temos de lutar para lembrar o nome do ator que fez o papel de Fish em *Barney Miller*? (Nota de Larry: "Quem?") Como pode estar na ponta da língua apesar de o programa ter sido nossa série preferida há uns 30 anos? (Nota de Larry: "Ah, uma série? Nunca ouvi falar!")

Os psicólogos sugerem que façamos uma destas três coisas para combater essas falhas de memória:
1. **Retrabalho** — Colocar a informação em nossas próprias palavras ou conversar com uma outra pessoa.
2. **Método de Loci** — Se você está tentando se lembrar de uma lista de itens, ligue cada um deles a um caminho ou lugar conhecido.
3. **Imagística** — Associar uma imagem com o que você quiser se lembrar e colocá-la no cérebro como um mapa mental.

Eu, Larry, tentei os três métodos e o número três me pareceu o mais eficaz. Na verdade, ele se tornou uma segunda natureza quando tento me lembrar de algo significativo. Cada pessoa se dá melhor com uma das técnicas e por isso recomendamos que você tente as três para determinar qual será a mais útil para recordar importantes detalhes!

Portanto, será que com essas três sugestões os psicólogos nos forneceram um método "Santo Graal" para nos lembrarmos de tudo? Infelizmente, não, porque parece que muitos de nós já tendem a fazer o que foi sugerido! Mesmo subconscientemente, usamos objetos ou figuras que criamos em nossas cabeças para nos lembrar de uma pessoa, lugar etc. Também retemos mais perfeitamente as informações quando conversamos sobre elas, ou as colocamos em palavras, o que nos permite personalizar ou dar maior sentido ao que desejamos recordar. Pense em "engolir um livro" para uma prova quando você está sóbrio, com a mente clara e depois de uma boa noite de sono. O mais comum, se a prova for realmente importante, é você se lembrar muito mais do que poderia ter imaginado. Essa elaboração, ou explanação da importância, é o que fica mais permanentemente codificado em nosso cérebro. Se precisamos muito nos lembrar dela, nós a recordaremos em um nível ou outro.

Daí vem a pergunta: em que nível estão guardadas as memórias difíceis de lembrar? Mais importante: como poderemos acessá-las?

A propósito, Marie acaba de se lembrar de quem fez o papel de Fish. Foi Abe Vigoda. (Nota de Larry: "Quem?")

Em seu livro, *The Seven Sins of Memory: How the Mind Forgets and Remembers* [Os sete pecados da memória: como a mente esquece e recorda], Daniel Schacter, chefe do departamento de psicologia da Harvard University e principal pesquisador da memória, sugere que o mau funcionamento da memória pode ser dividido em sete transgressões básicas, ou "pecados". Os primeiros três têm relação com "omissão" ou falha em recordar de fatos ou ideias. Os últimos quatro são pecados de "comissão", relacionados com memórias que estão presentes mas não são desejadas naquele momento:

1. **Transciência** — Deterioração geral de uma memória ao longo do tempo devido à idade e outros fatores.
2. **Distração** — Problemas entre atenção e interface da memória. Creio que todos nós já fomos acusados disso.
3. **Bloqueio** — Uma memória interfere com a lembrança de outra.
4. **Erro de atribuição** — Lembrar de informação com recordação incorreta a respeito da fonte dessa informação.
5. **Sugestibilidade** — Memórias passadas são influenciadas pelo modo como são recordadas, com modificações sutis na memória original devido a uma fonte de informação que não aconteceu de verdade ou é diferente da memória original.
6. **Distorção** — A memória é prejudicada pela visão de mundo, emoções atuais ou incidentes que ocorreram durante um período específico na vida de alguém. A emoção costuma ser associada com memórias distorcidas.
7. **Persistência** — A recordação indesejada de informações perturbadoras, levando a problemas como fobias, trauma, estresse e, no caso extremo, suicídio.

Dizem-nos que as memórias tendem a esmaecer com a idade. O hipocampo, localizado bem no fundo do cérebro, mantém a memória. Contudo, com a passagem do tempo, começamos a perder a capacidade de captar detalhes. Estudos atuais nos contam que, à medida que vamos envelhecendo, a participação do hipocampo vai diminuindo, obrigando-nos a ter que lutar para nos lembrar do nome de um colega da escola ou do papelão que fizemos no dia da formatura (especialmente se a festa foi regada a álcool, prejudicando as células cerebrais). Um estudo feito em 2006 pelo neurocientista Larry R. Squire, na University of California, em San Diego, em conjunto com o Veteran Affairs San Diego Healthcare System [Sistema de Saúde para Veteranos de Guerra], examinou tanto indivíduos com danos no hipocampo como pessoas com cérebro saudável. O resultado final revelou que quando uma área do cérebro declina na capacidade de recordar uma memória, outras regiões podem assumir a tarefa de manter o armazenamento e a recordação de memória, especialmente se ela for de longo termo.

Isso sugere que talvez saibamos muito menos do que imaginamos sobre o lugar exato em que a memória é armazenada. O modo como o cérebro cria e guarda memórias ainda é um mistério, mesmo para os que estão fazendo pesquisas de ponta sobre o tema.

Para aumentar o mistério, as atuais pesquisas sugerem que a memória pode emergir da destruição de memórias mais antigas, como uma fênix saindo do meio das cinzas, e ela pode ser gravada e regravada no cérebro. Esse conceito nos traz à lembrança o filme cult *O vingador do futuro*, estrelado por Arnold Schwarzenegger. A memória pode ser totalmente apagada depois de impressa no cérebro? Essa é uma pergunta que há muito perturba pessoas com experiências traumáticas que sonham esquecer.

No filme muito aclamado pela crítica *Brilho eterno de uma mente sem lembranças,* os protagonistas Jim Carrey e Kate Winslet pagam para que suas memórias sobre um caso amoroso fracassado sejam eternamente removidas de suas mentes. O resultado final, contudo, é pura tristeza, como já previra o velho ditado: "Cuidado com o que você deseja, porque pode acontecer." Todavia, as vítimas de experiências traumáticas como estupro, um grave acidente, a morte de um filho ou o distúrbio de estresse pós-traumático seriam beneficiadas pela eliminação permanente de certas memórias do mapa da suas mentes.

Distúrbio de Estresse Pós-traumático

O distúrbio de estresse pós-traumático (DEPT) pode embutir uma memória devastadora nos caminhos neurais do cérebro, fazendo com que seja impossível evitá-las e, para alguns, impossível de conviver com elas. Entretanto, recente pesquisa feita por cientistas e neurologistas mostrou um resultado controverso: temos a tendência de alterar ou modificar nossas memórias à medida que vamos nos lembrando delas. Essa conclusão surpreendente está baseada no trabalho de Karim Nader, da McGill University, que descobriu que a memória se modifica com a lembrança, abrindo a porta para a alteração de memórias debilitantes que impedem muitas pessoas de voltarem a gozar a vida.

Em um artigo chamado "Fora do passado", na *Discovery Magazine* (ed. julho/agosto de 2009), Kathleen McGowan fala das atuais pesquisas sobre a arquitetura neural envolvida tanto no armazenamento como na recordação da memória. "Até pouco tempo acreditava-se que as memórias de longo prazo ficavam fisicamente impressas no cérebro, de maneira permanente e imutável", escreveu ela. "Agora está ficando claro que as memórias são surpreendentemente vulneráveis e altamente dinâmicas." McGowan afirma que essa descoberta é uma virada de 180 graus para a comunidade científica, que reconhece que em laboratório as memórias podem ser ligadas ou desligadas com uma simples dose de uma determinada droga ou estimulante que bloqueia as ações de certas substâncias químicas cerebrais.

O psicólogo da McGill University, Alain Brunet, fez exatamente isso em sua pesquisa sobre o PTSD e trauma psicológico. O Dr. Brunet atendeu uma paciente sofrendo desse distúrbio depois de um acidente horrível e lhe deu uma dose baixa de um medicamento redutor de pressão muito comum que diminuiu a atividade na amígdala. Como essa parte do cérebro é responsável por processar a emoção, o estudo ofereceu uma nova abordagem de tratamento que não havia sido tentada previamente. Então, Brunet fez a paciente ouvir uma recriação do acidente de automóvel, algo que ela fizera milhares de vezes, lembrando de todos os terríveis detalhes.

Contudo, dessa vez, algo muito diferente aconteceu. O remédio para hipertensão "rompeu a ligação entre sua memória factual e a emocional", bloqueando a ação da adrenalina, a substância química cerebral que causa ansiedade e até medo. A intenção de Brunet era deixar a paciente vivenciar a memória sob a influência da droga, para modificar permanentemente sua percepção ou lembrança do acidente, e funcionou. A paciente jamais se esqueceu do acidente, mas, "moldando" as lembranças associadas ao acontecido, elas perderam a força de se agarrar a ela de maneira tão terrível. A mulher finalmente se libertou das algemas emocionais e psicológicas que a continham. A capacidade de alterar a memória um dia poderá ajudar pessoas que sofrem de uma variedade de doenças mentais, vícios e ansiedade debilitante, fazendo-os "reimprimir" seu cérebro para diminuir o impacto da memória e até neutralizá-la por completo.

CONFIANDO EM NOSSAS MEMÓRIAS

Há um aspecto um tanto negativo no novo conceito de memória dinâmica e mutável. Deixando de lado a preocupação com potenciais implicações agourentas de controle da mente por um governo totalitário e outras conspirações especulativas, como podemos confiar em nossas próprias memórias do passado? As testemunhas oculares não são mais válidas? Oprah não mais poderia convidar para seu programa pessoas prontas para contar suas memórias nítidas sobre fatos passados? Como declarou McGowan: "Sempre que nos lembramos, acrescentamos novos detalhes, escurecemos os fatos, podamos e arrumamos. Sem perceber, estamos continuamente reescrevendo as histórias de nossas vidas." Ela compara a memória com a imaginação porque ambas permitem a "evocação" de mundos que possivelmente jamais existiram até serem criados em nossas mentes.

O que isso diz sobre a verdadeira natureza da realidade é chocante. Se não podemos confiar em nossa própria recordação do que aconteceu no passado, como aceitar o que somos agora, no presente? Sem suas histórias pessoais, muitos indivíduos se sentiriam perdidos, desenraizados, sem identidade. Mesmo assim, essa moderna pesquisa sugere que nosso passado, pelo menos em parte, é construído por uma reforma imaginativa dos verdadeiros fatos.

Indo um passo além, uma pesquisa feita pela psicóloga Elizabeth Loftus, enquanto estava na University of Washington, e continuada por Nader, trabalhando na New York University, estudando a neurobiologia do medo, resultou em uma outra chocante constatação: é fácil implantar uma falsa memória em alguém, principalmente se a memória for plausível para a pessoa. Loftus realizou uma experiência que se tornou muito famosa, lidando com voluntários que receberam um pequeno caderno onde estavam escritas três histórias de experiências verdadeiras que eles haviam tido na infância. Entre elas, contudo, estava uma narrativa forjada sobre uma menininha que se perdera num shopping center.

Mais tarde, quando os voluntários foram solicitados a escrever tudo o que lembravam dos quatro eventos, inclusive o falso, 25% deles afirmaram que todos os eventos tinham acontecido com eles, mesmo a história inventada!

Esse trabalho foi aprofundado por David Rubin, da Duke University, estudando memórias autobiográficas. Ele observou que mesmo gêmeos adultos tinham lembranças diferentes de um evento que ambos vivenciaram na infância, sugerindo que até os fatos mais básicos podem ser misturados ou mal reformados pelos indivíduos. A passagem do tempo afeta muito a exatidão. McGowan afirma que deveríamos deixar de encarar a memória como um "filme perfeito sobre o passado" e pensar mais nela como uma "colagem mutável" ou uma narrativa feita com retalhos e restos do passado que ganha um novo formato e também acréscimos, reduções e modificações a cada vez que nos lembramos dela.

Talvez seja por esse processo que as tradições orais sobrevivam e se tornem lendas. Jesus Cristo pode ter sido um sujeito simpático, sempre pronto a ajudar os outros, mas ao longo de milhares de anos de memórias ele passou por uma metamorfose tornando-se uma figura divina para milhões de pessoas. A data 21 de dezembro de 2012 pode ter tido um significado de menor importância para os criadores do Calendário Maia, mas depois de milhares de anos e um número infindável de memórias sendo passadas de uns para outros atualmente existem pessoas que acreditam piamente que ela marca o fim do mundo. Nós, hoje, continuamos acrescentando nossas próprias invenções às memórias coletivas do passado. E quanto à mulher que partiu seu coração na época da faculdade? E a outra que o abandonou anos depois? Talvez ela não seja tão linda e maravilhosa como contam suas memórias empilhadas durante 20 anos! Olhe, pode ser isso — leia seu perfil no Facebook para ter certeza!

Nader, Brunet e seus colegas estão prosseguindo com sua pesquisa sobre a síndrome de estresse pós-traumático e o uso de drogas para bloquear, reformar ou modificar memórias. Antes que alguém venha falar em teorias de conspiração, o estudo está sendo financiado por um fundo de 6,7 milhões de dólares criado pelo Exército dos Estados Unidos.

A essas pesquisas deve ser acrescentado o trabalho de Joseph LeDoux, que foi o orientador de Nader na universidade e é uma das principais autoridades em condicionamento pelo medo. Suas pesquisas encontraram um meio de desencadear a reconsolidação da memória sem uso de qualquer tipo de droga. Ele acredita que tudo depende do tempo certo e que a reconsolidação pode ser conseguida pelo cuidadoso estabelecimento de sessões de lembrança.

Todas essas pesquisas estão voltadas para libertar as vítimas da memória traumática sem apagar a memória em si, mas apenas diminuindo seu poder. "Estamos transformando memórias traumáticas em más memórias comuns", diz Brunet. Imagine um dia sermos capazes de diminuir o sofrimento resultante de um acidente, abandono ou outra experiência, não apagando as pessoas envolvidas na memória, mas diminuindo a força com que se agarram em nossos bancos de memória! Barbra Streisand disse a coisa certa quando cantou sobre as "esmaecidas aquarelas das memórias" em "The Way We Were":

As memórias podem ser belas e ainda assim
Tão dolorosas para recordar
Que apenas escolhemos esquecer...

Portanto, a memória pode não estar gravada no panorama do cérebro como se pensava anteriormente, mas ela continua a nos definir, moldar quem somos, em que acreditamos e por que acreditamos. De que outra maneira teríamos qualquer sentido de identidade sem nos voltarmos para as nossas memórias do passado para saber até onde chegamos? Se pudermos modificar e eliminar memórias, ou perder a capacidade de recordá-las, como um estudo com o uso de glucocorticoides em ratos está tentando provar, como confiar em todas elas? Então, o *déjà vu* se torna menos enigmático e mais uma charada dos imensos bancos de memória da nossa mente que sonhamos solucionar. Alguns pesquisadores, como o Dr. Bessel van der Kolk, até sugerem que quatro diferentes "distúrbios funcionais" podem interferir na função da memória, como documentado em seu artigo "Dissociação e a natureza fragmentária das memórias traumáticas", publicado no *Journal of Trauma/Stress*, de 1995.

Os quatro distúrbios são:

1. **Amnésia traumática** — Perda da memória de uma experiência traumática.
2. **Dano na memória global** — Os sujeitos têm dificuldade de construir um relato acurado do presente e da história passada.
3. **Processo dissociativo** — Memórias armazenadas como fragmentos e não inteiras.
4. **Organização sensório-motriz de memórias traumáticas** — Incapacidade de integrar a memória traumática gerando sensações de estarem fragmentadas em diferentes componentes sensoriais.

AMNÉSIA

A amnésia é uma fascinante característica de "memória dando errado" no cérebro humano. O acontecimento preferido das novelas de televisão, a amnésia é um distúrbio anormal do funcionamento da memória onde o afetado vivencia uma restrita (ou completamente prejudicada) habilidade de recuperar memórias de qualquer evento que levou ao surgimento da amnésia em si. Em outras palavras, quem sofre de amnésia esquece quem é, porque perdeu seu passado nos escuros recantos do cérebro que anteriormente o guardava.

Esquecimento...

A amnésia é uma memória perturbada ou rompida, causada por algo orgânico, como um ferimento no cérebro, uso de drogas sedativas, trauma e doença, ou ela pode ter uma causa psicogênica, como um mecanismo de defesa para a pessoa conseguir enfrentar um pesadelo psicológico como estupro ou guerra. Existem muitas formas de amnésia:

- **Amnésia pós-traumática** — Geralmente resultado de um ferimento ou trauma na cabeça, sua extensão corresponde ao grau de gravidade da lesão.
- **Amnésia global transiente** — Súbita perda de memórias do passado ou de identidade que dura apenas algumas horas ou dias, e pode ser relacionada com a atividade do hipocampo.
- **Amnésia anterógrada** — Novos eventos não são transformados em memórias de longo prazo permanente no cérebro.
- **Amnésia retrógrada** — Incapacidade de lembrar de uma ou várias memórias do passado. Vai muito além do esquecimento comum.
- **Amnésia lacunar/situacional** — Perda da memória de uma situação ou evento em particular.
- **Memória reprimida/amnésia psicogênica** — Incapacidade de lembrar de memórias de um evento traumático como estupro, maus-tratos ou crime.

- **Fuga ou fuga dissociativa** — Episódio(s) de amnésia com incapacidade de lembrar de parte ou de todo o passado ou identidade, às vezes resultando na formação de uma nova identidade em outro local.
- **Amnésia pós-hipnótica** — Eventos ocorridos durante a hipnose são esquecidos e memórias passadas não podem ser recuperadas.
- **Síndrome de não confiar na memória** — A pessoa não acredita em suas próprias memórias.
- **Amnésia infantil** — Não existem memórias de eventos da infância.
- **Amnésia de fonte** — A pessoa pode recordar de uma informação específica, mas não sabe onde nem como ela foi obtida.
- **Blecaute (apagão)** — Esquecimento total com amnésia anterógrada, geralmente induzida por álcool ou drogas.
- **Síndrome de Korsakoff** — Danos cerebrais causados por grave alcoolismo ou má nutrição.
- **Amnésia induzida por drogas** — Medicamentos usados para ajudar os pacientes a esquecerem a cirurgia ou procedimento doloroso; perda da memória recente durante o procedimento.
- **Prosopamnésia** — Incapacidade de lembrar de rostos.
- **Hipermnésia confabulatória (síndrome de falsas memórias severas)** — Incapacidade de discernir entre eventos reais, imaginários ou evocados. Muitos que alegam terem sido abduzidos por OVNIS são colocados nesta categoria.

Embora seja rara, a amnésia funcional permite ao indivíduo aprender novas coisas e ter uma vida normal, mas vai lhe faltar uma âncora autobiográfica no passado. Felizmente, a maioria dos surtos de amnésia é temporária, mas a síndrome amnésica pode ser permanente e não existe remédio para restaurar milagrosamente as memórias esquecidas do passado. Sem esse sentido de autoevolução, a perspectiva de forjar um futuro é difícil e assustadora. Casos extremos de todos os tipos de amnésia são raros, mas os efeitos perduram nas vidas dos afetados.

Nos estados de fuga, a pessoa retém a capacidade funcional de dirigir um automóvel, por exemplo. Se uma fuga pode ser considerada um "apagão temporário" da função da memória, então ambos os autores deste livro já passaram por isso. Examinaremos essas experiências, bem como os bizarros eventos de "tempo perdido" em um próximo capítulo.

As imagens de alta resolução e contraste do cérebro dos que sofrem de amnésia geralmente mostram uma atividade anormal, em especial no sistema límbico. Em 2000, um estudo feito por uma equipe japonesa usando ressonância magnética em pacientes com amnésia psicogênica mostrou que havia um aumento na atividade da região temporal medial do lado direito, que inclui a amígdala. Os indivíduos do grupo de controle não mostraram alteração. Porém, quer a amnésia em suas muitas formas seja causada por trauma físico ou problema psicológico, o resultado final é uma falha da memória que pode durar um dia ou a vida toda. O maior problema é que existem poucos tratamentos eficazes para ajudar e nenhum para curar o distúrbio.

É interessante notar que alguns amnésicos não só esquecem o passado, como também perdem a capacidade de visualizar seu futuro. Um estudo feito para os Procedimentos da Academia Nacional de Ciências revelou que a experiência passada muitas vezes é usada para construir um futuro imaginado. Nos pacientes com amnésia, a falta desse fundamento ou estrutura de experiências inibe sua capacidade de imaginar um evento futuro. Eles não têm pontos de referência com os quais poderão trabalhar. Estão atolados em um "limbo presente". Enquanto escrevíamos este livro, os cientistas do Observatório do Cérebro da University of California, em San Diego, estavam se preparando para fatiar o cérebro de um dos amnésicos mais famosos do mundo, Henry "H. M." Molaison. Considerado o paciente mais famoso da ciência do cérebro do século XX, ele sofreu de amnésia por mais de 50 anos, e quando faleceu, seu cérebro foi doado para pesquisas. Cada fatia dele será examinada para descobrir quais são as partes envolvidas no seu distúrbio. As imagens estarão na internet e, por isso, quando este livro já estiver à venda, conseguiremos ver o interior do cérebro de um indivíduo que foi incapaz de lembrar durante cinco décadas de sua vida. A propósito, o site já recebeu mais de 3 milhões de acessos porque as pessoas se interessam por observar fatias de cérebro sendo cortadas ao vivo.

Um dos aspectos intrigantes do caso é que parte do cérebro de Molaison fora removida 50 anos atrás, quando ele passou por cirurgia numa tentativa de reduzir seus ataques epiléticos. Os médicos extraíram grande parte do hipocampo, o que melhorou as crises, mas ao custo de sua memória. Daí em diante, o paciente só conseguia reter memórias por no máximo 30 segundos. Agora, o resto do seu hipocampo será dissecado e, se tudo sair a contento, as imagens revelarão indícios adicionais sobre o mundo da amnésia e as associações cerebrais que a desencadeiam.

Ao longo de nossas vidas, é comum passarmos por surtos de amnésia de menor importância. Seja algo trivial como não lembrar de onde pusemos a chave do automóvel ou de pegar o pão e o leite na volta para casa, a certa altura todos nós "já estivemos ali, fizemos aquilo". Esses pequenos distúrbios da memória de curto prazo são ampliados pelo estresse, excesso de trabalho e pelo enorme volume de informação que atualmente somos forçados a absorver, processar e usar. Enfermidades relacionadas com a memória, como demência e Alzheimer roubam o passado dos afetados, mas se conseguirmos enfim compreender exatamente como a memória é formada, armazenada e lembrada, poderemos estimular as seções do cérebro responsáveis pela função normal da memória.

O que nos assusta é a fragilidade da nossa memória. Podemos estragá-la com coisas simples, como excesso de glicose no sangue, estresse exagerado ou falta de bons hábitos de sono. A glicemia alta aparece nas ressonâncias magnéticas de pessoas com problemas de memória e pode danificar partes do cérebro que processam a memória. O estresse que prejudica o sono também afeta a capacidade de processar e lembrar da memória, e também pode danificar o hipocampo com um excesso de cortisol, o hormônio do estresse. O estresse também afeta o sistema temporal/diencefálico medial, inibindo a recuperação de memórias, resultando em um sentido de perda de identidade. A apneia de sono também está ligada à morte de células necessárias para o funcionamento adequado da memória.

Apesar de o cérebro humano ter sido comparado a um supercomputador, existem, é claro, algumas diferenças significativas entre eles. O nosso cérebro pode ser considerado um computador "lento", incapaz de processar por completo todas as informações com que somos bombardeados o dia inteiro. Ele vai pegando e escolhendo em qual delas deve prestar atenção imediatamente e quais precisa armazenar para processamento e uso posterior. Alguns pesquisadores como Catriona Morrison, da Leeds University, no Reino Unido, sugere que o uso de música ajuda a melhorar a capacidade do cérebro de armazenar e recuperar informações. Ouvir músicas das quais gostamos desencadeia a liberação de dopamina, o hormônio do bem-estar do cérebro, e isso, por sua vez, ajuda a promover o armazenamento da memória. A pesquisa de Morrison com pessoas que contam suas lembranças das músicas dos Beatles no seu site, indica que as memórias frequentemente são ativadas por uma simples canção, uma banda ou um disco. Além disso, se ouvimos essa música pela primeira vez num determinado local ou durante uma experiência memorável, nunca a esqueceremos.

Marie jamais esquecerá cada detalhe da Tappan Zee Bridge enquanto a canção "Sugar, Sugar", do Archie's, estava tocando. Até hoje, tudo o que tem de fazer é ouvir a música para se lembrar da ponte em toda a sua glória. Para Larry, a canção "Just Like Haven", do The Cure, evoca instantaneamente uma torrente de memórias sobre uma época em que ele enchia o carro com seus colegas de ginásio para assistir a uma banda em outra cidade. Não há dúvida de que a música nos ajuda a processar a informação mais profundamente, desta forma garantindo seu armazenamento mais permanente nos bancos de memória do cérebro. Além disso, quanto mais a música nos deixa felizes, mais dopamina é liberada e a memória fica mais enraizada.

Para as milhares de pessoas que estão enfrentando o Alzheimer, doença para a qual não existe cura conhecida, a perda de memória não é somente um aborrecimento, mas uma grande tragédia. No entanto, como a pesquisa de ponta está nos mostrando, mesmo quando nos lembrarmos de alguma coisa talvez não consigamos confiar totalmente em nossa memória. O circuito neural é susceptível a memórias de eventos que jamais aconteceram de verdade, que aconteceram a outras pessoas ou aconteceram de uma maneira completamente diferente da que é lembrada. E mais, talvez a memória possa incluir espiadas para dentro de outras realidades, onde estamos tendo outras memórias. Alguém está servido de *déjà vu*?

CAPÍTULO 3
O outro lado do normal

Um psiquiatra perguntou à sua paciente que sofria de distúrbio de personalidade múltipla: "E, então, você sente que está curada?" Ela respondeu: "Com certeza, nunca nos sentimos melhor!"
Anônimo

Todos odeiam uma criança prodígio, detestam ver uma cabeça de velho em ombros jovens.
Erasmo

Seu celular toca. É seu melhor amigo, Joe, perguntando se você lembra o nome do ator que trabalhou no filme a que vocês assistiram na noite passada — aquele dentuço, com um cavanhaque comprido, meio manco, que tem um sotaque estranho. Vocês já o viram em dezenas de filmes e sempre admiraram seu talento para a comédia e sua impressionante capacidade de fazer seu sotaque francês parecer com o tom anasalado do nova-iorquino. Mas desta vez você simplesmente não consegue lembrar o nome do artista. Ele está lhe escapando mas você o tem na *ponta da língua*.

PONTA DA LÍNGUA

Acredite se quiser, mas a Síndrome da Ponta da Língua (SPL) é um fenômeno real, com um nome moderno: *presque vu*. Similar ao *déjà vu*, ela surge como uma falha de memória que dificulta a recuperação de informações que você deveria saber, informações que nunca teve problema para lembrar. Trata-se, literalmente, do bloqueio de um nome ou palavra que está armazenada no vasto banco de memórias do seu cérebro. Ela está ali, mas você não consegue acessá-la — até horas mais tarde, durante um banho, quando de repente tem aquele momento "Eureca!" de lembrança total, que geralmente acontece quando você afastou sua mente do nome que tentava recordar.

Em 1966, dois psicólogos de Harvard começaram a pesquisar a SPL. Roger Brown e David McNeill descobriram que esse fenômeno não somente é universal, como também pode acontecer semanalmente, crescendo com a idade. A SPL é irritante para os que a sentem e especialmente quando só conseguem lembrar da primeira letra e mais nada. A pesquisa indicou que cerca de metade do tempo a palavra é de fato lembrada durante um episódio de SPL. Mas para os que demoram a recordar, o que geralmente desencadeia a lembrança é envolver o cérebro em outra coisa.

Similar ao seu irmão, o Lapso de Língua, esse fenômeno acontece na parte anterior do cérebro, no córtex cingular e frontal medial do lado direito, e frequentemente a pessoa que experiencia a SPT pode usar pistas visuais para ajudá-la a lembrar. Existem inúmeros estudos dedicados a esse irritante "peido do cérebro", um termo vulgar, mas que é usado nos textos modernos sobre o tema, e sua relação com a recuperação da memória e como isso funciona no cérebro. Uma hipótese diz que a SPL é causada pela sensibilidade à existência de um alvo não lembrado na memória, acompanhada de uma falha de recuperar o alvo para a memória consciente. Denominada "hipótese da ativação incompleta", ela indica que pode haver algum tipo de ruptura acontecendo entre uma lembrança armazenada no subconsciente e talvez sua incapacidade de ser trazida para um nível plenamente consciente.

Entretanto, as SPLs são os fenômenos menos perturbadores quando se considera os múltiplos tipos de mau funcionamento no que diz respeito à memória. Podemos conviver com a incapacidade ocasional de lembrar o sobrenome do Dr. Phil (droga, está na ponta da língua... McGhee? McDougal? McDonald?), mas viver sem a memória do que fizemos por quatro horas anteontem, ou talvez o que fizemos, com quem, e onde, a noite inteira...

APAGÕES

Os apagões muitas vezes são chamados de "amnésia relacionada ao álcool", porque são, principalmente, associados a um excesso de bebida. Como muitos universitários já descobriram, isso leva a uma completa falta de memória do passado imediato. (A perda da consciência devida a uma bebedeira é chamada de "desmaio", não apagão.) Frequentemente, pessoas que bebem a ponto de sofrer um apagão têm um tipo de amnésia que impede a lembrança de eventos durante o período de intoxicação. Sabemos por vários estudos que o álcool prejudica a função da memória de longo prazo. Todavia, durante o período em que o indivíduo está embriagado, o rápido aumento da taxa de álcool no sangue (BAC) causa prejuízo, resultando na incapacidade de lembrar o que estava fazendo antes do efeito da bebida passar.

Mesmo sóbrio, ele pode experienciar vagas lembranças do que fez e com quem fez, e isso resulta no nível de culpa que muitos alcoólatras sentem depois de uma grande bebedeira, quando ouvem pessoas contarem sobre seus atos e comportamentos. Você já ouviu falar (e espero, nunca passou) pelo "caminho da vergonha"?

Amnésia Dissociativa

Beber em excesso não significa experienciar um apagão da memória, mas a amnésia dissociativa, da qual falamos brevemente no capítulo anterior, pode causá-lo. Entre muitos distúrbios dissociativos capazes de prejudicar os laços da memória, a percepção consciente e até a própria identidade, a amnésia dissociativa pode virar a vida de um indivíduo de cabeça para baixo, afetando sua capacidade de funcionar, sem mencionar sua qualidade de vida em geral. Enquanto a amnésia comum é gerada, via de regra, por um ferimento na cabeça ou enfermidade do cérebro, a amnésia dissociativa não é a perda da memória, mas uma repressão a ponto de ser incapaz de recuperá-la das profundezas da mente. Posteriormente, um gatilho qualquer no ambiente pode levar a uma lembrança total, mas durante o período de amnésia tanto as memórias passadas como detalhes pessoais da vida do indivíduo podem se perder temporariamente no vazio.

Estresse severo e trauma são comumente ligados a esse distúrbio mental, e parece que as mulheres são mais afetadas que os homens. Amnésia dissociativa geralmente acontece com soldados durante guerras, assim como com vítimas de desastres naturais ou causados pelo homem.

Fugas

Similares à amnésia dissociativa, as fugas dissociativas apresentam sintomas mais incomuns. Por sorte, elas são bastante raras, mas quando acontecem oferecem fascinantes lampejos sobre o mau funcionamento de um cérebro que, sem essa ocorrência, seria "normal". Fuga é um episódio de perda de memória, em geral acompanhada por uma súbita e inesperada viagem para longe de casa. Tão rapidamente como surge, a fuga desaparece. Essa é uma condição bizarra pela qual os que a estão vivenciando têm pouca ou nenhuma lembrança do seu passado e, às vezes, esquecem sua identidade. Em casos extremos, já houve pessoas que mudaram para outras localidades e assimilaram uma identidade completamente nova!

A grande pergunta é: "Por quê?" Por que o ser humano vive esses esquisitos saltos de memória? Em geral, a fuga é atribuída a traumas graves, físicos ou neuropsicológicos. Um fator comum são os maus-tratos na infância. Por sorte, a maioria das fugas só dura de poucas horas a poucos dias. Todavia, existem crises que duram semanas, até meses, e os afetados podem ser encontrados em outra cidade ou estado, com um novo nome e novo emprego. Embora o trauma possa causar o súbito surgimento da fuga, outros fatores, como um divórcio extremamente desgastante, uma perda de emprego inesperada ou tendências suicidas ligadas à depressão podem contribuir para ela. Alguns acreditam que os estados de fuga podem ser mecanismos de defesa criados pelo cérebro e pela memória para proteger o indivíduo de uma perturbação psicológica ou emocional extremamente grave.

Três "sintomas" têm de estar presentes para diferenciar a fuga da amnésia dissociativa. A fuga demanda:

1. Uma súbita e inesperada viagem para longe de casa ou trabalho sem nenhuma lembrança do passado.
2. Criação de uma nova identidade ou confusão de identidade pessoal. Falta de lembrança de detalhes.
3. Grave estresse e danos físicos ou neuropsicológicos.

Os que estão em estado de fuga têm consciência do afastamento de seu mundo anterior. Na verdade, a fuga do passado costuma ser intencional, sugerindo que esses indivíduos são capazes de funcionar plenamente, mas dentro do contexto de uma identidade totalmente *nova*. Enquanto o *déjà vu* é semelhante a uma duplicação da memória, a fuga é uma aparente eliminação da memória, mesmo que seja temporária.

Existem muitos estudos documentados sobre a fuga, mas talvez o relato mais conhecido de todos seja o que aconteceu com a autora de livros de mistério Agatha Christie. Contam que ela desapareceu em 3 de dezembro de 1926 e reapareceu 11 dias depois, em um hotel situado em outra cidade, sem nenhuma lembrança do que havia acontecido naquele período. O biógrafo de Christie, Andrew Norman, escreveu que pesquisou muitos registros médicos de estados de fuga numa tentativa de explicar o ato da autora. Ele supostamente começou por volta das 9h45 da sexta-feira, 3 de dezembro, quando Christie saiu de casa dirigindo seu automóvel. Depois de 11 dias de especulação e conjecturas, de boatos dizendo que ela havia morrido, se afogado, sido assassinada ou que se tratava de um golpe de publicidade, Agatha foi encontrada sozinha, sob o nome de Teresa Neele, num hotel-spa de Harrogate. Permanecera ali, inabalada, apesar das manchetes sobre o seu desaparecimento.

Finalmente foi decidido que ela havia tido um estado de fuga, com novos boatos sobre a causa, que seria resultado de um acidente ou perturbação emocional por descobrir a infidelidade do marido. Norman acredita que ela foi tomada por tendências suicidas. Mais tarde, Agatha relatou sua experiência no seu livro *Retrato inacabado*.

Outro caso bem conhecido de fuga foi o de uma repórter chamada Jody Roberts, desaparecida em 1985 e descoberta 12 anos depois, morando no Alasca, sob a nova identidade de Jane Dee Williams. Num artigo da revista *People* de agosto de 1997, o repórter William Plummer registrou o estranho caso.

Jody Roberts, funcionária do jornal *News Tribune*, da cidade de Tacoma, Washington, desapareceu subitamente em maio de 1985. De início, sua família e seus amigos achavam que ela estava trabalhando para alguma reportagem, mas, à medida que dias, meses e anos iam se passando, começaram a acreditar que ela estava morta. Jody foi encontrada 12 anos depois, morando no Alasca, sob o nome de Jane Dee Williams, uma especialista em informática, casada e com quatro filhas. Ela não tinha lembrança de sua vida antes daquele maio de 1985, quando fora encontrada em um shopping center na cidade de Aurora, no Colorado, a mais de 1.500 quilômetros da sua casa, sem nenhum documento.

O sargento Jeff Spring do departamento de polícia de Aurora declarou que ela estava confusa e "fora do mundo". Jody/Jane foi atendida em um hospital da cidade e posteriormente transferida para o Instituto de Saúde Mental do Colorado, onde diagnosticaram fuga psicogênica. A mulher só foi descoberta quando um programa de televisão de Tacoma reabriu seu caso, falando em homicídio, e ela foi identificada. O estado de fuga que Jody/Jane sofreu é geralmente associado a um trauma grave, e seus amigos declararam que nas semanas anteriores ao seu desaparecimento ela tinha parado de tomar banho, parecia nervosa e bebia grandes quantidades de álcool.

Jody Roberts sofreu amnésia funcional, que é diferente da tradicional, causada por danos ou ferimentos do cérebro. Porém, seja qual for o tipo que a afetou, uma vida foi perdida e uma nova foi ganha. Apesar de ela descrever sua vida atual como pacífica e feliz, o dano, sem dúvida, foi terrível para aqueles que ficaram para trás.

GATILHOS DA PERDA DE MEMÓRIA

Algo tão simples como uma vitamina ou deficiência mineral podem causar um tipo de perda de memória que também inclui a confabulação, ou criação de falsas memórias. A Síndrome de Korsakoff é causada pela carência de tiamina (vitamina B1) no cérebro e se manifesta com uma variedade de sintomas, inclusive amnésia anterógrada, grave perda de memória, tremores, paralisia dos músculos oculares, invenção de memórias para preencher o vácuo durante os apagões, apatia e indiferença. Em casos extremos, pode levar ao coma. Segundo Sergei Korsakoff, neuropsiquiatra que desenvolveu a teoria, entre as áreas do cérebro afetadas pela deficiência de tiamina estão o tálamo medial e partes do hipotálamo, e também uma atrofia generalizada do cérebro. A doença costuma ser acompanhada de danos e destruição dos neurônios e células de sustentação do sistema nervoso central, bem como possíveis hemorragias nos corpos mamilares.

Tanto a ingestão crônica de álcool quanto a grave má nutrição costumam ser citadas como causas que contribuem para a doença, e mesmo os vômitos prolongados associados à quimioterapia e distúrbios da alimentação já foram acusados de desencadear a síndrome. Estranhamente, também há relatos do desenvolvimento dela depois da picada de uma centopeia japonesa chamada *mukade*. (Larry falando): "Esse bicho horrível me deu uma ótima ideia para um filme, embora eu não seja do ramo: *Godzilla contra Mukade*."

Confabulação

O aspecto mais intrigante dessa síndrome é um dos seus sintomas: a confabulação, frequentemente encontrada em pessoas que sofreram dano cerebral ou lesões em uma parte específica da região cortical pré-frontal. Ela também pode ocorrer depois de dano ao vaso comunicante anterior do Círculo (ou Polígono) de Willis, um conjunto de artérias que fornece sangue ao cérebro. Drogas que causam delírio e outros agentes de uso militar também podem causar memórias confabulatórias, que são basicamente memórias imaginárias ou adivinhadas, talvez num esforço para preencher os vácuos na verdadeira perda de memória.

A fragilidade da memória é completamente exposta quando uma pessoa confabula. Os indivíduos afetados conseguem criar memórias detalhadas de eventos e circunstâncias que jamais aconteceram e, pior, ficam plenamente convencidos da existência dessas crenças e percepções. Alguns casos indicam que devido à confabulação pode haver uma mudança na química cerebral, resultando num mapeamento anormal e na ativação de neurônios no cérebro. A falsa memória é similar à verdadeira porque também abrange o colapso do monitoramento de fonte, o processo que nos permite distinguir naturalmente uma fonte de memória interna ou externa.

Existem várias teorias conflitantes para definir os mecanismos responsáveis pela confabulação, desde a ideia de que a memória não é armazenada em um único local como acreditávamos anteriormente à falha de atribuir uma falsa memória à fonte correta correspondente (como lembrar de algo com base numa fonte sem nenhuma relação com ela). Será que a verdadeira resposta está entre as duas teorias?

CASOS DE AMNÉSIA

Em geral, as síndromes de amnésia, incluindo as fugas, podem ser tratadas até certo ponto com medicamentos, mas não são fatais. Tudo indica que esses distúrbios são um tipo de mecanismo para o afetado conseguir enfrentar memórias de maus-tratos, guerras ou acidentes graves. Se existe uma causa neuropsicológica, temos de admirar a sabedoria do cérebro para limpar memórias, permitindo o funcionamento da vida cotidiana.

Um caso recente de amnésia dissociativa ganhou as manchetes. Um artigo da Associated Press publicado no *Seattle Times* de 17 de setembro de 2009 contou que um homem chamado Edward Lighthart fora finalmente identificado depois que um jornal de circulação nacional estampou sua foto e história. Ele havia, literalmente, saído da sua vida sete semanas antes e foi encontrado caminhando num parque de Seattle, Washington, extremamente desorientado e incapaz de lembrar quem era e como havia chegado lá. Lighthart foi levado ao Swedish Medical Center e os médicos diagnosticaram que ele sofria do raro distúrbio de amnésia dissociativa.

Esse homem de 53 anos só agora está começando a lembrar de pequeninos retalhos da vida que deixou para trás, onde tinha uma excelente carreira como consultor de negócios internacionais, e falava inglês, alemão e francês. Ele tem fragmentos de memória de ter vivido em várias cidades do mundo e da morte trágica de sua esposa, que morreu subitamente em 1985. É bem possível que essa lembrança seja o motivo da amnésia. Ao voltar do trabalho, Lighthart encontrou o corpo da mulher no apartamento em que moravam, em Chicago. É interessante notar que esse episódio de amnésia não foi o primeiro, e ele tem uma mínima, se muito, lembrança dos intervalos entre essas memórias. O artigo do jornal relata que ele reluta em se encontrar com pessoas da sua vida pré-amnésia. "O problema é que na maioria dos casos eu não os reconheço. Acho que é medo do desconhecido."

No entanto, um trauma de extrema gravidade pode levar o cérebro a fazer coisas mais drásticas e potencialmente mais prejudiciais do que apagar ou ignorar a memória. Ele racha em múltiplas personalidades, cada uma com suas próprias memórias, percepções e crenças.

Esquizofrenia

A esquizofrenia é um distúrbio cerebral que inclui a incapacitação do pensamento cognitivo, memória e percepção. De acordo com o Instituto Nacional de Saúde Mental:

- Cerca de 2,4 milhões de norte-americanos adultos, ou aproximadamente 1,8% da população com 18 anos ou mais, têm esquizofrenia.
- A esquizofrenia afeta homem e mulheres com igual frequência.
- A esquizofrenia, geralmente, surge pela primeira vez nos homens no final da adolescência ou no início dos 20 anos. As mulheres geralmente são afetadas nos período dos 20 e início dos 30 anos.

A esquizofrenia abarca uma ampla variedade de sintomas tratáveis, mas que podem prejudicar completamente a vida tanto das vítimas como dos amigos e parentes. Em termos médicos, ainda há um acalorado debate sobre a causa básica do problema, mas a maioria dos especialistas aponta para uma alta influência genética entre os muitos pacientes. Além disso, fatores ambientais combinados com a genética podem ajudar no desencadeamento da doença. As drogas ilícitas e o desequilíbrio da dopamina também contribuem para isso. Alguns especialistas sugerem que os cérebros esquizofrênicos contêm mais receptores de dopamina do que os da população em geral. Seja qual for a causa, a doença provoca alucinações, paranoia, audição de vozes, memórias falsas ou distorcidas e extrema agitação. Muitas vítimas perdem por completo o vínculo com a realidade, muitas vezes se afastando totalmente da sociedade. Alguns ficam sentados por horas em um estado quase catatônico, nem falando nem se movimentando. Outro sintoma comum é a ilusão. Os esquizofrênicos costumam ter ilusões de grandeza e importância, e frequentemente se sentem vítimas de algum tipo de controle mental, de experiências ou conspiração dos governos, o que acaba gerando paranoia e crenças de perseguição. Nota de Larry: fico imaginando se isso poderia me ajudar a explicar o comportamento de algumas pessoas (por sorte, uma porcentagem pequena) terrivelmente convencidas, superparanoicas que se consideram donas da verdade, que tenho a infelicidade de conhecer em encontros de ufologia e pesquisa paranormal.

As vítimas não podem processar o pensamento de maneira normal e a memória e a cognição ficam prejudicadas, se não totalmente incapacitadas. A parte mais afetada da memória é a "memória funcional", a capacidade de armazenar corretamente a informação aprendida e usá-la logo em seguida, algo que é natural para qualquer um de nós.

Distúrbios de personalidade

A esquizofrenia tira a "pessoa da pessoa", mas, ao contrário do que ocorre na fuga, ela não envolve obrigatoriamente a substituição da identidade e, sim, sua distorção. Para ir um passo além precisamos examinar um distúrbio assustador que não somente distorce a identidade como acrescenta identidades adicionais ao "hospedeiro" existente. Antes conhecido como distúrbio de personalidades múltiplas, o distúrbio da identidade dissociativa (DID) é uma doença mental em que o afetado vivencia mais de uma personalidade ou identidade. Não são somente "dois lados de um rosto", mas personalidades verdadeiras com diferentes visões e percepções da realidade, da existência e sobre o lugar que ocupa no mundo. Por mais incrível que pareça, já houve indivíduos que exibem diferentes reações fisiológicas, como pressão sanguínea, pulsação, emoções e até mesmo visão e audição! Os encefalogramas (EEG) mostraram algumas diferenças em marcadores cerebrais distintos em personalidades alternativas, inclusive no fluxo sanguíneo do cérebro. Pode ser que essas personalidades não sejam somente resultado de anormalidades cerebrais, mas de mudanças de humor, tensão muscular e concentração entre personalidades.

A ideia de uma pessoa se rachando em múltiplas personalidades geralmente é associada aos mais graves e brutais traumas emocionais, como estupro repetido, incesto, tortura, surras, inanição, aprisionamento e outros estressores extremos. Quando ocorrem essas separações, a consciência e memória das causas que originaram o distúrbio estão profundamente sepultadas no subconsciente, porque sem isso os afetados não conseguiriam sobreviver ao trauma. Grande parte desses casos acontece quando o afetado é criança, porque se torna um mecanismo de defesa para enfrentar o chocante ataque contra corpo e mente.

Apesar de o distúrbio ainda estar sendo objeto de estudos nas escolas de medicina e nos salões acadêmicos, continua o debate sobre se o DID é realmente uma doença ou uma síndrome com base na cultura. (A maioria dos casos de DID foi documentada na América do Norte.) Houve muitos casos famosos, mas o que mais se destacou foi o de Chris Sizemore, retratada no filme *As três faces de Eva*, de 1953. Seu distúrbio começou na infância, quando ela foi testemunha ocular de uma série de acidentes brutais. Em certo ponto da sua vida adulta ela se dividiu em personalidades distintas que foram plenamente integradas depois de um ano de tratamento. No cinema, Chris ("Eve") tinha três personalidades, mas a verdadeira história é que ela, por algum tempo, viveu com 22 personalidades e que foram necessários mais de 45 anos de tratamento para voltar a se integrar em um estado funcional.

Talvez você lembre do livro e subsequente minissérie *Sybil* sobre a vida de Shirley Ardell Mason. Na infância, ela foi física, emocional e sexualmente agredida pela própria mãe, uma fanática religiosa. Para conseguir sobreviver a um trauma tão horrível, Shirley se dividiu em cerca de 13 a 16 personalidades (dependendo da fonte), que mais tarde se integraram com a ajuda de uma psiquiatra persistente e carinhosa chamada Cornelia B.Wilbur.

Algumas personalidades alternadas que se manifestam numa situação DID, às vezes, têm sua própria idade, raça, nível cultural e crenças religiosas. Segundo o site WebMD, esses "alter egos" podem, inclusive, tomar a forma de animais ou personagens imaginários. A "troca" acontece quando uma personalidade suplanta a do "hospedeiro" e se revela com um novo dialeto, sotaque, linguagem corporal e modo diferente de processar seus pensamentos.

Podemos pensar que o DID é uma versão extrema do tipo de leve dissociação que frequentemente sentimos quando estamos divagando, enfermos ou apenas absortos demais em um hobby ou projeto. Por sorte, essa sensação dura apenas alguns segundos, mas para os que sofrem realmente de DID pode durar uma vida inteira, a não ser que seja feito algum tipo de integração para se alcançar uma unidade sólida e coerente, em geral depois de intensa psicoterapia.

A amnésia e a perda do tempo são dois fatores-chave envolvidos no DID. As experiências fora do corpo também têm relação com eles, indicando que aqueles que afirmam fazer viagens astrais estão apenas passando por um breve episódio de amnésia/identidade dissociativa. Os afetados têm uma habilidade inata de dissociar experiência ou memórias da sua consciência e, de fato, há uma quebra temporária na consciência que pode ser associada ao DID, embora os "viajantes astrais" mais voltados para o misticismo não apresentem as convulsões, tremores e histeria comuns em pacientes de DID. Eles também não têm os "flashbacks" muito reais da causa da dissociação que frequentemente aumentam o nível de ansiedade e lembrança do trauma.

O *Manual Diagnóstico E Estatístico Dos Distúrbios Mentais* da Associação Psiquiátrica Americana há muito é considerado a bíblia das doenças mentais. O manual descreve os critérios para um diagnóstico de verdadeiro DID:

- Presença de dois ou mais estados de personalidade ou identidade, cada um com seu próprio modo relativamente duradouro de perceber, pensar e se relacionar com o ambiente e o *self*.
- Pelo menos duas dessas identidades ou estados de personalidade assumem frequentemente o controle do comportamento da pessoa.
- A incapacidade, grande demais, de lembrar informações pessoais que não pode ser explicada como esquecimentos comuns.
- A perturbação não é devida a efeitos fisiológicos diretos de uma substância (apagões ou comportamento caótico durante uma intoxicação por álcool) ou uma condição de medicina geral.
- Nas crianças, os sintomas não são atribuíveis a amigos imaginários ou outro tipo de brinquedo que envolve fantasia.
- O histórico do paciente, radiografias, exames de sangue e outros procedimentos podem ser utilizados para eliminar a possibilidade de os sintomas serem devidos a ferimentos traumáticos no cérebro, medicamentos, privação do sono ou uso de substâncias intoxicantes, porque todos eles podem imitar os sintomas do DID.

Alguns profissionais da comunidade psiquiátrica sugerem que o DID não é um distúrbio "real", mas um que surgiu subitamente em cena depois que os meios de comunicação popularizaram o conceito em livros e filmes. Entre os psicólogos existe uma crença comum de que o DID é uma síndrome impulsionada pelo comportamento, talvez uma forma de histeroepilepsia, causada por sugestão durante a terapia. Essa teoria recebeu o apoio do criterioso trabalho feito pelo Dr. Stephen E. Buie, diretor do Programa de Tratamento de Distúrbios Dissociativos da Carolina do Norte. Ele sugere que personalidades alternadas podem se revelar sob o estímulo do terapeuta e, às vezes, o paciente é suficientemente sugestionável para acreditar que tem DID e passa se comportar de acordo, manifestando personalidades distintas. É interessante lembrar que isso aconteceu depois da extensa cobertura da mídia após a publicação do livro *Sybil*, em 1974. Seis anos depois, o DSM-III listou o diagnóstico do distúrbio de personalidade múltipla pela primeira vez e, de novo, com a cobertura da mídia aumentaram em muito os casos relatados. Em 1980, foram 200 casos reportados, saltando para 20 mil ou mais entre 1980 e 1990. Por incrível que pareça, entre 1985 e 1995 houve registro de 40 mil casos, sugerindo um elemento de histeria em cena.

Seja qual for a causa, a ideia de que alguém pode se fragmentar em identidades separadas com memórias separadas de certos incidentes, onde existe somente uma realidade, mostra a maleabilidade da mente humana e da memória no seu total. O conceito de Médico e Monstro, que ficou famoso por causa do livro de Robert Louis Stevenson, *O médico e o monstro*, sugere que todos nós temos a capacidade latente de sermos mais de uma pessoa em certa época e, de fato, temos diferentes facetas de personalidade. No entanto, o DID leva esse aspecto ao extremo, onde as diferenças entram em um território que a maioria de nós espera jamais conhecer.

Contudo, ter o cérebro "anormal" nem sempre significa a desativação da memória ou perturbação nos processos de pensamento. Também nem sempre leva a uma perda do passado ou incapacidade de visualizar o futuro, ou à formação de uma identidade completamente nova em outra cidade, ou mesmo à criação de 16 diferentes identidades para sobreviver a um evento traumático. Às vezes, o cérebro anormal pode se manifestar de maneira impressionante, dando poder e vida a partes específicas da sua composição que, na maioria da população, permanecem dormentes e sem uso. Nesse caso estão as crianças prodígio e os portadores da síndrome de *savant*.

PRODÍGIOS E *SAVANTS*

Uma criança prodígio é alguém capaz de dominar uma ou mais habilidades de nível adulto quando ainda é muito nova. Elas geralmente têm menos de 15 anos e exibem habilidades extraordinárias que não seriam esperadas nessa idade, e mostram capacidade de lembrança muito além da capacidade média das crianças para memória funcional de longo prazo. Esses *wunderkinds*, a palavra alemã para "crianças prodígio", deram ao mundo talentos como Mozart, Picasso, Liszt, Yo-Yo Ma e Midori, entre muitos e muitos gênios de excepcionais talentos encontrados na arte e na ciência.

Existem várias teorias sobre a origem do prodígio. Depende da natureza ou da criação? Parece que há provas para apoiar ambos os casos. O menino prodígio Michael Kearney se formou na faculdade aos 10 anos, mas ele não nasceu brilhante. De fato ele nasceu de uma mãe que estava sofrendo de toxemia e anorexia durante a gestação, e os médicos insistiam que ele seria retardado.

Está claro, contudo, que o bebê Kearney tinha outros planos porque ele começou a falar com 10 meses, aos 11 já sabia ler e aprendeu toda a álgebra com a provecta idade de 3 anos! O garoto Kearney não se considerava especial, apenas uma criança normal que saía com amigos e jogava videogames. No entanto, aos 14 anos, com uma tese sobre o crescimento de células cancerosas, ele recebeu o diploma de mestrado em bioquímica. E, como se isso não fosse suficiente, Michael ganhou um prêmio de 1 milhão de dólares jogando um difícil reality game feito on-line!

Entretanto, nem todos os gênios começaram como prodígios. Albert Einstein, o protótipo de gênio que está em tantos cartazes, teve muitos problemas de aprendizagem, provando que nunca é tarde demais para sermos brilhantes! Mas para aqueles que atingem seu potencial máximo em tenra idade, ainda não há uma sentença sobre se isso é herdado ou produzido por pais e professores inspirados, pela genética ou por tudo o que existe no interior do cérebro. Há professores, como Dorothy DeLay, da escola de música Juilliard, que parecem treinar um impressionante número de prodígios do violino — apesar de muitos desconfiarem se isso não é resultado de ensaios extenuantes, que chegam a durar de 10 a 20 horas por dia! É interessante salientar que existem certas partes do mundo que geram mais prodígios do que outras. Nas primeiras décadas do século XX, a Rússia e a Alemanha Oriental produziram um grande número de prodígios, muitos deles grandes violinistas de ascendência judaica. Há quem argumente que nessa época os judeus não tinham permissão para viver nas capitais, exceto se fossem crianças prodígio, e os pais incentivavam fortemente seus filhos para estudarem com afinco.

Atualmente, na maioria das vezes olhamos para o Oriente para encontrar prodígios em matemática e ciências. Japão, China e Taiwan encorajam uma ética de trabalho incrivelmente árdua e muitas crianças são forçadas a serem excelentes e bem-sucedidas de uma maneira que a maioria dos norte-americanos e europeus não aprovaria. Os países asiáticos também produzem um grande número de prodígios musicais, demonstrando que trabalho árduo e criatividade podem andar de mãos dadas, resultando na técnica extraordinária de jovens músicos que, às vezes, nem têm idade para sentir uma conexão emocional com a música que tocam com tanta perfeição.

Sem dúvida, ser uma criança prodígio tem suas vantagens, mas quando elas se tornam adultas a novidade do seu impressionante talento vai se esvaindo, levando-as à depressão, ansiedade, melancolia e outros distúrbios mentais à medida que lutam para encontrar um novo lugar e uma nova identidade em um mundo adulto que anteriormente elogiava seus desvios da normalidade. Nem todos os prodígios são crianças comuns com extraordinárias habilidades. No entanto, em certo sentido, nem todos os prodígios são crianças.

A Savant Syndrome [Síndrome de Savant] é uma condição rara onde uma pessoa com algum tipo de distúrbio do desenvolvimento (autismo, retardo etc.) ou uma doença/dano cerebral, por motivo ainda inexplicado, é capaz de ter uma atividade excepcional em uma ou mais áreas de habilidade ou perícia a ponto de serem simplesmente brilhantes. O *savant* é limitado em suas capacidades normais de funcionamento, mas quando se trata, por exemplo, de matemática, geografia ou xadrez, ninguém é capaz de superá-lo. Frequentemente, suas habilidades causam uma perplexidade tão grande que muitas pessoas os consideram "paranormais".

Existem *savants* que não têm problemas de desenvolvimento, mas não podemos descartar que um dano no cérebro ou doença cerebral é o gatilho da síndrome. No entanto, todos os *savants* têm memórias em faixas restritas, mas muito profundas nas áreas de suas habilidades específicas, e as lembranças são incrivelmente nítidas e detalhadas. De uma maneira similar aos que têm a incomum capacidade de decorar fotograficamente um livro, os *savants* conseguem lembrar de cada nota de uma música que alguém tocou ao piano e imediatamente reproduzi-la do começo ao fim sem uma única nota desafinada e sem ter estudado o instrumento. Eles costumam lembrar dos nomes de todos os presidentes e vice-presidentes do seu país ou conseguem computar os mais intricados problemas matemáticos acessando sua estreita faixa de memória.

Segundo as pesquisas de Darold Treffert, uma em cada dez pessoas autistas é um *savant*. Cinquenta por cento dos *savants* são autistas e os outros 50% têm retardo mental, danos cerebrais ou doença cerebral. Também há seis vezes mais homens do que mulheres *savants*. O termo *idiot savant* ("sábio idiota") foi aplicado à condição por John Langdon Down, em 1887. Conhecido por definir a Síndrome de Down, ele usou-a para *savants* com QI menor do que 20, até outras pesquisas mostrarem que muitos tinham QI de 40 ou mais. Os *savants* podem ser incrivelmente inteligentes em determinada área, mas funcionam com capacidade abaixo do normal em outras.

Como acontece na maioria dos transtornos mentais envolvendo o cérebro, memória e habilidades, existem inúmeras teorias sobre a origem da síndrome. Não há uma "causa" amplamente aceita, mas indícios de muitos fatores. A estimulação do lobo frontotemporal causa habilidades do tipo *savant* em pessoas expostas a pulsos magnéticos de baixa frequência. A ideia é que quando essa região se torna mais inativa há um processamento direto de habilidades especiais associadas à Síndrome de Savant, como a capacidade de lembrar de imensas quantidades de informações ou trabalhar na soma ou multiplicação de grandes números.

Talvez sejamos todos *savants* latentes, com as extraordinárias habilidades e talentos que essas pessoas especiais exibem em áreas mais profundas do nosso cérebro, mas normalmente inacessíveis em nosso funcionamento cotidiano. Uma hipótese sugere que os *savants* podem estar experimentando uma hipersistematização, permitindo seu acesso a uma percepção e detalhes intensificados. É possível que haja um pequeno "Rain Man" em todos nós, uma referência ao filme de grande sucesso protagonizado por Tom Cruise e Dustin Hoffman. Hoffman faz o papel de um simpático *savant* autista chamado Charlie Babbitt, possuidor de uma fabulosa capacidade de memorização, mas com total incapacidade de entender o assunto que está recordando. Esse potencial oculto talvez esteja em todos nós, mas pode ser que exija uma alteração do circuito da memória para se manifestar.

Treffert, em um trabalho para a Winsconsin Medical Society denominado "Is There a Little 'Rain Man' in Each of Us?" [Há um pequeno "Rain Man" em cada um de nós?], escreve que acredita na probabilidade de todos nós termos algum nível de habilidades e capacidades do tipo *savant*. Ele também sugere que muitos *savants* sofreram "algum tipo de dano pré-natal, perinatal ou pós-natal, causado por uma diversidade de processos genéticos, danos ou doenças. Eles substituíram a capacidade do hemisfério direito do cérebro para compensar a disfunção ou limitação do hemisfério esquerdo". E muitos casos de Síndrome de Savant, aparentemente, são uma condição "adquirida" e não uma falha genética ou defeito de nascença. Em suma, para muitos *savants*, suas habilidades especiais podem emergir à medida que eles vão deixando de ser bebês.

Treffert aponta para uma pesquisa extremamente interessante a respeito do "potencial oculto" dirigida pelo Dr. Bruce Miller. Ele e seus colegas escreveram sobre suas descobertas no exemplar da *Neurology* de outubro de 1998. Foram descritos cinco casos de adultos mais velhos que adquiriram novas habilidades artísticas com o início e progressão da demência frontotemporal (DFT). A emergência de habilidades *savants* em adultos mais velhos não é novidade, mas, como Treffert salienta, "seu desabrochar em pessoas anteriormente não incapacitadas e mais velhas é muito intrigante".

Os doutores Alan Snyder e D. John Mitchell, do Centro para a Mente, na Austrália, concordam com a ideia de que o mecanismo por trás das habilidades *savants* pode estar em todos nós, mas normalmente não temos acesso a eles. Em um artigo para os *Proceedings of the Royal Society of London*, eles propõem que as habilidades *savants* representam processos cerebrais que todos experimentamos regularmente, mas "eles estão atolados e enterrados por uma cognição conceituada mais sofisticada e as capacidades tipo *savant* permanecem em sua grande parte em um nível inconsciente".

A ideia de que nosso cérebro e consciência abrigam tais habilidades de gênio inato é inspiradora e sugere que os maiores mistérios jazem adormecidos dentro de nós. Os que têm os circuitos certos podem se conectar com essas impressionantes habilidades e, talvez, possamos encontrar um modo de fazê-lo mais regularmente, quer por meio da estimulação de certas partes do cérebro ou através do nosso próprio esforço. É interessante notar que, à medida que as pessoas vão envelhecendo, se não tombam vítimas da demência na memória e cognição, muitos aposentados conseguem penetrar em um talento latente ou oculto. Pense em Grandma Moses (pintora) e outros idosos que encontraram fama e fortuna em idades provectas. Talvez tudo o que precisamos para encontrar nosso "Rain Man" seja tempo, liberdade de perseguir um número maior de interesses no lado direito do cérebro e um esforço para não usarmos nosso cérebro apenas pensando em atender os requisitos básicos que necessitamos para viver nosso dia a dia.

Talvez não seja preciso, como descobriu Treffert, um ferimento na cabeça ou um derrame para subitamente descobrirmos uma habilidade latente. Sim, casos como esses estão bem documentados, mas, quem sabe, só necessitemos de uma boa crise da meia-idade para nos obrigar a prestar atenção a um sonho ou meta há muito desejado. Pode ser que descubramos que sempre tivemos talento e habilidades ocultas nos recessos de mente. A-ha! Talvez a crise da meia-idade justifique verdadeiramente a compra de um carrão vermelho e de um relógio de ouro!

O Dr. Lee Warren escreveu em seu livro *The Power Latent in Man* [O poder latente no homem] que a maioria das definições não diz nada sobre a fonte da inteligência. "A inteligência é vasta demais para ser limitada pelo corpo físico ou ficar localizada no cérebro", diz ele, citando pesquisas atuais teorizando sobre esse tema. Quando se trata de *savants*, o Dr. Warren pondera: "O seu conhecimento mostra que existe de fato uma fonte da inteligência? É possível alguém se conectar com ela e não saber da sua existência?"

Apesar de Warren afirmar que existem muitas teorias sobre o modo como os *savants* acessam essas informações ilimitadas — incluindo anormalidades genéticas e biológicas —, ele também aponta para uma fonte incomum: a física quântica, referindo-se especificamente ao teorema de Bell sobre a não localidade, que também sugere a existência de um "campo" de potencial. É possível que o cérebro do *savant* seja capaz de se conectar com esse campo e acessar um depósito ilimitado de conhecimento que está à disposição de todos nós, desde que saibamos como acessá-lo.

Treffert escreve sobre a possibilidade da memória genética como um dos meios pelos quais os *savants* encontram seu brilho. Em seu artigo para a Wisconsin Medical Society intitulado: "Memória ancestral ou genética: software instalado na fabricação", ele explora o conceito de que o conhecimento que os *savants* exibem está embutido em nossa memória genética. "Esses *savants* têm um inato acesso a um conhecimento complexo que nunca adquiriram. Eles se lembram geneticamente de coisas que jamais aprenderam." A ideia de que nossos genes podem conter uma memória coletiva de vastas habilidades e informações não é nova, e Treffert cita pesquisas anteriores falando desse conceito como "dons congênitos", isto é, uma extraordinária aptidão para certa atividade mental que não poderia ser normalmente acessada pelo indivíduo.

Três tipos de memória

Wilder Penfield escreveu sobre três tipos de memória no seu livro *Mystery of the Mind* [O mistério da mente], publicado em 1978. Existe a memória racial, também chamada genética ou ancestral, a associada a "reflexos congestionados" e o terceiro tipo, a memória "experiencial". Esta última parece estar dividida em duas partes distintas: memória hábito/procedural e a memória cognitiva/semântica. A memória genética talvez seja o campo do conhecimento disponível tanto para os *savants* como para nós — o "inconsciente coletivo" de Jung, possivelmente —, que incluiria todo o conhecimento e sabedoria do passado. A física quântica, mais moderna, chama esse campo de Campo do Ponto Zero, um "andar térreo do Universo", um vasto depósito de todas as informações, presentes, passadas e futuras.

A memória genética, coletiva, é a memória de algo que todos nós devemos compartilhar e sermos capazes de acessar. Talvez seja nesse local que estão as habilidades dos assim chamados psíquicos e intuitivos, que o acessam para nos contar coisas que não deveriam saber. Talvez seja esse o lugar de onde surgem as ideias novas e que essa memória seja nosso "software instalado na fábrica". Pense na intrigante citação de Michael Gazzaniga em "The Mind's Past" [O passado da mente]: "Um bebê não aprende trigonometria, mas sabe; ele não aprende a distinguir entre uma figura e o chão, mas sabe; ele não precisa aprender, mas sabe que quando um objeto com massa atinge um outro, ele se movimentará..."

Gazzaniga descreve o cérebro como tendo sido construído sob um "rígido controle genético" e que o vasto córtex cerebral está cheio de sistemas especializados prontos, em estado de espera, e para serem acessados a qualquer momento para a realização de tarefas específicas. Nossos cérebros já na sua formação começam a "saber" com base no software instalado na fábrica. "E o cérebro vem lotado", diz Gazzaniga. Parece que eles estão carregados com mais aplicativos do que qualquer iPhone ou laptop poderia desejar! Só espero que o sistema que opera em nossos miolos não esteja executando uma versão qualquer do Microsoft Windows!

Se, de fato, essa memória genética é responsável pela transmissão de conhecimentos complexos a indivíduos que, de outra forma, não teriam acesso a eles, nós, que somos tão humanos como esses privilegiados, também deveríamos ter a possibilidade de acessá-los. Todavia, da mesma forma que enchemos um computador com os mais diferentes tipos de programas, adicionando-os aos instalados na fabricação, cabe ao indivíduo encontrar mecanismos para acessá-los. Mas nem todos somos peritos em informática! A ideia de que ferimentos na cabeça são acompanhados pela aquisição de habilidades *savant* sugere que nossos cérebros, uma vez alterados pelo dano, podem desencadear o potencial oculto.

Ainda assim, espero que nem sempre seja necessário um golpe de bastão na cabeça para descobrir o conhecimento que, como muitos acreditam, está à disposição de todos nós — desde que nos lembremos deles.

CAPÍTULO 4

Você vê o que eu vejo?

A mente intuitiva é uma dádiva sagrada e a mente racional é um servo fiel. Criamos uma sociedade que honra o servo e esqueceu da dádiva.
Albert Einstein

Algumas mentes permanecem abertas tempo suficiente para a verdade não somente entrar, mas também para trilhar um caminho já existente sem fazer nenhuma pausa nessa trilha.
Elizabeth Kenny

A mente é o seu próprio lugar e, por si só, pode transformar o paraíso em Inferno e o inferno em Paraíso.
John Milton

Para explorar a maioria dos mistérios da mente seria preciso anos de dedicação para ler as dezenas de boletins científicos, livros e artigos escritos nas últimas décadas. No interesse do tempo (e de sua sanidade) tentaremos condensar e examinar as pesquisas mais recentes e as novas compreensões sobre a mente. O que é a mente? Ela faz parte do cérebro ou está em outro lugar? Como funciona? A mente é separada da consciência? Os animais têm mente? Os políticos são realmente capazes de ter pensamentos racionais?

Tudo bem, tudo bem, a exploração da última pergunta talvez esteja fora do escopo das nossas habilidades. Sem dúvida, é surpreendente saber que continua havendo muitos debates sobre a existência da mente. Alguns dizem que o cérebro é tudo e a ilusão de uma "mente" separada, operando fora da estrutura cerebral, é apenas isso: uma ilusão. Tendo começado há milhares de anos, essa discussão ainda não chegou a uma conclusão, e continuamos longe de um consenso! Não temos nem tempo nem palavras para contar toda a história do dualismo, por isso centraremos nossos esforços sobre a importante progressão desde as origens do pensamento dualístico a respeito de mente/corpo e mente/cérebro até o ponto em que estamos hoje.

DUALISMO

Segundo a Enciclopédia de Filosofia de Stanford:

> Na filosofia da mente, o dualismo é a teoria de que o mental e o físico — ou mente e corpo ou mente e cérebro — são, em certo sentido, coisas radicalmente diferentes. Como o senso prático nos diz que existem corpos físicos e como existe uma pressão intelectual que visa produzir uma versão unificada do mundo, pode-se dizer que o monismo materialista é a "opção default". A discussão sobre o dualismo, portanto, tende a começar a partir da hipótese da realidade do mundo físico e, assim, levar em consideração argumentos sobre por que a mente não pode ser simplesmente tratada como uma parte desse mundo.

Grande parte da discussão sobre o dualismo relacionado com mente e cérebro/corpo é creditada a luminares do nível de Platão e Aristóteles que, à sua própria maneira, especularam que havia uma clara separação entre a inteligência de uma pessoa, uma faculdade da mente ou alma, e o corpo físico. Apesar de terem discordado sobre o conteúdo, o resultado final era o mesmo. Ambos acreditavam que o intelecto não era material, portanto, não podia ser parte do corpo. Aristóteles, especificamente, afirmava que o intelecto, por não ser material, não poderia ser um "órgão".

René Descartes deu continuidade ao argumento com o que atualmente é considerada a versão mais amplamente conhecida do dualismo. Ele acreditava que a mente era a sede da consciência e da percepção do eu e, por isso, era separada do cérebro, que seria a sede ou centro da inteligência. Suas ideias foram a base do moderno argumento entre a separação da mente e cérebro/corpo, que continuamos aceitando no presente. Conhecida como "dualismo das substâncias", essa forma de dualismo considera que existem dois tipos fundamentais de substância: a mental e a material. Também chamada de "dualismo cartesiano", ele sugere que a substância mental não tem extensão no espaço e que a substância material é incapaz de se envolver no pensamento.

O "dualismo de propriedade" leva esse conceito além, sugerindo que quando a matéria é organizada de uma maneira específica, dá origem às propriedades mentais. Essas propriedades podem ser subjetivas (exclusivamente não materiais) ou objetivas (podem ser reduzidas ao físico ou material). Esse conceito propõe que a consciência pode ser reduzida a nada senão o funcionamento da física e da neurobiologia. Imagine como a vida seria simples! Existem várias outras formas de dualismo que desempenham um papel importante nos mais modernos conceitos atualmente conhecidos. No entanto, devemos colocar o foco da atenção nos fundamentos do fisicalismo: a ideia de que todos os estados mentais podem ser reduzidos a estados físicos, ou vice-versa, e o dualismo em si sugerindo algum tipo de separação entre a fisicalidade e a mente subjetiva.

Para entender verdadeiramente a origem do dualismo é preciso examinar não só a filosofia, mas também as doutrinas religiosas e os sistemas de crenças. Do zoroastrismo ao cristianismo e, de fato, em todas as religiões do mundo, há debate sobre a separação de corpo e mente. O cristianismo até acabou abraçando o conceito de uma noção de forma trinitária, consistindo em corpo, mente e alma sob a forma de Pai, Filho e Espírito Santo. Tomás de Aquino contribuiu para o argumento dizendo que a alma, ou intelecto, é o que define um indivíduo. Além disso, há os mecanismos que fazem de alguém uma pessoa. Ele também afirmava que a alma conseguia existir independentemente do corpo. Depois da morte, tudo o que restaria era a alma. Embora o corpo físico acabasse no momento da morte, a "alma" ou individualismo permaneceria. Talvez, como muitos investigadores paranormais acreditam, ela ficaria aqui sob a forma de fantasmas, espíritos ou assombrações "inteligentes".

A mente precisa estar conectada com a alma? O que dizer sobre a maior essência de quem somos na qualidade de seres humanos? Se isso já cria tanta confusão, imagine introduzir a consciência na mistura. A consciência é mente ou alma? Ela também continua depois da morte do corpo? A interação causal sugere que a consciência e a mente só podem ser consideradas como separadas do corpo se for possível explicar como memórias físicas são relacionadas com a consciência.

Em termos ideais, o dualismo explicaria como a mente consciente afeta o reino físico, mas será verdade? Essa questão continua sendo motivo para debate enquanto tentamos "provar" que existem indícios de que o imaterial afeta o material e como isso acontece. Onde ocorre essa interação? Como algo que aparentemente não tem propriedades físicas tem efeitos físicos? Essas interações, se é que elas existem, vão contra as leis da física, em especial contra a lei da conservação de energia, considerada quase sagrada. Todos nós sabemos como os físicos ficam aflitos quando suas preciosas leis são desrespeitadas. É por isso que quando nos referimos a elas tentamos encontrar possíveis "atalhos" ou "rodeios" em torno das leis fundamentais da ciência.

E se a mente pode influenciar, de alguma maneira, a distribuição da energia sem alterar sua quantidade? Isso protegeria os preciosos princípios da lei da conservação da energia. E de acordo com "o causal sobre a determinação", e se alguns desses aspectos particulares de um efeito específico não puderem ser explicados por causa suficiente? Um aspecto de um efeito em especial pode ser explicado e outros, não. Isso sugeriria uma modificação significativa das relações causais em nosso mundo físico. Os cientistas, em geral, não gostam de pensar muito nessa possibilidade e, de fato, a apelidaram de explicação "Droga, nada está certo!". Ah!, e não podemos esquecer que existe um terceiro argumento a favor: a energia escura. Essas interações podem envolver algum tipo de matéria, energia ou processos ainda não identificados que precisam ser definidos pela ciência, que até agora só lhes deu um nome um tanto assustador.

Ainda assim, não podemos deixar de imaginar por que pessoas que sofrem danos no cérebro frequentemente sofrem em capacidade mental. Destruir partes do cérebro em macacos de laboratório de fato gera estados mentais comprometidos, sugerindo que existe uma relação causal entre o dano cerebral e a deterioração mental.

A MENTE

Agora vamos dar um salto à frente para a posição em que estamos hoje dentro do contexto de nossa compreensão do corpo, cérebro, mente e consciência. Todos os argumentos do passado, e são muitos, logo passam para o fundo da sala diante das modernas e impressionantes descobertas sobre o cérebro e papéis desempenhados sobre as diferentes partes do cérebro. O jogo mudou, e ainda está mudando. Enquanto estamos escrevendo isso, algum novo conceito sobre a diferença entre o físico e o mental está sendo publicado, virando tudo de cabeça para baixo. Essa, porém, é a natureza da ciência.

Se você leu nossos dois livros anteriores, lembrará que falamos da Navalha de Ockham (*entia non sunt multiplicanda praeter necessitate*) [As entidades não devem ser multiplicadas além do necessário]. O provérbio de William de Ockham cabe muito bem aqui e sugeriria que a explicação mais simples é que mente e cérebro são a mesma coisa. Isso parece bem acurado, porque, ao nascermos, os dois estão intactos e ninguém recebe uma "adição" ou "atualização" em uma época posterior do nosso desenvolvimento. De fato, a teoria da identidade da mente afirma que os processos e estados da mente são idênticos aos do cérebro. Será verdade? Será que a explicação mais simples é de fato a mais correta?

Atualmente o dualismo mente-corpo persiste nos mais recentes estudos sobre o funcionamento do cérebro e mesmo as pesquisas de ponta sobre o cérebro só parecem gerar mais perguntas. Mesmo que venhamos a descobrir que parte específica do cérebro causa determinado efeito, ainda não saberemos o que causa esse efeito. Perguntas, perguntas e mais perguntas!

Todos nós temos um mundo particular interior formado pelos nossos pensamentos, experiências, emoções e percepções, e muitos deles são diferentes dos que formam o mundo particular dos outros seres humanos. Se a mente e o cérebro fossem exatamente a mesma coisa (e lembre-se que nossos cérebros são basicamente iguais), então, este é o mundo subjetivo que constituiria o mundo da mente que nos diferencia de qualquer outra coisa vivente. É quase como se tivéssemos duas partes: o corpo externo operante, que trabalha tanto voluntária como involuntariamente, e o mundo interno, onde realmente "vivemos".

Em outras palavras, existe o "pensador", com todos os nossos processos e interações, e o que está fazendo o "pensar", dirigindo a direção dos nossos pensamentos com base no que estamos sentindo ou vivenciando. *Cogito, ergo sum*, como disse Descartes. "Eu penso, portanto, sou" ou "Estou pensando, portanto, existo". Mas, quem está pensando? Quem está imaginando se eles existem? O corpo, o cérebro ou a mente?

A personalidade é mente? Existem muitas conexões entre os verdadeiros estados físicos do cérebro e nossa experiência mental. Para tentar determinar o nível de autonomia da mente precisamos considerar o livre-arbítrio. O livre-arbítrio não é um processo cerebral, mas uma escolha consciente baseada em preferências de personalidade. Talvez a mente seja apenas uma função autônoma do cérebro, embora continue dependente dele. O cérebro pode ser o receptor e transmissor da informação, e a mente talvez atue como intérprete dessa informação. Um não serve sem o outro e talvez a consciência precise dos dois para que surja a percepção do eu. Nós aprendemos, reagimos e nos comportamos de acordo com a informação que está continuamente fluindo. A informação também flui no cérebro dos pacientes em coma, mas, a não ser que eles consigam interpretar e usar essa informação, pode-se dizer que eles não têm capacidade mental. Mas, de certo modo, eles ainda estão conscientes.

Assim, temos um dilema. Lembre-se que ainda não entendemos como o cérebro funciona. Se tanto a mente como a consciência residem no cérebro, teremos de descobrir onde e como. Porém, se elas de alguma forma residem "fora" do cérebro, nenhuma quantidade de pesquisas jamais nos dirá de onde elas vêm e como interagem com o cérebro para criar experiência e realidade. De novo, não conhecemos a causa, só os efeitos. A dualidade em seu ponto máximo!

Os que se opõem ao dualismo afirmarão que o cérebro tem aproximadamente 1 trilhão de neurônios. Portanto, não seria possível que alguns deles, atacando juntos, criassem a mente e a consciência? A escolha talvez seja apenas um modelo especial de atividade neuronal que ainda não foi decifrada. Talvez o melhor método para distinguir se temos ou não uma mente é olhar para os processos mentais de animais e fazer uma comparação.

Em um artigo da *Scientific American* de setembro de 2009 intitulado "A mente", Marc Hauser, professor de psicologia e biologia da evolução humana na Harvard University, examina os principais ingredientes da mente humana que nos diferenciam das outras espécies. Charles Darwin uma vez propôs que havia uma "continuidade de mente" entre humanos e animais. Todavia, novos indícios mostram um abismo crescente entre nossos processos mentais e cognitivos e os de outras criaturas. Hauser começa com uma história fictícia e engraçada sobre extraterrestres que vêm à Terra para observar o status da vida inteligente. Eles acabam determinando que os humanos estão em um grupo acima e além dos outros organismos vivos devido à capacidade aumentada de trocar e utilizar informações.

Apesar de os cérebros serem similares na forma e composição química, os humanos ultrapassaram de longe outras criaturas vivas na criação de novas expressões e de contemplá-las. Hauser usa o seguinte exemplo: "As abelhas e babuínos não somente jamais fizeram um suflê, como nunca nem mesmo imaginaram fazê-lo." (Apesar de podermos argumentar que as abelhas fazem mel e que ele é muito gostoso também!) A verdade é que os humanos não somente fazem suflês como também criam obras de arte, armas de destruição em massa, jantares *gourmet*, músicas, leis, religiões e uma infinidade de outras coisas que sugerem que as outras criaturas carecem de criatividade e poder mental para criar.

Hauser salienta que os pesquisadores descobriram alguns dos tijolos da construção da cognição humana em outras espécies, mas ele afirma que há quatro "ingredientes essenciais" que constituem a mente humana. Essas características não são encontradas em outros animais e nos ajudam na determinação da origem da mente humana.

1. **Computação generativa** — Permite aos seres humanos criar uma infinita quantidade de palavras, coisas e conceitos. Dois tipos de operação estão em funcionamento. Recursão é o uso repetido de uma regra para criar novas expressões. A combinatória mistura elementos separados para criar novas ideias.
2. **Combinação promíscua de ideias** — Permite a mistura de diferentes áreas do conhecimento como arte, sexo, espaço, causalidade e relacionamentos para gerar leis, relações sociais e tecnologia.
3. **Símbolos mentais** — A codificação da experiência sensorial (real ou imaginária) para formar a base de um com-

plexo sistema de comunicação. Os símbolos podem ser expressos em palavras ou imagens.
4. **Pensamento abstrato** — A contemplação de coisas além dos nossos cinco sentidos.

São esses quatro elementos de nossa mente que nos diferenciam dos animais e nos tornam nitidamente humanos. De acordo com descobertas arqueológicas, a mente humana pode ter começado a se formar durante a Era Paleolítica, iniciando entre 800 mil anos e até cerca de 50 mil anos atrás. Talvez tenha sido nesse período que a mente humana desenvolveu os quatro ingredientes que, segundo Hauser, são essenciais para sermos humanos.

Apesar de alguns animais menos desenvolvidos mostrarem comportamentos sofisticados que envolvem a cognição e aparente pensamento, é o tamanho relativo das regiões do córtex e como elas se conectam que, diz Hauser, "dá origem a pensamentos que não têm análogos em qualquer lugar do reino animal". Em suma, isso é que faz de nós criaturas únicas.

Sem dúvida, temos uma inteligência muito mais complexa do que qualquer outra espécie, mas será que estamos usando a plena capacidade da nossa mente? A capacidade de aprender e criar novas ideias talvez seja infinita à medida que nossa mente vai evoluindo e se expandindo. Porém, a afirmação de que somente os humanos têm habilidades cognitivas sofisticadas poderá ser desmentida por novas pesquisas demonstrando que outras criaturas são capazes de "metacognição".

O *Science Daily*, de setembro de 2009, publicou um artigo chamado "Evidências apontam para 'metacognição' consciente em alguns animais não humanos", documentando o trabalho de J. David Smith, psicólogo comparativo da University of Buffalo. Ele fez estudos sofre a cognição animal e descobriu indícios crescentes de que alguns animais "compartilham paralelos funcionais com a metacognição consciente humana". Em outras palavras, esses animais podem ter a habilidade de refletir, monitorar e regular seus estados de mente. (Nota de Larry: Impressionante! Eu sabia! Se vocês vissem algumas expressões faciais de Dodô, meu minibasset, também ficariam convencidos de que isso é possível!) Segundo o artigo, as experiências foram feitas com golfinhos, pombos, ratos, macacos e símios, e investigaram percepção, memória e padrões de ocultação de alimentos. Os resultados incentivaram Smith a relatar que tanto os golfinhos como os macacos mostraram habilidades associadas à autopercepção consciente e cognição. "Pombos, aparentemente, não." Smith disse que isso levantou importantes perguntas sobre "a emergência da mente refletida ou estendida na ordem dos primatas" e afirmou que pesquisas desse tipo podem abrir janelas não somente para as mentes reflexivas dos animais, mas também para apontar os antecedentes da consciência humana. Seria uma realização bastante significativa; como prova da metacognição nos animais, estabeleceria que não são apenas os humanos que possuem certas capacidades cognitivas, consciência e autopercepção. Mas a resposta emotiva poderia ser apenas uma função do treinamento pela repetição. Além disso, é possível que respostas emotivas, que tanto humanos como animais parecem compartilhar, sejam nada mais do que uma mímica aprendida?

Voltando ao reino humano, continua a busca para identificar que papel o cérebro realmente desempenha no mundo subjetivo da mente e na consciência como um todo. Muitos especialistas em neurologia e ciências do cérebro são mais inclinados a atribuir tudo ao cérebro. Já os mais filosóficos, aparentemente, são mais inclinados a ver distinções. Outros, ainda, têm absoluta certeza de que existe uma nítida separação com base nas suas pesquisas mais "do lado de fora da caixa", como as experiências de quase morte (NDE — em inglês).

O professor Peter Fenwick é a principal autoridade em NDE e indica suas pesquisas nessas experiências enigmáticas como importante indício da separação entre cérebro e mente. Seu argumento se apoia em relatórios vindos de todas as partes do mundo sobre pessoas que estão literalmente "mortas", sem reflexos no tronco cerebral, respiração, batimentos cardíacos ou consciência, mas vivenciam o que é a morte e a vida após a morte. Esses relatos têm muitos temas e imagens em comum e, segundo o professor Fenwick, NÃO aconteceram logo antes do processo da morte em si, mas durante e possivelmente depois dela. O grande número de detalhes similares nos casos relatados não nos permite afirmar que o fenômeno é subjetivo.

Fenwick insiste que experiências transcendentes devem ser descartadas como causa, porque as pessoas não se mantêm conscientes o tempo inteiro e, portanto, não podem experienciar modificações nos níveis de consciência. Sua citação no *Psychic Times* diz: "Parece que os relatos feitos pelos indivíduos que tiveram NDE estão corretos. Agora, se eles forem reais, teremos de dizer coisas muito fundamentais sobre o cérebro e a mente." Continuando, Fenwick pede que sejam feitas pesquisas mais abrangentes em grande escala para determinar, sem a menor dúvida, se o cérebro e a mente são uma coisa só.

As ideias de Fenwick encontram apoio na comunidade metafísica onde há menos desconforto na discussão de tópicos que a ciência tradicional não consegue explicar. O investigador psíquico Victor J. Zammit sugere que "há uma prova objetiva sobre a mente separada" em 23 áreas onde é possível encontrar indícios de que existe uma pós-vida. No site (www.victorzammit.com) ele comenta esses indícios e, apesar de não terem uma prova real em termos científicos, eles sugerem que talvez a mente realmente continue em funcionamento depois da morte do cérebro.

Zammit compara a situação a um motorista e um automóvel. A mente seria o motorista e o cérebro, o automóvel. A mente dá as direções e tem as verdadeiras experiências de dirigir. O automóvel somente funciona. Se o motor para de funcionar, o motorista continua ativo. Apesar dessa metáfora não ser objetiva nem evidência empírica, ela, de fato, fornece uma analogia interessante. Se igualarmos a mente com a consciência, então temos um grande volume de "evidências" para mostrar que o cérebro é uma entidade separada, mas que está plenamente envolvido no processo de pensamento e percepção. Nós ignoramos o subjetivo e só focalizamos no objetivo? Confesse, seu cérebro já está doendo só de pensar em tudo isso? Os que se aprofundam nas NDE e nos estudos metafísicos, consideram a separação da mente e do corpo como vital para seus próprios conceitos e crenças na vida após a morte. (Discutiremos as NDE no Capítulo 7.) Mesmos os princípios da religião tradicional e da espiritualidade são formulados em torno do conceito de que uma parte do nosso ser, nossa essência, talvez, continue existindo por muito tempo depois de nosso corpo se transformar em pó.

Mas o desejo de acreditar em alguma coisa não é considerado prova científica válida para os que defendem o partido do cérebro. E, além disso, é fato inconteste que nosso conhecimento sobre ele é superficial. Talvez tudo esteja "em nossa cabeça" e nós apenas não sabemos o quanto ela é vasta e expansiva.

A questão mente/cérebro continua a ser uma área contenciosa da discussão na ciência e filosofia moderna. Com nenhuma resposta à vista, os defensores de um ou de outro continuam apontando suas próprias pesquisas e teorias como prova. Todavia, a questão fica ainda mais nebulosa quando consideramos a consciência.

A consciência é separada da mente? Do cérebro? Pode ser que no final das contas tudo venha a se resumir em semântica, no significado das palavras. Tentar separar o cérebro da mente, da consciência, talvez seja um exercício fútil. Pedimos a Stanley Krippner, Ph.D., professor de psicologia na Saybrook Graduate School e importante pioneiro no campo da investigação da consciência humana, que nos esclarecesse sobre os argumentos contra e a favor da mente/consciência como pare do funcionamento normal do cérebro. Sua resposta é muito interessante:

> Isso simplesmente não funciona porque não existe acordo sobre "personalidade" ou "consciência". Na minha opinião, CÉREBRO refere-se ao órgão do corpo objetivamente estudado pelos neurologistas e semelhantes. MENTE refere-se às experiências subjetivas estudadas

pelos fenomenologistas e semelhantes. David Chalmers disse que o "problema complicado" da neurociência é determinar como essas experiências subjetivas estão conectadas com a entidade neurológica. Os psicólogos estudam tanto a mente como o cérebro, como fazem muitas outras disciplinas. Frequentemente, uso o termo mente/cérebro para cobrir ambas as áreas de estudo. Portanto, "mente" e "cérebro" não são a mesma coisa, como também não são a mesma coisa "coração" e "batimento cardíaco", ou "cabeça" e "dor de cabeça". A língua inglesa tem mais de 1 milhão de palavras e o uso cauteloso dessas palavras pode ajudar os estudantes dos fenômenos mente/cérebro a se manterem centrados e focalizados.

Talvez a consciência não seja mais do que a simples percepção de estar vivo, com a mente como criadora da personalidade com a qual expressamos essa vida e o cérebro como o mecanismo pelo qual obedecemos "as ordens de marcha" da mente.

CONSCIÊNCIA

Para piorar as coisas ainda mais, não temos uma compreensão verdadeira da consciência. Os cientistas generalizam que a consciência é autopercepção e alguns organismos a possuem e outros, não. Talvez o mais correto seja dizer que todos os organismos vivos têm consciência, mas num sentido graduado. Alguns têm mais que outros, mas todos estão cônscios de estarem vivos, de terem um eu. A autoconsciência, por outro lado, é um envolvimento mais intricado da mente oculta dentro do processo de tomada de decisões que é a vida. Pode ser que alguns animais sejam impelidos por uma consciência mais primal, uma percepção com base na sobrevivência, que não precisa estar agudamente consciente de comportamento, atitude e crença.

É por isso que os humanos são frequentemente associados ao conceito da "mente superior", uma combinação da consciência em geral com a autoconsciência em especial. Talvez seja uma outra divisão em duas peças separadas: o subconsciente e o inconsciente, e elas somente fazem os humanos se destacar do resto do mundo das coisas vivas. Esses dois mecanismos da consciência podem ter seu próprio papel e tudo pode ser parte do mecanismo maior: o cérebro humano.

Em um artigo para a *New Dawn Magazine* de janeiro/fevereiro de 2008, Bruce Lipton, Ph.D., examina "O poder da mente" e sugere que a mente subconsciente, que compara com um poderoso computador capaz de processar quantidades massivas de informações, parece operar sem dados vindos da mente autoconsciente. É quase como se ela tivesse "uma mente própria". O subconsciente pode coletar informações tanto de fontes diretas como indiretas e processá-las com "velocidades extraordinárias". Muitos neurocientistas cognitivos, segundo Lipton, creem que somente 5%, se muito, da nossa habilidade cognitiva são cortesia da mente autoconsciente, e a maioria do restante de nossas decisões, emoções e ações vem do "processo não observado da mente subconsciente".

No livro *The Biology of Belief* [A biologia da crença], Lipton escreve sobre o conflito ainda em andamento entre a mente consciente e a mente subconsciente, conferindo grande parte do poder para o subconsciente. Ele afirma que todos temos programas de comportamento armazenados no subconsciente que somente se tornam evidentes quando nossos "botões são pressionados", resultando em reação impulsiva, ataques de raiva e criação de melodramas. Todo o pensamento positivo do mundo não é capaz de vencer a programação negativa da mente subconsciente, motivo pelo qual tantos leitores de *O segredo* acabaram se decepcionando com a lei da atração. Sim, ela funciona, mas antes você tem que limpar a bagunça no seu subconsciente que o está impedindo de trabalhar! Como Lipton afirma, o consciente e o subconsciente são interdependentes. "A mente consciente é a criativa, a que pode conjurar 'pensamentos positivos'. A mente subconsciente, ao contrário, é um depósito de gravações estímulo-resposta derivadas do instinto e de experiências aprendidas."

O subconsciente talvez seja nossa mente no piloto automático, enquanto o consciente é nosso controle manual. Isso poderia explicar por que você entra no seu carro e sai dirigindo meio distraído e ainda assim chega ao estacionamento do seu supermercado preferido. Por sorte, seu GPS subconsciente já estava com tudo programado e o consciente não foi necessário, exceto para encontrar uma vaga perto da entrada da loja. Eu (Larry falando) já tive essa experiência mais vezes do que poderia contar quando saía da ARPAST física e mentalmente exausto depois de uma longa investigação. Eu não tinha lembrança do trajeto bastante longo, mas de algum modo conseguia chegar em segurança ao conforto da minha cama.

Embora as partes da consciência funcionem como um todo, na realidade não as conhecemos o suficiente para determinar suas origens. A moderna neurociência ainda não conseguiu determinar os mecanismos com os quais o cérebro gera consciência, se ele é de fato o responsável por isso. Estudos recentes sugerem que a consciência é muito mais uma estrutura ou sistema altamente complexo do que uma única e simples construção de uma parte especial do cérebro. Ao contrário de experiências onde o córtex cerebral, a amígdala ou o hipocampo é estimulado para criar um comportamento específico, o estímulo de partes do cérebro parece desempenhar um papel de pouca importância na "criação de uma percepção consciente".

No número de outubro de 2007 do *Scientific American*, em um artigo intitulado "Como a consciência acontece?", dois importantes neurocientistas tentaram explicar a consciência, discordando sobre a atividade que ocorre no cérebro durante uma experiência subjetiva. Christof Koch, professor de biologia cognitiva e comportamental na CalTech, e Susan Greenfield, professora de farmacologia da University of Oxford, veem diferenças em como o consciente funciona no nível neuronal. Com base em suas pesquisas, Koch sugere que "grupos específicos de neurônios são mediadores em diferentes experiências conscientes". Já Greenfield sugere que "a consciência é gerada por um aumento quantitativo no funcionamento holístico do cérebro". Ambos procuram descobrir "os mais apropriados correlatos neuronais da consciência". Se eles forem bem-sucedidos, talvez consigamos compreender o mecanismo de causa e efeito que cria a consciência como resultado.

A batalha perdura com novas pesquisas perguntando quando a consciência surge na vida humana e como ela se desenvolve ao longo do tempo. Crianças no ventre materno podem ser conscientes em algum nível, mas ficam em um estado suspenso até o momento do nascimento e a entrada na existência e experiência pessoais. Uma nova teoria da consciência apresentada pelo psiquiatra e neurocientista Guilio Tononi, da University of Winsconsin, em Madison, propõe que talvez ela funcione de maneira similar à Teoria da Informação. Ele acredita que tudo se resume em informações e é possível que nossos estados subjetivos sejam resultado da expressão da informação pelo cérebro. As informações correm soltas em nossa consciência; somos constantemente bombardeados por elas enquanto cuidamos da nossa vida cotidiana. As informações também são altamente integradas e classificadas, o que fornece referência ou significado para algumas imagens e não para outras. O significado vem da experiência subjetiva da própria informação. Você pode olhar uma lagartixa na parede e não dar nenhuma importância a isso, mas uma fotografia do seu filho cria conexões neurais que resultam em sentimentos de amor e orgulho. Talvez tudo se resuma em informações e como as processamos, numa variedade de estados de consciência altamente diferenciados.

O que sabemos é que temos consciência. De maneira nenhuma podemos saber com certeza se qualquer outra criatura viva tem consciência ou não, porque não temos sua experiência, não vivemos nos seus corpos. Outro problema é que parece existir um grande número de *níveis de consciência*, e cada um deles aparenta ter seu próprio conjunto de princípios. A hipnose, há muito considerada um "estado similar ao sono", talvez seja um estado de consciência distinto, onde o sujeito está consciente e acordado (mas não totalmente acordado), o que tem sido confirmado por centenas de testes envolvendo o uso do encefalograma (EEG) em pacientes submetidos à hipnose. Muitas pesquisas estão sendo feitas nesse campo. Um levantamento recente feito pelo psicólogo Joseph Green, da Ohio State University, com muitos de seus colegas, propõe que a hipnose é mesmo um "distinto estado alterado de consciência". O exemplar de janeiro de 2009 do *Scientific American Mind* descreve essa descoberta como algo de extrema importância. Por quê? Porque, se a hipnose está ligada a uma espécie de consciência que difere em tipo (mas não em grau) da consciência comum, é possível que pessoas hipnotizadas possam agir de maneiras que nunca fariam no estado normal de vigília. Além disso, ela sugere que a hipnose pode ser um método válido de diminuição da dor e de controle comportamental.

Mais importante para nosso livro: a descoberta sugere que "fornecendo a pessoas altamente sugestionáveis suficientes incentivos para fazerem um determinado ato", elas podem criar esses efeitos. Esse único conceito, sozinho, adquire uma importância crucial quando observamos temas muito amplos, como pensamento coletivo, religião, crença e tradição.

A consciência pode se disseminar? Ela é contagiosa? Como funcionam coisas como tendências, memes, paradigmas, pensamento em grupo, histeria e percepção de massa? Existe uma parte específica do cérebro que governa "tipos" de consciência que são exatamente os mesmos em todos os seres humanos ou, no mínimo, em grupos deles?

A crença e percepção pessoal surgem a partir do objetivo coletivo e de experiências, e do significado a eles atribuído. Somos todos um pouco diferentes em como percebemos, processamos e atuamos sobre estímulos, externos e internos, o que resulta em um mundo rico de ideias e variedade. Será que você poderia imaginar como a vida seria maçante se todos pensassem e agissem da mesma maneira?

De fato, um dos mais intrigantes conceitos é reconhecer e compreender as percepções e crenças coletivas em imensos e diversos grupos de pessoas? Será que você pode fazer alguém ver o que não está lá? Um grupo de pessoas pode ser infectado com um pensamento, uma ideia, uma percepção? Todos nós já ouvimos o velho axioma que "grandes mentes pensam igual" (e Marie e Larry são testemunhas!). Mas isso acontece devido a similaridades nos seus cérebros ou por causa de um campo coletivo, ou estrutura, que de alguma maneira conseguimos acessar e dele extrair para criar nossa realidade consciente? Basta olhar para as redes sociais como Facebook, Twitter e até mesmo o Google e outros sites de busca e ver como estão as "correntes de pensamento" de milhões de pessoas. O uso de palavras-chave e o número de vezes que elas surgem quando os internautas fazem buscas nos sites especializados atrai um interesse cada vez maior por parte de sociólogos à procura de futuras tendências de pensamento e também de grandes empresas e companhias ansiosas para tentar descobrir o que o povo deseja para vencer etapas no lançamento de novos produtos. Governos e grupos militares estão prestando atenção aos modelos que estão emergindo da corrente de pensamento coletivo do universo internet.

O Twitter também atua como uma máquina de busca de ideias, tendências, conceitos coletivos, dicas e paradigmas, todos embrulhados em conversas "em tempo real" entre pessoas do mundo inteiro e tudo em 140 caracteres ou menos! Para quem deseja saber o que a mente da humanidade está pensando, o Twitter é o instrumento mais à mão para tornar isso uma realidade. Na vida real, porém, pode haver mais do que pensamento compartilhado ou contagioso do que parece à primeira vista. (Nota de Larry: Apesar dessa abundância de informação parecer ideal para os "viciados em informação", para alguns sujeitos como eu esses sites também representam um potencial para uma congestão de informação. Afinal, o que interessa se você está parado no sinal [e não devia estar enviando mensagens de texto quando dirige] ou acaba de passar no Starbucks para experimentar o novo cappucino duplo com não sei o quê? Puxa vida! Agora que botei tudo isso para fora, estou pronto para continuar.)

Pensamento em grupo

Comecemos com a má notícia: o lado negativo da percepção de massa e o pensamento contagioso. Talvez não haja nada de anômalo ou misterioso sobre humanos que pensam e agem em grupos. Às vezes, é mais fácil adotar um modo de pensar existente do que inventar um totalmente único e discordante. O psicólogo Irving Janis cunhou o termo *groupthink* [pensamento em grupo] para descrever esse comportamento. Ele ocorre quando um grupo de pessoas que se consideram membros de um "grupo" específico fundamentado em raça, gênero, crença ou status, por exemplo, tenta chegar a decisões de consenso sem primeiro analisar ou examinar criticamente as suas escolhas. No pensamento em grupo não existe pensamento individual ou independente. A pressão de pensar em grupo frequentemente produz aspectos negativos como lapsos na eficiência mental, na percepção e teste da realidade e no julgamento moral.

Janis definiu o pensamento em grupo no livro *Victims of Groupthink* [Vítimas de pensamento em grupo] como "um modo de pensar no qual pessoas se incluem quando estão profundamente envolvidas num grupo coeso e os esforços dos membros para obter unanimidade superam sua motivação para avaliar de maneira realista possíveis cursos alternativos de ação". Esse impulso para isolar o pensamento de grupo de interferências ou opiniões externas costuma resultar na desumanização de outros grupos. É aqui que entra o racismo, a homofobia, o desprezo pelos idosos e tantos "ismos" adotados por grupos que exibem os oito sintomas do *groupthink*:
1. Ilusão de vulnerabilidade e otimismo excessivo levando a assumir riscos extremos.
2. Racionalização coletiva e falta de exame de diferentes hipóteses.

3. Crença na virtude e moralidade da causa em detrimento dos oponentes.
4. Estereotipagem de outros grupos.
5. Pressão direta sobre os discordantes e punição de pensadores independentes.
6. Autocensura e recusa em expressar desvios do consenso de grupo.
7. Ilusão de unanimidade e da hipótese da visão da maioria ser unânime.
8. Membros indicados por eles mesmos que protegem o grupo e seu líder de informações externas que poderiam contradizer o pensamento do grupo.

O que é inerentemente assustador no *groupthink* é que ele não somente recria as desigualdades e injustiças do mundo como muitas vezes leva a atos extremos, como no caso dos cultos.

Janis inclui muitos eventos históricos como prova do pensamento em grupo, como a invasão da baía dos Porcos, a escalada da Guerra do Vietnã e a falha em antecipar o ataque de Pearl Harbor. Você está lembrado do culto Heavens's Gate [Portal do Paraíso]? Em 1997, a polícia descobriu que seus 39 membros tinham cometido suicídio a pedido do seu líder, Marshall Applewhite, esperando ser levados por um disco voador a um planeta mais elevado. No mais extremo dos casos até agora detectados, o *groupthink* resultou na morte de mais de 900 pessoas que, sem mais nem menos, cometeram suicídio e mataram seus filhos para atender a um capricho do seu líder, um homem chamado Jim Jones. Será que o pensamento em grupo também pode ser responsabilizado pelo comportamento subserviente daqueles que seguiram cegamente um dos maiores loucos da história — Adolph Hitler?

Entretanto, nem todos os membros de um grupo são ruins, mas quando o pensamento individual e a tomada de decisões independente são distorcidos pela vontade "do todo", se esse todo é doente ou desequilibrado, terminamos com coisas como *mob rule* [governo da turba], comportamento de rebanho e histeria de massa.

Comportamento de rebanho

Quer o comportamento de rebanho seja chamado de mente de colmeia, pânico moral, inteligência de bando ou somente simples conformismo, ele é resultado de grupos de pessoas se comportando e agindo de uma única maneira, sem qualquer direção ou pensamento antecipado. É algo ligado ao instinto, talvez devido à nossa opção primitiva de nos mantermos reunidos em grandes grupos quando ameaçados por um perigo externo. Apesar de os animais instintivamente exibirem esse comportamento, os humanos, embora não precisem mais viver ao ar livre e atuar como uma unidade contra os perigos, mantêm, até certo ponto, esse modo de comportamento.

O biólogo evolucionário W. D. Hamilton escreveu no artigo "Geometria para o rebanho egoísta", no *Journal of Theoretical Biology*, de 1971, que, em um grupo de animais fugindo de um predador, cada indivíduo diminui o perigo para si próprio se mantendo o máximo possível junto ao centro. Isso faz com que o rebanho se movimente como uma aparente unidade mesmo se "sua função emerge do comportamento não coordenado de indivíduos que só pensam neles mesmos".

Fugir de um predador nem sempre é a única causa do comportamento de rebanho. Sempre que uma multidão de pessoas que defendem uma mesma causa se reúne, pode haver violência e graves distúrbios. Eventos esportivos frequentemente irrompem em comportamento de rebanho e desastres naturais comumente resultam em saques e num comportamento de rebanho que em circunstâncias normais não teria acontecido. É quase como se o desastre desse permissão para o colapso da ordem social, da moralidade e, até mesmo, do pensamento crítico que poderia levar às decisões adequadas sobre certo e errado.

Acrescente o elemento medo à mistura e você tem o pânico em forma de histeria de massa. Em 1692, na cidade de Salem, em Massachusetts, tivemos um perfeito exemplo de pensamento contagioso que se tornou mortal, resultando em acusações, calúnias e difamações e execução de dezenas de mulheres jovens e velhas e seus defensores. Tudo começou devido ao estranho comportamento de quatro meninas que foi falsamente atribuído à bruxaria feita por uma lavadeira. Sem a intervenção de forças contrárias e objetivas, a histeria de massa pode crescer desmesuradamente e resultar em terríveis ondas de comportamento negativo.

DOENÇA SOCIOGÊNICA DE MASSA

Um tipo de histeria de massa que vemos atualmente é a doença sociogênica de massa que toma a forma de uma onda de relatos sobre uma determinada doença talvez devido a um único caso reconhecido. Por exemplo, seu filho vem da escola com sintomas de resfriado. Subitamente você suspeita que é a gripe suína e conta a outros pais ou mães. No dia seguinte, seus filhos e dezenas de outros estão perdendo as aulas por causa dessa "nova doença mortal". Pode ser que essas crianças estejam de fato com gripe suína, mas é pouco provável. Na verdade, devem estar sofrendo de uma doença de menor importância amplificada em importância por medo e paranoia criados pelos meios de comunicação.

Esse exato cenário aconteceu em 1992, na Flórida, em um acampamento de verão para crianças deficientes. Um dia, na hora do almoço, 150 crianças estavam comendo no refeitório quando uma menina reclamou de dor de estômago. Ela vomitou, e logo outras crianças que comeram as mesmas refeições pré-embaladas fornecidas pelo acampamento começaram a ter os mesmos sintomas de náusea e vômitos, que logo foram atribuídos aos alimentos. O supervisor do programa pôs mais lenha na fogueira anunciando que a comida poderia estar contaminada, o que resultou em 63 crianças doentes. Três hospitais da região receberam as crianças.

Adivinhe! Quando os exames físicos e patológicos não revelaram nenhum mal, todo o problema terminou tão abruptamente como havia começado. As refeições foram submetidas a análises, e estavam em perfeito estado. E nenhuma das crianças que receberam os alimentos em outros 68 lugares teve qualquer sintoma de mal-estar.

Histeria de massa

Apesar de podermos rir diante desse exemplo, nem sempre as coisas terminam tão bem. Ao longo das últimas décadas a histeria de massa tomou múltiplas formas, desde uma epidemia de risadas em Kashasha, África, até a firme crença de milhões de ouvintes de rádio de que a Terra estava sendo invadida por marcianos. Quem já não ouviu falar do famoso programa de rádio do grande cineasta Orson Welles, que dramatizou o livro *Guerra dos mundos*, de H. G. Wells em 30 de outubro de 1938? O que foi produzido como um especial para o Halloween no programa *Mercury Theatre on the Air*, desencadeou um pânico em massa, porque os ouvintes acreditaram na veracidade da narração. O que aconteceu em seguida faz parte da história. Multidões se juntaram na área de Grover's Mill, local onde supostamente os marcianos teriam desembarcado e a polícia foi enviada para controlar a massa crescente. Algumas pessoas chegaram a relatar que tinham visto grandes raios à distância e que sentiram o cheiro de gases tóxicos das naves.

O pânico se espalhou pelo país, sem nenhum fundamento senão um radioteatro numa época propícia do ano. Não é de admirar que pessoas hoje estejam indo para as montanhas ao nos aproximarmos do ano de 2012, quando alguns alegam que o mundo vai acabar, de acordo com supostas previsões do calendário maia. Um dos mais engraçados exemplos de histeria de massa aconteceu em Cingapura, em 1967. De repente, a população masculina entrou em pânico acreditando que seus pênis estavam encolhendo até desaparecer. Alguns infelizes até recorreram a medidas que resultaram em ferimentos graves tentando conter o encolhimento usando anzóis de pesca (puxa vida, que dor!), agulhas e cordões de sapatos.

Somente uma forte campanha patrocinada pelo governo e a mídia conseguiu finalmente acalmar as massas e garantir que seus amados pênis estavam livres de perigo, sem necessidade de anzóis ou lentes de aumento.

Em julho de 1518, em Strasbourg, França, estourou uma praga de dança quando uma mulher chamada Frau Troffea começou a dançar sem descanso pelas ruas da cidade. O "ataque" durou seis dias e dezenas de mulheres se juntaram a ela. No fim, 400 dançarinas percorriam as ruas, e essa epidemia resultou em várias mortes devido a enfartes, derrames e exaustão. Será que esse acontecimento serviu de inspiração para o programa de televisão *Dança dos famosos?* Talvez sim, talvez não.

As pessoas acreditam em qualquer coisa, por mais ridícula, burra ou perigosa para sua saúde, em especial se alguém acreditou nela primeiro.

A causa da crença de massa traz de volta o velho argumento de quem veio primeiro: a galinha ou o ovo? É o pensamento que infecta cada mente em um nível até que o consenso coletivo seja aceito? Ou será que existe uma parte coletiva do cérebro, ou talvez da consciência, que aceita e vivencia uma ideia ou conceito no *exato instante* que milhares ou milhões de outras pessoas o experienciam? Será que de alguma forma são geneticamente programados para pensar e agir de maneira igual, sob certas circunstâncias desencadeadoras?

PAPE

Essas questões têm sido ponderadas e experimentadas de maneiras até impressionantes. No passado, nós escrevemos sobre a surpreendente pesquisa conduzida no Laboratório de Pesquisa de Anomalias da Princeton Engineering (PAPE), envolvendo geradores de eventos ao acaso que parecem indicar intenção de massa num nível precognitivo. O PAPE agora abriu caminho para novos estudos sobre consciência de massa, inclusive o Projeto de Consciência Global e os Laboratórios Internacionais de Pesquisa sobre Consciência, um consórcio de mais de 75 membros trabalhando para ampliar o escopo do PAPE de modo a criar uma estrutura maior, abrangendo a compreensão da realidade, consciência e percepção. O PAPE também incorporou os trabalhos de uma organização chamada Psyleron, que fornece a tecnologia necessária para continuar a atividade que originou o PAPE num esforço para determinar o papel que a consciência desempenha em estabelecer a realidade física. Eu (Larry falando) estou muito entusiasmado porque serei um dos apresentadores de um Projeto EGG de Consciência Global. Ele será um de aproximadamente 120 em todo o mundo. Terei oportunidade de observar dados em tempo real do RNG (Gerador Randômico de Números) e participar de uma pesquisa em andamento sobre o trabalho da GNC, sobre a qual escreveremos no futuro.

A mente individual é anômala em muitas maneiras mas, em termos coletivos, milhões de mentes tendo o mesmo pensamento ou reação a pensamento, de um evento antes de acontecer, sugere a existência de um mecanismo muito além do que algumas grandes mentes pensando igual. Essas novas e ousadas organizações de pesquisa procuram descobrir as origens da percepção de massa, consciência compartilhada e mesmo o poder da intenção em massa para criar a realidade manifesta. Por sorte, muitos dos envolvidos nesses estudos sobre os fenômenos relacionados com a consciência pertencem à comunidade científica, conferindo credibilidade a ideias, teorias e conceitos que antes se imaginava serem restritos ao reino da metafísica.

Apesar de a pesquisa do PAPE, em curso há 27 anos, se focalizar no domínio da interação homem/máquina, medindo os efeitos do pensamento em consciência em caixas-negras produzindo somente dados ao acaso, algumas das mais atuais pesquisas sobre a consciência coletiva vêm do campo dos estudos de intenção. Se existe um efeito de campo de consciência, como sugerem os estudos do PAPE, a escritora e pesquisadora Lynne McTaggart talvez venha a descobri-lo com sua Experiência de Intenção. Descrita como a "maior experiência do poder da mente sobre a matéria", McTaggart, autora de *The Field: The Quest for the Secret Force in the Universe* e *The Intention Experiment*, trabalha em conjunto com organizações como o Instituto Internacional de Biofísica e Instituto de Ciências Noéticas (ICN), e universidades como Princeton e Cambridge. A meta das suas experiência globais, cientificamente controladas e com base na internet (www.theintentionexperiment.com), é determinar se o poder da intenção, ou pensamento focalizado, pode mudar o mundo. Ela usa milhares de voluntários para se envolverem numa intenção coletiva. Na experiência piloto, McTaggart pediu a um grupo de 16 meditadores de Londres para focalizarem seus pensamentos em quatro alvos remotos localizados num laboratório da Alemanha. Esses alvos eram dois tipos de algas, uma planta e um voluntário humano. Os meditadores foram solicitados a abaixar os resultados de processos biodinâmicos específicos e mensuráveis, e mudanças significantes ocorreram nos quatro alvos durante o tempo em que os meditadores "enviaram" suas intenções.

Dan Brown, o autor extremamente popular de *O código Da Vinci*, apresentou esse trabalho e o trabalho do ICN no seu outro livro de enorme sucesso, *O símbolo perdido*, levando o interesse público na intenção e consciência à estratosfera (sem mencionar a ajuda nas vendas do livro de McTaggart e inscrições no ICN!).

Como Brown escreve, o conceito de uma "energia altamente ordenada, capaz de modificar o mundo físico" é o trabalho da sua principal personagem, Kathrine Solomon. Apesar de o livro ser ficção, o conceito e as pesquisas são reais e estão em andamento.

No livro *Virus of the Mind*, Richard Brodie examina o estudo de memes e como eles "infectam" a mente das massas ao longo do tempo. Um meme nada mais é do que "uma unidade de informação em uma mente, cuja existência influencia eventos de tal maneira que mais cópias dele mesmo são criados em outras mentes". Os memes levam a tendências e pontos de virada, massa crítica e consenso da opinião pública. Brodie os chama de "vírus da mente" e sugere que podem ser tanto positivos como destrutivos, dependendo do seu conteúdo e intenção. Com a atual tecnologia facilitando cada vez mais a conexão com outras pessoas em uma escala global, os vírus da mente, sem dúvida, aumentarão com a mesma velocidade dos vírus da internet.

Algumas pessoas temem que os vírus da mente possam infectar gente suficiente para causar uma "praga mental" que poderá resultar na destruição da humanidade. Apesar de termos a esperança de que muitas mentes resistiriam a esse tipo de contágio, a história mostra com que facilidade uma única mente (de novo, Hitler vem à nossa cabeça) pode infectar milhões de mentes e resultar em milhões de mortes. Brodie salienta que as teorias de conspiração são vírus culturais "que podem se alastrar de maneira a dar a impressão de que há de fato uma conspiração sem nenhuma intenção consciente por parte dos participantes". Ele acrescenta que todas as conspirações, com a exceção das mais interessantes, são fáceis de se manter secretas porque "notícias sobre elas não se espalharão se elas não tiverem bons memes".

Memes

Como temos a internet e a comunicação global na ponta dos nossos dedos, os memes se disseminam com maior velocidade do que qualquer epidemia física. Uma vez atingida a massa crítica no público, um meme pode se tornar amplamente aceito como um "fato da vida" muito difícil de ser desmantelado. No entanto, Brodie afirma que se você mesmo espalhar conscientemente importantes ideias, consegue combater os vírus da mente que constantemente bombardeiam seu cérebro. A maioria de nós atravessa a vida cegamente, absorvendo as infecções das ideias e pensamentos dos outros, e depois fica imaginando porque está doente em tantos aspectos. Os vírus da mente têm o poder de nos distrair, de nos controlar e até mesmo de criar nossa percepção. Se um meme fosse suficientemente poderoso e amplamente disseminado, ele seria capaz de fazer um grupo de indivíduos acreditar que azul é verde e verde é azul.

O problema é que a programação feita por esse vírus mental ocorre num nível totalmente subconsciente, o que dificulta mais sua detecção e combate. Brodie, contudo, acredita que o conhecimento tem o poder de "desinfectar", e quando pensamos em todas as pessoas que abandonaram cultos e tiveram de ser "desprogramadas" para voltar à normalidade, um processo às vezes muito longo, conseguimos compreender como esses vírus mentais podem ser influentes e efetivos.

Quer aceitemos, consciente ou subconscientemente, conceitos, memes e tendências, não temos como escapar das constantes tentativas do nosso ambiente externo de agrupar os pensamentos bem-arrumadinhos em categorias de conformidade. Quer por meio de crença religiosa, filiação política ou posição social, não é raro aceitarmos a percepção de massa como mais importante do que a nossa. É aqui que podemos entrar numa bela encrenca como sociedade. Mas, como os próximos capítulos mostrarão, ela também cria um caldo de cultura incomum para o surgimento de anomalias desconhecidas que, de outra forma, poderiam ficar fora do quadro.

Talvez o melhor modo de encarar cérebro, mente e consciência é pensar novamente em um automóvel. O cérebro é o carro. O motorista é a mente. O combustível é a consciência. Nenhum deles funciona sem os outros. Eles todos trabalham juntos para criar um veículo indo numa direção ou sem direção. A direção é determinada com base nas percepções do motorista e o carro não se desvia dela sem um esforço consciente do motorista que escolhe tomar uma outra direção. Numa rodovia existem bilhões de carros com bilhões de motoristas usando bilhões de litros de combustível. Alguns estão indo na mesma direção e muitos estão indo para um lugar que só interessa a eles.

A consciência coletiva e a percepção de massa acontecem quando certo número de motoristas faz a mesma escolha de virar o carro para uma estrada diferente ou falha em escolher seu próprio caminho e cegamente vai atrás dos carros à sua frente (pense em cultos e pensamento em grupo). Dependendo da percepção das massas, o resultado final pode ser um imenso congestionamento, com muitas batidas, engavetamentos, ataques de raiva e acidentes, ou uma fileira de carros levando seus motoristas ao mesmo destino desejado com tranquilidade, sem esforço e com alegria.

Mahatma Gandhi uma vez disse que nossas crenças se tornam nossos pensamentos, que, então, se tornam palavras, que, então, se tornam atos, que, então, se tornam hábitos, que, então, se tornam valores, que, então, se tornam o destino. Ao longo da nossa jornada de vida podemos escolher seguir a multidão ou afastar nossa percepção consciente do rebanho e criar nosso próprio destino. Quer tudo isso ocorra, ou não, no cérebro, na mente e na consciência, ou por combinação dos três, não tem tanta importância como a compreensão de que alinhamos os três para trabalhar juntos pelo nosso bem comum. A ciência anseia o papel que cada um deles desempenha, mas, para os não cientistas como nós, podemos descansar confiantes de que não importa de onde se originem pensamentos e percepção, temos o poder de modificá-los às vezes apenas pela mudança na nossa percepção.

Muitas vezes, agir dessa forma pode abrir novos mundos que nem sabíamos existir ou não nos atrevíamos a acreditar.

CAPÍTULO 5

Assustadores: isto é o que seu cérebro pensa sobre fantasmas

Os fantasmas, como as damas, nunca falam até que alguém se dirija a eles.
Richard Harris Barham

Agora, falando desses fantasmas. Tenho certeza de que estão aqui, e eles não me assustam tanto. Tenho mais medo de encontrar os malucos que sou obrigada a ver todos os dias.
Bess Truman [a respeito dos fantasmas da Casa Branca]

Depende do que você realmente acredita.
É a crença numa coisa que a faz acontecer.
Frank Lloyd Wright

Passam alguns minutos das três da madrugada. Estou aqui com os membros do meu grupo, o ARPAST, Equipe de Estudos do Paranormal e Anômalo de Arkansas. Estivemos investigando um local supostamente assombrado desde o início da noite. Semanas de pesquisas e planejamento nos trouxeram a esta noite e agora estou pronto para pôr um ponto final nela. Até a cama dura de um motel barato me parece confortadora. Exausto física e mentalmente devido a longos períodos alternando entre ficar em pé, sentado e andando, lembro dos meus anos como pesquisador de campo e imagino como consegui chegar até aqui. Enquanto estou sentado, esperando a última troca de turno, eu me pergunto, por quê? Por que eu fico procurando por um baú de pirata cheio de ouro? Por que não existe uma prova física e sólida? Será que estamos procurando nos lugares errados? Sei que a ampla maioria de eventos relatados é facilmente explicada por vias convencionais. Pudemos demonstrar às pessoas que insistem em afirmar que têm provas sobre a atividade paranormal que existem explicações mundanas baseadas em métodos estritamente científicos, tecnologia de ponta e o velho e bom senso comum. Naturalmente, de tanto em tanto surgem fragmentos surpreendentes e intrigantes, como para testar nossa dedicação e resolução. Apesar de estar envolvido na pesquisa paranormal há muitos anos, ainda posso contar em quatro dedos o número de eventos que testemunhei e que fomos incapazes de destrinchar, mesmo pedindo ajuda aos nossos colegas de todo o país.

A busca por conhecimento e verdade, sem dúvida, pode nos levar a trilhar estranhos caminhos. Será que estamos desperdiçando nosso precioso tempo, energia e dinheiro pesquisando um mistério intangível? Como foi que o tema da agonia e morte e a pós-vida se tornaram um princípio tão central na religião, filosofia e vida cotidiana?

Larry Flaxman, coautor

Desde que começamos a existir como uma espécie capaz de ter sentimentos, o ser humano mostrou-se fascinado com a própria mortalidade. No entanto, pesquisas sérias sobre "vida depois da morte" e o paranormal só começaram há cerca de 160 anos. A partir do advento do Movimento Espiritualista, em 1848, muitos passaram a acreditar que existia vida depois da morte do corpo físico e que o espírito humano ia muito além desse corpo. Um dos aspectos mais notáveis desse movimento era a crença de que os espíritos podiam se comunicar livremente com os vivos. Os primeiros esforços para obter essa comunicação pediam o uso de um médium, que entrava em um profundo estado de transe para facilitar a passagem de mensagens do além. Havia, também, praticantes que conseguiam produzir fenômenos físicos, que afirmavam ser o trabalho de espíritos, como luzes misteriosas, música astral, levitação de objetos, vozes sem corpo, emanação de "ectoplasma" e aparições.

Sessões realizadas em salas pouco iluminadas eram consideradas um dos mais produtivos meios para a comunicação com os espíritos dos mortos. Os médiuns, muitas vezes, projetavam cuidadosamente essas salas para criar o "clima" adequado para satisfazer as expectativas dos convidados de entrar em um ambiente favorável para o contato com os falecidos. Geralmente esses participantes sentavam-se em torno de uma grande mesa, com o médium na cabeceira. As sessões duravam de 30 minutos a várias horas e a maioria delas se vangloriava de apresentar uma variedade de fenômenos espetaculares como batidas na mesa, objetos voando em torno da sala, velas se apagando e depois acendendo espontaneamente e outros efeitos incomuns.

Com certeza, muitos desses primeiros investigadores paranormais eram bem-intencionados, mas, infelizmente, os recessos mais escuros da natureza humana logo começaram a sobressair. O público, em geral, acorreu a esses salões à procura de respostas. Se de fato havia vida após a morte e os espiritualistas, de certa forma, tinham provas disso, todos queriam saber como ela seria. Esse furor acabou gerando investigações críticas e muitos médiuns caíram em desgraça ao ser provado que eles eram charlatães e estelionatários. Ficou claro que muitos indivíduos que atuavam nesse campo eram grandes mentirosos e só pensavam em ganhar dinheiro e fama.

Apesar de provavelmente existirem médiuns legítimos, o Movimento Espiritualista recebeu um soco no estômago e acabou por volta de 1900. No entanto, o desejo do público de saber mais continuou o mesmo. Com o advento da Primeira Guerra Mundial, milhares de pessoas enlutadas voltaram a procurar sessões espíritas, tábuas Ouija e médiuns com renovado vigor. Foi uma segunda onda muito forte e breve. Entretanto, o interesse público esfriou e, na década de 1920, a era dos médiuns foi desaparecendo, principalmente por causa dos ataques de mágicos e céticos que denunciaram as fraudes e mesmo feriram de verdade os médiuns que talvez tivessem habilidades reais. A partir dessa época as materializações físicas foram sendo abandonadas e só restou o "trabalho mental".

O público ainda não estava satisfeito e começou a procurar novos métodos para se comunicar com seus entes queridos falecidos. Passar dos médiuns "mentais" para a tecnologia foi a progressão natural, em especial sob a luz do grande avanço tecnológico que começou na década de 1920.

UMA BREVE HISTÓRIA DA TECNOLOGIA PARA FALAR COM OS MORTOS

Anos 1920: O público, em geral, não sabe que Thomas Edison tentou inventar uma máquina para possibilitar a comunicação com os mortos. Ele escreveu: "Se nossa personalidade sobrevive, é perfeitamente lógico ou científico imaginar que ela retém memória, intelecto, outras faculdades e o conhecimento que adquirimos neste planeta. Portanto... se pudermos criar um instrumento tão delicado que possa ser afetado pela nossa personalidade no outro lado da vida, ele deverá ser capaz de registrar alguma coisa."

Obviamente Edison não foi bem-sucedido em seu desejo, mas parece que ele acreditava que seria possível captar vozes de desencarnados com uma máquina.

Anos 1930: Em 1939, Attila von Szalay, um fotógrafo norte-americano, experimentou usar um gravador de disco de fonógrafo para captar vozes de espíritos. Dizem que ele obteve algum sucesso com o método, mas, anos depois, obteve resultados muito melhores usando um gravador com fio magnetizado. No final da década de 1950, os resultados de suas experiências ficaram documentadas em um artigo da American Society for Psychical Research.

Anos 1940: No final da década, Marcello Bacci, de Grosseto, Itália, afirmou ter sido capaz de captar vozes de mortos em um rádio de válvulas.

Anos 1950: Em 1952, dois sacerdotes católicos, padre Ernetti e padre Gemelli, inadvertidamente, captaram vozes do além enquanto gravavam cantos gregorianos em um magnetofone. Quando seu trabalho começou a atrasar porque o fio da máquina não parava de quebrar, padre Gemelli levantou os olhos para o céu e pediu ao seu falecido pai que o ajudasse. Para grande choque dos dois homens, a voz do pai foi ouvida na gravação, dizendo: "Claro que vou ajudá-lo. Estou sempre com você." Experiências posteriores confirmaram o fenômeno.

Em 1959, Friedrich Juergenson, um sueco produtor de filmes, estava gravando cantos de pássaros. Ao ouvir a gravação em casa ele pôde perceber a voz da sua mãe, dizendo: "Friedrich, você está sendo observado. Friedel, meu querido Friedel, você pode me ouvir?" Suas subsequentes gravações de centenas de vozes lhe valeram o título de Pai da EVP (fenômenos da voz eletrônica, em inglês). Ele escreveu dois livros sobre o assunto: *Voices from the Universe* [Vozes vindas do universo] e *Radio Contact with the Dead* [Contato com os mortos por meio do rádio].

Anos 1960: O trabalho de Juergenson despertou a atenção de um psicólogo letão chamado Dr. Konstantin Raudive. Inicialmente cético, Raudive começou suas próprias experiências em 1967. Também gravou a voz da sua mãe falecida dizendo: "Kostulit, é sua mãe." Esse era o apelido como ela o chamava na infância. Raudive gravou milhares de vozes EVP.

Anos 1970 e 1980: Os pesquisadores espíritas George e Jeanette Meek uniram suas forças com o sensitivo William O'Neil e gravaram centenas de horas de EVP usando osciladores de rádio. Eles alegam que foram capazes de captar conversas com o espírito do Dr. George Jeffries, um professor universitário e cientista da NASA.

Anos 1990 até o presente: O EVP continua sendo testado por um grande número de indivíduos, organizações e sociedades de pesquisas sobre fantasmas.

Adaptado de *About.com/Paranormal*.

Atualmente, existem milhares de grupos de "caça-fantasmas" disseminados por todo o mundo. Talvez impulsionados pela onda de programação paranormal na televisão, todos consideram a paranormalidade algo comum e procuram fazer suas próprias experiências. Há poucos anos, seríamos chamados de "esquisitos" ou "estranhos" devido ao nosso envolvimento com esses fenômenos, mas hoje somos considerados normais. Subitamente, essa atividade virou *cool*! Usando novos métodos e tecnologias muito diferentes das usadas há 160 anos, esses valentes pesquisadores conduzem estudos sobre localidades assombradas (que quase sempre são escuras e fantasmagóricas) num esforço para descobrir o "tesouro do pirata". Ainda assim, não estamos mais perto das respostas que todos procuramos. A ciência finalmente se interessou pelo que consideramos "paranormal"? Houve pesquisas científicas acuradas sobre a causa desses eventos anômalos? Para não deixá-lo em suspenso, respondemos um forte SIM, mas falaremos disso mais adiante.

E se lhe disséssemos que o cérebro humano é o responsável por tudo que percebemos — real ou imaginário? Você acreditaria nisso? Parece coisa de maluco, não é?

Podemos demonstrar, com uma das ilusões mais simples, que nossa percepção do mundo molda nossa realidade. Se você estivesse numa estrada de ferro verdadeira a linha mais ao longe parece maior que a mais próxima a você? A linha superior parece maior porque nosso cérebro interpreta as linhas laterais como sendo linhas paralelas, que se perdem na distância. Existem milhares de sites apresentando ilusões de ótica, truques do cérebro e outras anomalias da mente. Nosso preferido é *www.scientificpsych.com/graphics*. Portanto, se algo tão simples como nossa interpretação visual pode ser errada, o que pensar sobre nossos outros sentidos? Será possível que estamos percebendo de maneira errada muito do que consideramos "normal"? Houston, temos um problema! E se nada do que vivenciamos é tão verdadeiro como parece? Você está vendo a linha entre o paranormal e o normal se tornar borrada? Segure esse pensamento enquanto atiramos um outro fator nessa mistura.

Nossa observação e interpretação de eventos passados funcionam como um vasto banco de dados de conhecimento que podemos acessar instantaneamente e obter informações para entender as experiências do presente. Essa informação histórica, quando combinada com nossos sentidos perceptivos operando em "tempo real", adiciona automaticamente um "desvio". É isso que forma a personificação total de quem somos, o que experienciamos e como interpretamos subjetivamente essas experiências.

Portanto, com a possibilidade da percepção ser incorreta ou distorcida, o que é real? Fantasmas, demônios, OVNIs e outros mistérios são apenas construções psicológicas da nossa própria realidade perceptual? Será que eles existem em verdadeira forma física? Provas físicas são mínimas, mas os depoimentos sugerem que há mais em questão do que um simples sim ou não.

Eu (Larry) podia presentear você com numerosos e, muitas vezes, cômicos exemplos de más interpretações nos anos de minhas pesquisas no campo do paranormal. Pode parecer incrível, mas termos como matrix, paradolia e apophenia abundam na análise de "indícios" paranormais. Quer seja devido à falta de conhecimento, ignorância ou até fraude, é um fato infeliz constatar que muitos grupos paranormais proferem lixo pseudocientífico como prova legítima do paranormal. Mesmo depois de descontar o óbvio, restam dados de surpreendentes experiências pessoais que, por não serem admissíveis em termos científicos, ainda oferecem vislumbres fascinantes da psique humana e servem para comparar diferentes percepções.

Seria incrivelmente míope estudar o paranormal ou qualquer outro tópico inexplicado ou anômalo sem também examinar o único elemento comum sempre presente em cada encontro: NÓS! O aspecto humano é inegável e pesquisas nesse campo provavelmente representam o melhor meio de determinar as respostas a tudo que procuramos. Com organizações como o Instituto de Ciências Noéticas, o ARPAST e os Laboratórios Internacionais de Pesquisa da Consciência levando a evolução da pesquisa do desconhecido para novas e completamente diferentes direções, os próximos anos prometem ser muito empolgantes.

REALIDADE SUBJETIVA

Faz parte de nossa abordagem científica acreditar que é importante investigar todas as possíveis avenidas e explicações para o que é percebido como um fenômeno paranormal. Como vimos claramente na demonstração da Ilusão de Ponzo, as percepções podem moldar nossa realidade. Mas até onde vai esse paradigma? É possível que nossas percepções, às vezes, não só estejam "incorretas", mas podem ser modificadas ou adaptadas com base em uma influência externa? Em outras palavras, e se não formos os únicos responsáveis por nossa própria percepção consciente? Será que uma coisa ou alguém pode impulsionar ou persuadir nossa realidade?

Uma das mais intrigantes experiências da ARPAST é a "implantação" e "semeadura" de fatos falsos ou enganadores imediatamente antes de começar uma investigação paranormal para determinar o nível de influência que as percepções de uma pessoa pode exercer sobre sua realidade subjetiva. Estávamos querendo saber se uma influência externa (uma história de ficção) podia influenciar a realidade perceptiva de uma pessoa e para isso lançamos mão de licença poética para adicionar detalhes mentirosos sobre o fenômeno relatado. Perdoe-nos o pecado venial!

Formando dois grupos, um de controle e o outro, experimental, e neste introduzindo essas "mentirinhas", fomos capazes de confirmar a existência de um óbvio contraste. Seis dos oito investigadores do grupo experimental registraram dados significativamente maiores do que os do grupo de controle. Suas experiências coletivas acompanharam de perto o que tinham ouvido de nós. Em um exemplo, eles foram informados de que tínhamos recebido inúmeros relatos sobre uma menininha que gostava de sussurrar no ouvido das pessoas. O que você acha que aconteceu? Durante o curso da investigação cinco pessoas das oito no grupo experimental contaram ter ouvido uma voz que acreditavam ser de uma garota. Um indivíduo foi ainda mais fundo, descrevendo que a "menininha" tinha entre 3 e 4 anos e falava com um claro sotaque sulino.

Enquanto eu (Larry) estava dando uma palestra no Texas, me pediram para conduzir um grupo que ia fazer investigações em dois lugares diferentes, que, de acordo com depoimentos, eram muito assombrados. O grupo era formado de 40 pessoas, vindas dos mais diferentes campos de atuação. De início fiquei um pouco apreensivo porque não é fácil lidar com tantos indivíduos. Mas eu estava alinhado com o cosmos e felizmente ele estava a meu favor naquele dia. Tudo correu bem e todos nós nos divertimos muito! Além disso, tive a oportunidade de usar a experiência acima. No segundo local — um velho casarão atualmente sendo usado como loja de antiguidades — decidi liberar "a caixa".

Os que leram nosso segundo livro, *The Resonance Key* [A chave da ressonância], talvez se lembrem que falamos desse instrumento um tanto controverso. Para os que não leram (vergonha — saiam correndo para comprá-lo), a caixa é um aparelho eletrônico que atualmente é a estrela da investigação paranormal. Fabricado por Frank Sumption, ele é, basicamente, um receptor de áudio que percorre as frequências das transmissões em AM de maneira aleatória. A caixa supostamente permite a conversa entre o indivíduo e os espíritos. Ela é encontrada com facilidade no mercado, mas muitos grupos paranormais desenvolveram versões caseiras da "caixa fantasma" usando antigos rádios modificados. O "júri" ainda está reunido para avaliar o aparelho, mas muitos céticos proclamam que os tais sussurros podem ser facilmente explicados por meio de programas de áudio mais modernos.

Mas voltemos à investigação. Coloquei a caixa numa mesa e os presentes, um a um, começaram a fazer perguntas para o aparelho com a intenção de ouvirmos as "respostas". Fazia pouco tempo que eu havia me consultado com um médico para um *check up* e ele havia testado minha audição. Segundo o médico, minha reação auditiva era muito melhor que a de um adolescente! Embora eu confesse que, às vezes, pratico "audição seletiva", a constante alegação de minha esposa que eu não ouço nada do que ela fala não tem nenhum mérito.

Então, sabendo que eu possuo uma audição digna do Super-homem, posso afirmar que tudo o que eu ouvi não passava de estática e nada era discernível. De início, não houve nenhum consenso sobre este ou aquele ruído, mas, com o prosseguimento da sessão, aconteceu algo muito interessante. Uma participante do grupo de repente começou a "ouvir" respostas, e quando perguntou se alguém mais estava conseguindo, quase todos disseram que sim! Ela fazia uma pergunta e depois perguntava: "Vocês ouviram isso? Ele disse o meu nome!" A sala explodia numa sinfonia de vozes espantadas enquanto todos ouviam as mesmas respostas! Isso continuou por uns 45 minutos. Infelizmente, minha extraordinária audição me enganou, porque nunca ouvi nada de substancial saindo daquela caixa! Entretanto, estava bem claro que a mulher estava influenciando os outros a ouvirem o mesmo que ela por meio do poder da sugestão, criando e manipulando as realidades subjetivas dos seus companheiros de grupo!

A verdade é que não somente somos capazes de influenciar a percepção de uma pessoa e manifestar a realidade, como também conseguimos criá-la. Num dos próximos capítulos discutiremos o trabalho do Dr. Michael Persinger, professor da Laurentian University, em Sudbury, Canadá, que criou um aparelho chamado por ele de "O Elmo de Deus". A máquina com essa denominação um tanto pretensiosa é capaz de simular uma experiência paranormal bombardeando o cérebro com frequências eletromagnéticas.

E, então, é real ou imaginação? Fizemos uma série de perguntas para um grupo formado por alguns dos mais brilhantes peritos em seus respectivos campos de atividade. Queríamos conhecer suas ideias e pensamentos a respeito de suas próprias pesquisas sobre consciência e paranormalidade. Respostas vieram de: Michael Schmicker, escritor e membro da Junta de Conselheiros do Centro Rhine de Pesquisas; Dra. Pamela Heath, escritora e parapsicóloga; Stanley Krippner, Ph.D., professor de psicologia da Saybrook University; Nick Redfern, escritor, ufólogo e pesquisador; Loyd Auerbach, MS, diretor do Escritório das Investigações Paranormais e membro da Junta Consultiva do Centro Rhine de Pesquisas; Jay Alfred, escritor e pesquisador da teoria do Plasma Escuro; Meghan Shannon, da Ayahuasca Shamanic Apprentice; Dale E. Graff, físico e escritor, ex-diretor do Projeto Stargate, que atualmente dirige a PSI-Seminars Initiative, focado em visão à distância.

QUE PAPEL, EM SUA OPINIÃO, A CRENÇA DESEMPENHA NA MANIFESTAÇÃO DE FENÔMENOS PARANORMAIS?

A crença pode ajudar na criação de condições que levam à produção de fenômenos psi — ver estudos do Dr. JB Rhine e experiências "sheep-goat", de Gertrude Schmeidler. Até mesmo a simples abertura à possibilidade de atividades paranormais aumenta as probabilidades de sucesso em experiências psi. Um efeito já está provado. O papel da consciência (atenção, intenção) deve ser levado em conta em qualquer discussão científica de psi.

Michael Schmicker

Para ver o papel que a crença desempenha nos fenômenos paranormais é preciso separar diferentes tipos de eventos. Experiências sugerem que a crença só é relevante quando se faz ESP intencional ou interação mente-matéria (MMI, na sigla em inglês) em um estado de consciência normal, ou relativamente normal, ou diante de observadores hostis. Os sistemas de crença não parecem influir muito no psi espontâneo — que frequentemente envolve grande emoção e ocorre em todas as culturas, independente de crenças — ou em casos onde estados significativamente alterados de consciência (como meditação profunda, transe ou sonhos) estão envolvidos. Talvez seja porque os estados alterados podem causar a dissociação da identidade do ego e a suspensão do pensamento analítico, o que efetivamente faz as crenças terem um papel irrelevante. Porém, a experiência psi bem-sucedida tende a alterar as crenças da pessoa.

Dra. Pamela Heath

Uma quantidade considerável.

Stanley Krippner, Ph.D.

Depois de mais de 20 anos investigando fenômenos anômalos e Forteanos, concluí que a crença desempenha um tremendo papel na manifestação de fenômenos paranormais. Confesso que quando comecei a me interessar pelo mundo do paranormal eu, como muitas pessoas, acreditava que o Pé Grande era um símio, que OVNIs eram máquinas voadoras alienígenas, com parafusos e tudo, e que a criatura do lago Ness era um dinossauro sobrevivente. Todavia, quanto mais eu me aprofundava no tema de fenômenos inexplicáveis, mais comecei a perceber que esses fenômenos — e muitos outros, também — não eram somente estranhos. Eles eram estranhos demais. O Pé Grande não é só esquivo; ele é esquivo a ponto de ser um fantasma. O mesmo aconte-

ce com os OVNIs: jamais conseguimos uma mísera prova definitiva, nenhum corpo de aliens, nenhum pedaço de metal alienígena etc. Isso também vale para o lago Ness: a prova nunca aparece. Atualmente, acredito que essa falta de provas ocorra porque nenhuma dessas "coisas" são físicas — pelo menos não no sentido que normalmente compreendemos e interpretamos como física. Em minha opinião, a crença nesses fenômenos, literalmente, deu à luz esses mesmos fenômenos. Em suma, as crenças intensas podem levar a uma manifestação espontânea e à existência.

Nick Redfern

Em primeiro lugar, vou definir "fenômenos paranormais" para fundamentar minhas respostas relacionadas com experiências, habilidades e fenômenos psíquicos. Os OVNIs têm pouco a ver com o psi (a não ser que sejam ETs de verdade comunicando-se por telepatia e os OVNIs sejam, às vezes, projeções psíquicas). Os cryptids são criaturas biológicas que também têm pouco a ver com o psi, a não ser que sejam sensitivas.

Os parapsicólogos há muito pesquisam a correlação entre crença e fenômenos e habilidades psíquicas. Os humanos são necessários para todos os fenômenos psíquicos, seja como participantes ou testemunhas, vivos ou falecidos. A crença é um elemento dos sujeitos ou testemunhas vivos que lhes permite perceber ou pelo menos notar uma percepção de que algo paranormal está acontecendo. No laboratório, os crentes tendem a marcar mais pontos do que seria esperado do acaso enquanto os descrentes marcam os mesmos pontos do acaso ou abaixo dele (o que é tão improvável como marcar acima do acaso).

Não obstante o quanto alguém é receptivo/psíquico a impressões telepáticas ou outras do mesmo teor, a crença está muitas vezes envolvida na verdadeira percepção consciente do fenômeno. Coisas poderiam estar acontecendo à sua volta e você talvez seja psiquicamente capaz de captar a informação ou experiência, mas sua mente consciente poderá não notar o que está ocorrendo ou sua descrença poderá fazer com que você ignore totalmente a percepção.

Isso não se limita à percepção psíquica, porque parapsicólogos estabeleceram que as pessoas, às vezes, não "percebem" (ver, ouvir, sentir) algo que está entrando em conflito com sua crença sobre como o mundo funciona.

No nível inconsciente, tudo é diferente, e isso explica porque até pessoas descrentes podem ter experiências psíquicas que, se forem suficientemente grandes ou emocionantes, serão notadas. Em geral, essas pessoas inventam uma desculpa ou outra explicação que lhes permita voltar a viver como antes.

Os fenômenos poltergeist são causados pela mente inconsciente de um agente vivo, que não sabe que está causando fenômenos de movimento, físicos e de destruição de objetos. Eles acontecem devido a estresse do agente e podem ser entendidos como uma válvula de escape. No entanto, nesses casos, a crença é irrelevante.

Por outro lado, a crença está no coração da habilidade de psicocinese — da mesma maneira que a crença em si próprio está no cerne de um extraordinário desempenho nos esportes (sem ajuda de esteroides, claro).

Loyd Auerbach

Estudos sobre neurociência mostraram que as expectativas, que são baseadas em nossas crenças, têm importante papel na estruturação ou contextualização de dados sensoriais. Na verdade, não vemos ou ouvimos diretamente os dados que estão sendo captados, mas somente a hipótese do cérebro sobre o que eles significam. Portanto, a percepção é um processo ativo modulado pelas crenças. Por isso, em muitos casos, fenômenos comuns e mundanos podem ser erroneamente classificados como paranormais quando estamos dispostos a encontrar uma explicação paranormal. Mas o reverso também acontece. Em suma, os fenômenos paranormais podem ser mal-entendidos e subsequentemente classificados de maneira errada como mundanos quando estamos dispostos a encontrar explicações não paranormais.

O sistema de crenças de um cético pode bloquear percepções talvez muito evidentes para um sensitivo, resultando em alucinações negativas. Embora as alucinações positivas ocorram quando uma presença é vista ou sentida enquanto outros não a percebem, as alucinações negativas acontecem quando um objeto é visto somente por certas pessoas, mas não por um observador em particular. Trata-se de uma "cegueira" causada pelo sistema de crenças da pessoa. Crenças e consequentes expectativas desempenham um papel mais dramático quando objetos exibem um comportamento associado a sistemas quânticos inerentes. As propriedades físicas do objeto percebido podem ser alteradas, dependendo do contexto onde a observação é feita.

Jay Alfred

Acredito que a crença é traiçoeira quando está se vendo além do mundo físico. Se o indivíduo tem fortes crenças na inexistência dessas coisas, ele cria paredes e bloqueia o potencial para ver algo que realmente está ali. Ao mesmo tempo, se uma pessoa tem um desejo intenso de ver alguns fenômenos, também acredito que seja possível querer tanto a ponto de ela "imaginar" coisas que não estão ali. Uma mente verdadeiramente aberta permitiria o máximo de objetividade para alguém ver o que está num determinado lugar sem nenhuma ligação emocional. Nessa forma, a mente é a mais clara.

Megan Shannon

Não tenho certeza se "manifestação" é a melhor palavra. Talvez "experienciar" seja melhor. O termo paranormal tem muitos significados, dependendo das preferências e bagagem cultural do indivíduo. Para mim, paranormal é um termo muito amplo, que inclui experiências geralmente consideradas como fenômenos psi, como percepção extrassensorial (PES) e casos de aparente interação mente-matéria, que costuma ser chamada de psicocinesia. O paranormal também pode incluir experiências sem um componente psíquico, como experiências visuais ou auditivas que poderão ou não existir na realidade física.

Dale E. Graff

As experiências psi/PES se relacionam com a percepção de informações que não seriam acessíveis pelos meios sensoriais ordinários. A informação PES pode ser vivenciada como uma impressão ou intuição através de um modo sensorial visual, auditivo ou outro qualquer, e é percebida tanto enquanto o indivíduo está acordado, sonhando ou em outro estado alterado. Às vezes, as impressões PES se sobrepõem a impressões vindas pelos sentidos comuns. A informação pode ser autoevidente ou mal-interpretada por causa de expectativas, distorções ou percepções incompletas. Algumas experiências paranormais podem não estar fundamentadas na PES, sendo resultado de interpretações apressadas de informações sensoriais comuns ou de algum tipo de experiência interior aparentemente ocorrendo na realidade externa.

O papel da crença na realidade dos fenômenos psíquicos, como PES, visão à distância ou precognição (percepção do surgimento de eventos futuros) é importante para o psi ser conscientemente vivenciado. No entanto, a crença não é essencial. Alguns indivíduos que não acreditam em psi demonstraram resultados fora do acaso em experiências de laboratório. Outros tiveram experiências psi incomuns e verificáveis apesar de não terem crença anterior no fenômeno.

A crença pode ser muito importante em alguns casos em que os dados sensoriais ordinários estão incompletos ou a informação psi não é claramente percebida, quando as percepções podem ser interpretadas com base nas expectativas. Um indivíduo vê o que esperam que ele veja. A percepção pode estar correta ou muito distorcida. De maneira similar, alguém que não acredita em nenhum tipo de experiências incomuns provavelmente não verá o que estaria ao seu dispor através do psíquico ou dos sentidos ordinários. A mudança das interpretações corretas para incorretas pode ser agravada pelo estado emocional. Medo, entusiasmo, emoções extremas podem produzir o rápido encerramento das percepções, quer de origem psíquica ou sensorial. Crença, expectativas e emoções exercem um papel significativo na interpretação das percepções. A crença tem a sua importância, mas não é obrigatoriamente necessária para a ocorrência da percepção psíquica.

Crença e expectativa podem ser um atributo mental passivo ou receptivo. A emoção auxilia a criar o ambiente para certas experiências. No entanto, a intenção, em nosso modo de ver, é o mais importante atributo mental para vivenciar e inclusive manifestar os fenômenos psi e uma variedade de experiências paranormais. A intenção cria uma dinâmica interior e se orienta para a meta. Intenções são as que abrem portas, que ativam uma ampla gama de capacidades e experiências, tanto ordinárias como paranormais.

VOCÊ ACREDITA QUE A MAIORIA DOS FENÔMENOS PARANORMAIS SERIA UMA CONSTRUÇÃO DO CÉREBRO/CONSCIÊNCIA? EM OUTRAS PALAVRAS, ESTÁ TUDO NA MENTE? SE ISSO É UM FATO, VOCÊ PODERIA INDICAR UMA PARTE DO SEU TRABALHO QUE SUGERE ESSA POSSIBILIDADE?

Não. Em minha experiência, os que propõem essa possibilidade lamentavelmente ignoram (às vezes, por desejo próprio) a imensa quantidade de evidências sólidas sobre o psíquico — tanto obtidas em laboratório como nas pesquisas de campo de alta qualidade. Precisamos começar a colocar a evidência antes da teoria. Siga as evidências sem pré-julgamento.

Michael Schmicker

Isso gera uma pergunta capciosa: o que é a consciência? Ainda não sabemos. Alguns afirmam que tudo — toda a existência — é uma construção da consciência. Se fosse assim, todos os fenômenos normais e paranormais estariam "na mente". Se você está perguntando sobre ilusão e autodecepções, então eu diria absolutamente não. Já vi fenômenos psíquicos que simplesmente não poderiam ser explicados por meios normais. Sou especializada em pesquisas experienciais e interação mente-matéria (MMI, na sigla em inglês). Nos últimos 17 anos, vi coisas impressionantes, corri atrás de mesas em uma sala, entortei colheres em espiral que não seria capaz de entortar com minhas mãos, movi objetos e vi ferimentos cicatrizarem muito mais rápido do que meu treinamento médico diria ser possível. A consciência pode interagir com a matéria de maneiras tangíveis. Mesmo que você queira chamar algo de paranormal ou anômalo, está claro para mim que coisas interessantes são possíveis.

Dra. Pamela Heath

A pergunta está muito malformulada porque todos os fenômenos são construções do nosso cérebro/mente, por isso eu responderia sim.

Stanley Krippner, Ph.D.

Tenho certeza que sim. Pense no caso de Alexandra David-Neel, nascida em 24 de outubro de 1868, na França. Ela foi a primeira mulher a receber o título de lama, no Tibete. Durante sua vida quase centenária, David-Neel viajou por toda a Ásia, concentrando-se principalmente no Himalaia, e em 1932 escreveu um livro notável sobre suas andanças, chamado Magic and Mystery in Tibet [Mágica e mistério no Tibete].

Ela ficou fascinada com o mundo dos Tulpas — entidades que atingem uma forma de realidade depois de terem sido criadas exclusivamente na imaginação. O processo exige uma imensa habilidade, mas os treinados na arte do Tulpa podem atrair suas criações para fora dos confins de sua mente, trazendo-os para o mundo físico.

Mas existem ocasiões problemáticas em que um Tulpa consegue sair da imaginação para a realidade por vontade própria ou quando começa a agir contra a vontade do seu criador.

David-Neel escolheu criar seu próprio Tulpa e visualizou um monge baixo e gordinho, muito alegre, fazendo lembrar o personagem Frei Tuck da lenda de Robin Hood. O processo de criá-lo foi longo e árduo, mas finalmente ela conseguiu ver sua criação fora de sua mente. Um novo tipo de vida espectral havia surgido.

Com o passar do tempo, a visão cresceu em claridade e substância até deixar de se distinguir da realidade física. Um dia, porém, a alucinação escapou do controle consciente de David-Neel. Para seu horror, ela descobriu que o monge começou a aparecer em ocasiões em que sua vontade não estava envolvida. Além disso, seu pequenino e gracioso monge ia mudando de aparência tornando-se cada vez mais sinistro.

"Comecei a fazer a concentração de pensamento indicada e vários rituais", escreveu ela sobre o início da formação do Tulpa. "Depois de alguns meses, o monge fantasma ficou pronto. Sua forma foi ficando cada vez mais fixa e real. Ele tornou-se um tipo de hóspede, morando em meu apartamento. A certa altura resolvi sair da minha reclusão e comecei uma viagem levando tendas e vários criados."

Ela acrescenta: "O monge se incluiu no grupo. Apesar de eu passar a maior parte do dia ao ar livre, cavalgando, a ilusão persistia. Eu não precisava mais pensar no monge para ele aparecer. O fantasma fazia várias ações que são naturais para viajantes, mas que eu não havia ordenado. Ele caminhava ao lado da pequena caravana, parava e olhava para a paisagem. A ilusão era visual, na maioria das vezes, mas em certas ocasiões eu sentia um hábito roçando em mim ou uma mão tocando meu ombro."

Um tanto assustada, ela continua: "As feições que eu tinha imaginado ao construir meu fantasma, pouco a pouco foram se modificando. O monge gordinho e risonho foi ficando mais magro, seu rosto assumiu um ar maligno, vagamente zombador, dissimulado. Ele tornou-se ousado. Em suma, fugiu ao meu controle."

Diante da situação, David-Neel decidiu que as coisas tinham ido longe demais e aplicou uma série de antigas técnicas do lamaísmo para tentar reabsorver a criatura em sua própria mente. Nem é preciso dizer que o Tulpa não queria enfrentar a destruição e passaram-se várias semanas até o processo terminar.

"Eu devia ter deixado o fenômeno seguir seu curso", explica a autora, "mas a presença daquela companhia indesejada começou a prejudicar meu sistema nervoso, porque se tornou um pesadelo à luz do dia. Só consegui me livrar do fantasma depois de seis meses de dura luta. Minha criatura mental estava obstinada em continuar viva."

Esse relato demonstra minha forte crença pessoal: a mente cria os muitos e variados monstros, animais misteriosos, extraterrestres, ou *seja lá o que for, e eles, então, desenvolvem um grau de quase inteligência e um profundo anseio de permanecerem vivos, mesmo que seja em um modo semifísico ou fantasmagórico. No entanto, eles precisam interagir conosco — para garantir que estão sendo vistos e a crença continue. Enquanto existir a crença no Tulpa, ele não morrerá. Em suma, ser visto por nós é um componente essencial de sua existência.*

Nick Redfern

Em primeiro lugar, nossa percepção do que é "real" no final das contas "está na mente". Podemos ter acontecimentos e medidas objetivas, mas nossa percepção das coisas é subjetiva. Lembre-se de que os dados que entram através dos nossos sentidos são processados no cérebro/mente e, então, ocorre a percepção.

Quanto ao termo "construção", imagino que você esteja se perguntando se existem fantasmas e assombrações.

As evidências e pesquisas feitas ao longo de 125 anos por espiritualistas e parapsicólogos indicam algumas coisas, a saber:

As aparições (entidades falecidas, conscientes) parecem ser "vistas", "ouvidas", "sentidas" etc. pela mente das testemunhas. Em outras palavras, o modelo habitual é as testemunhas receberem informações sobre a "pessoa" que a aparição era em vida e, o mais provável, é que elas venham por telepatia. Algumas pessoas processam essas informações como visuais, auditivas, olfativas ou cinestéticas, ou combinadas (mais frequentemente "vendo" e "ouvindo").

Todavia, "visuais" não através dos olhos e "auditivas" não através dos ouvidos — o que está bem claro, porque, se o fantasma fosse visto, todos os presentes poderiam vê-lo ou ouvi-lo e não haveria nenhum problema em fotografá-lo.

As assombrações — que muitos chamam de assombrações residuais —, também chamadas por nós de "memória do lugar", são estacionárias, não interativas e muito possivelmente relacionadas com alguma função do ambiente. Parecem ser resultado de pessoas vivas percebendo informações impressas na casa, objeto ou ambiente (no passado recente ou até remoto). As pessoas podem perceber essas infor-

mações de diferentes maneiras — de novo processando-as como percepções visuais, auditivas, olfativas ou cinestéticas (ou combinadas).

Campos Eletromagnéticos (EMF, uma sigla em inglês) mais intensos do que o normal geralmente estão associados a esses fenômenos.

Novamente, a percepção acontece "na mente", embora a causa, como no caso das aparições, esteja fora da mente.

Os fenômenos poltergeist são a psicocinese (interação mente-matéria) em ação. Apesar de claramente não estarem acontecendo "na mente", elas são causadas pela mente.

Nota: se uma aparição movimenta alguma coisa, ainda se trata de psicocinese. Nesse caso, é a mente do fantasma que está atuando sobre o objeto.

Loyd Auerbach

Todas as percepções são geradas por algum cérebro ou sistema cognitivo. Para perceber necessitamos de um sistema cognitivo para processar os dados sensoriais que estão sendo captados. Tanto o contexto interno como o externo do observador desempenham importantes papéis na impressão e contextualização dos dados sensoriais. Podemos ver coisas que não estão à nossa frente devido a construções ou projeções feitas pelo cérebro. As ilusões cognitivas são comuns e podem ser provadas, como demonstrado por muitas ilusões visuais bem conhecidas. Essa é uma área bem testada na neurociência. A maioria dos fenômenos paranormais, provavelmente, não são paranormais. Todavia, devemos nos precaver contra o "neuroidealismo", que classifica tudo o que é paranormal como não existente porque são apenas construções do cérebro.

Michael Persinger, pesquisador em neurociência, afirma que com o uso de uma touca com vários eletrodos o cérebro é estimulado e gera experiências paranormais, como a sensação de presença de seres invisíveis. Todavia, é errado concluir com base nesses estudos que tudo o que é considerado paranormal não ocorre na realidade. Um bom mágico pode mostrar um holograma de uma laranja à distância e os espectadores acreditam que ela é real, apesar de ser só uma imagem.

No entanto, não podemos concluir que todas as percepções de laranjas não representam objetos reais ou que as laranjas verdadeiras não existem no mundo real. Persinger está simulando presenças, e o cérebro já aprendeu a reagir a elas. Ou seja, alguns aspectos das experiências de Persinger estão enganando o cérebro para ele concluir que está vendo ou sentindo algo que, em outras circunstâncias, realmente acontece na vida real.

Como as percepções são geradas pelo que os sentidos sinalizam para o cérebro por meio de uma rede de nervos, qualquer intromissão para introduzir dados errados fará o cérebro chegar a conclusões erradas. Não será surpresa se, seguindo o trabalho de Persinger, cientistas conseguirem induzir todas as sensações de comer uma torta de maçã no cérebro de uma pessoa. Isso não significa que a torta foi realmente comida. Também não significa que tortas de maçã não existem ou não podem existir na realidade. A simulação em laboratório é irrelevante para estabelecer a realidade do objeto no mundo real. O indivíduo que chega à conclusão que fantasmas e presenças invisíveis não existem no mundo real porque experiências parecidas podem ser simuladas em laboratório, por meio de intervenções elétricas e magnéticas, está cometendo o que pode ser descrito como uma "falácia de simulação" na lógica do seu argumento.

Outros aspectos das experiências de Persinger desativam certos circuitos cerebrais, de modo que o paciente está sendo apresentado a uma nova realidade. Quando isso acontece, o lócus da percepção passa do corpo orgânico constituído de carbono para os corpos bioplasmáticos escuros. Apesar de não ser possível detectar diretamente essas presenças com nossos atuais instrumentos científicos, o corpo sutil bioplasmático talvez seja capaz de sentir seres invisíveis, que entram na faixa dos sistemas sensoriais no corpo bioplasmático. Nesses casos em particular, presenças reais (que os aparelhos atuais não detectam) estão sendo detectadas por sistemas cognitivo-sensoriais semi-independentes do corpo bioplasmático. Nesse sentido, a PES (percepção extrassensorial) é uma designação incorreta porque, de fato, trata-se de ASP (experiência sensorial alternada) gerada por um corpo sutil ligado ao nosso corpo orgânico.

Os legítimos fenômenos paranormais coexistem com os fenômenos mundanos. A existência de verdadeiros fenômenos paranormais não somente é apoiada por um número pequeno, mas significativo, de relatos confiáveis como pode ser esperada com base nas extrapolações das atuais teorias científicas. Rigorosas experiências psíquicas estão mostrando um número crescente de indícios da veracidade de fenômenos paranormais.

Jay Alfred

É uma pergunta difícil de responder e, para mim, é um tanto esotérica, mas darei minha opinião. A partir da experiência adquirida com o meu trabalho, pude abrir os canais do meu corpo (tanto em rituais como fora deles) a ponto de me conectar com o "invisível". Eu, às vezes, estava sentada, assistindo à televisão e sentia, de maneira muito física, uma energia tomar conta de mim. O que é exatamente essa energia depende da interpretação da pessoa. Para mim, senti-la é uma habilidade que está se desenvolvendo naturalmente. Todavia, essa parte do fenômeno pode fazer com que a pessoa pire.

Se a pessoa é muito medrosa, no mesmo instante começa a pensar em um "espírito mau". Alguém mais cético diria que eu senti algo vindo do interior do meu corpo. Quanto a mim, talvez seja uma percepção de algo desconhecido ou o espírito ou energia de cura de uma determinada pessoa. O problema é que captamos tudo o que vivenciamos por meio do corpo e da mente, e creio que, às vezes, podemos ver imagens desses acontecimentos no mundo físico. Então será possível ver que fenômenos paranormais são só uma criação da mente? Sem dúvida, mas não no sentido de criar um acidente de automóvel devido a um desequilíbrio subconsciente. Sua pergunta é se eu acho "que está tudo na cabeça das pessoas". Não. Algumas pessoas são suficientemente abertas para ver e outras, não. Algumas podem ser um pouquinho desequilibradas e interpretam mal o que veem. Mas, por experiência própria, posso afirmar que muitas e muitas vezes tive comprovação de que existe pelo menos alguma coisa a mais do que podemos ver no nosso mundo físico.

Meghan Shannon

A percepção como um todo é uma construção do cérebro humano! Todos os nossos sentidos fornecem dados para o cérebro, onde é criada a experiência de "realidade externa". Aprendemos o que está "lá fora" e "aqui dentro" (pensamento, imaginação, sonhos...) por meio da experiência, através de tentativa e erro. Às vezes, a experiência "aqui dentro" pode ser confundida com a realidade "lá fora". As experiências psi, por exemplo, podem dar a impressão de serem da realidade externa quando, de fato, são uma percepção interna. Algumas formas de percepção interna, como as resultantes de uma focalização intensa, também podem parecer externas.

Minha experiência profissional e pesquisa independente sobre o fenômeno de visualização psíquica à distância tanto no estado de vigília como no estado de sonho me levou a entender os fenômenos psíquicos, PES, visão remota etc., como uma experiência interna que envolve a memória e outros aspectos perceptivos do cérebro. Nossas redes neurais procuram a melhor representação psi para que elas sejam compreendidas. Às vezes, as percepções são interpretadas rápido demais ou apenas aproximadamente. Em algumas dramáticas experiências de sonhos, em especial nos sonhos lúcidos (um sonho em que você tem consciência de que está sonhando), as imagens do sonho continuam brevemente depois de você acordar, e a figura parece que está bem "lá fora", na realidade.

Mas existe uma outra consideração. O que é a mente? Como resultado de cerca de 40 anos de investigações psíquicas, eu não mais acredito que mente e cérebro sejam idênticos. Nem toda a mente está no cérebro. Por consequência, não é possível para mim ou para qualquer outra pessoa dizer que todas as nossas percepções, especialmente as baseadas no psi, são somente uma "construção do cérebro humano".

Se nossas mentes e consciências individuais estão dentro de um campo de consciência maior, cada percepção, especialmente as definidas como paranormais, são também um aspecto desse campo de consciência. A essência desse campo mental ou campo de consciência, provavelmente, é similar à natureza da luz: ela pode ser uma onda (o campo) ou uma partícula (consciência individual). O conceito de holograma é apropriado aqui: uma pequena seção do holograma (nossa *mente) está contida ou representada no holograma maior (o campo da consciência)*. Isso significa que não podemos afirmar com absoluta certeza onde uma percepção se origina. Ela poderia estar totalmente no interior do nosso cérebro, com base em informações sensoriais ou psíquicas, ou poderia ser uma percepção de uma outra seção do campo da consciência, que aparentemente está vindo de nossa realidade externa imediata. Em alguns casos, a realidade externa pode estar de acordo com intenções e causar correspondências apropriadas que são efeitos reais e podem ser medidos por instrumentos científicos. Por exemplo, um evento paranormal como a percepção de um fantasma ou aparição pode ser tanto uma experiência interna como um evento e experiência externa ou manifestação. Mais de uma pessoa pode percebê-lo em certa localização, e certos efeitos físicos poderão ser detectados.

A fonte ou causa dessas experiências pode ser motivo para debate, mas algumas delas não são construções mentais baseadas na expectativa. Em certo sentido, são reais. O desafio é determinar a diferença entre as percepções apenas produzidas no interior do cérebro individual e as que vêm de uma fonte externa, quer na realidade física ou de outra região do campo de consciência. O processo psi também pode estar envolvido.

Com base nas minhas pesquisas profissionais e independentes sobre o fenômeno da visualização remota e sonhos psi, creio que as verdadeiras experiências psíquicas são uma percepção que acontece no interior do cérebro. A fonte é externa em relação ao cérebro físico, vinda de outros cérebros/mentes ou de algum aspecto do campo maior da mente/consciência. Às vezes, as percepções internas podem ter um componente psíquico que causa ou tem relação com um efeito real no ambiente externo. Conheço bem as pesquisas sobre a psicocinese espontânea, que fornece alguns indícios sobre esses efeitos, apesar de a prova científica ser difícil de demonstrar. Também observei pesquisas laboratoriais com aparelhos eletrônicos demonstrando que a intenção focalizada nesses aparelhos pode resultar em efeitos que podem ser observados.

Dale E. Graff

Há milhares de anos existem relatórios e histórias sobre fantasmas, OVNIs, criptídios etc. Eles seriam os efeitos físicos, por assim dizer. Qual é sua teoria sobre a "causa" desses fenômenos?

Não existe "causa". Eles nada mais são do que parte da realidade.
Michael Schmicker

Um dos problemas sobre conversar sobre os fenômenos paranormais é que efeitos físicos diferentes são empilhados inadequadamente como se tivessem uma única causa. Jamais fiz uma investigação que não tivesse múltiplas causas, normais e paranormais, todas entrelaçadas. Por exemplo, em investigações sobre assombrações, vemos frequentemente má observação, má interpretação, fatores ambientais ou fraude (consciente ou inconsciente) misturados com o paranormal. Meu trabalho como parapsicólogo é separá-los e determinar qual resultado ou indício se ajusta a cada caso.

Ainda estamos nos primórdios da compreensão dos fenômenos paranormais. Até termos melhores teorias e entendimento sobre o processo envolvido, será difícil pinçar as causas máximas de muitas de nossas observações. Todavia, experiências físicas recentes sugerem que nosso conhecimento sobre termodinâmica e tempo talvez precisem mudar. Parece que, pelo menos em alguns estudos, a entropia poderá diminuir (contra a segunda lei da termodinâmica) e que efeitos retrocausais talvez sejam possíveis, como procurar no passado remoto ou voltar no tempo para descobrir a causa. É uma coisa alucinante.
Dra. Pamela Heath

Eles não são "causados". Eles "emergem" como resultado de interações complexas com o ambiente físico e social.
Stanley Krippner, Ph.D.

Minha visão pessoal é que os assim chamados efeitos físicos da exposição aos fenômenos paranormais, como estigmas, "queimaduras de radiação" e marcas de agulhas nos locais onde alienígenas teriam extraído amostras de DNA, também podem ser colocadas na categoria de Tulpa. Em outras palavras, a crença no fenômeno pode causar, de maneira espontânea, uma reação do corpo humano para reagir de uma maneira que dá peso ao cenário que está sendo criado através do Tulpa. Poderíamos usar um termo mais exato para essas manifestações chamando-as de "urticária sobrenatural": marcas e erupções no corpo que não têm origens externas, literais — como muitos pesquisadores acreditam —, mas são resultado físico da criação, pela mente, de um determinado sistema de crenças — quer seja um alienígena ladrão de DNA ou um íncubo ladrão de emoções.

Nick Redfern

Não existe uma única causa para todas essas coisas. Os OVNIs não são a mesma coisa que fenômenos psíquicos ou fantasmas, que não são a mesma coisa que criptídios e assim por diante. Existe uma falha fundamental em juntar todas essas coisas e pedir uma teoria sobre a "causa". Apesar de poderem ser "para" normais ("ao lado do normal"), pedir uma opinião sobre a "causa" ou "teoria" para explicar tudo é como pedir uma causa ou teoria para a gravidade, percepção, fotossíntese e eletricidade — que também podem ser empilhadas na categoria "normal".

A única possível exceção seria se todos fossem causados pela mente ou dentro dela — projeções da mente —, que claramente não são. Quanto à existência de uma teoria central sobre a "causa" de fantasmas, poltergeists, habilidades físicas, são em geral uma função da consciência e as pesquisas sobre parapsicologia, física e outras áreas que tentam estudar o que é a consciência (um simples "truque" do cérebro ou algo residente no corpo/cérebro, mas, ainda assim, diferente do cérebro) acabarão fornecendo melhores teorias e modelos sobre o que está acontecendo.

As assombrações talvez sejam diferentes, possivelmente uma função do cérebro/consciência interagindo com algo que está fisicamente presente no ambiente — uma recordação do passado, por exemplo. Também pode ser um resultado de uma interação física/fisiológica —

ver o notável trabalho de Michael Persinger no Canadá sobre campos magnéticos e estados cerebrais/alucinações.

Loyd Auerbach

Somente uma pequena subclasse desses fenômenos pode ser classificada como fenômenos genuinamente paranormais. E qual é ela? A matéria que é visível e que hoje em dia pode ser medida é composta de partículas que foram identificadas no "Modelo Padrão". Todavia, a maioria dos cientistas agora acredita que essa "matéria ordinária" constitui menos de 5% do universo. Na verdade, ela forma 20% de toda a matéria do universo. Os 80% restantes são constituídos de matéria invisível que os cientistas apelidaram de "matéria escura".

A Teoria do Plasma Escuro argumenta que a matéria escura está presente no Sistema Solar, inclusive na Terra. As evidências mostram que o Sol e o Sistema Solar estão sob a influência gravitacional da matéria invisível de nossa galáxia. As partículas de matéria escura vêm chovendo dia e noite sobre a Terra há 4,6 bilhões de anos. Essas partículas são capturadas pelo campo gravitacional do nosso planeta. Além disso, o Sistema Solar embrionário também continha matéria escura. Portanto, há muitos motivos para inferir que existem halos de partículas de matéria escura de baixa densidade interpenetrando todos os planetas, inclusive a Terra, formando efetivamente cópias (atualmente) invisíveis do nosso planeta, que giram na mesma órbita e compartilham o mesmo campo gravitacional da Terra visível. Essa teoria questionou, em 2007, se a densidade da matéria escura em torno da Terra estava sendo subestimada.

Cálculos feitos no final de 2008 por Stephen Adler, da Princeton University, e Xu e Siegel, da University of Arizona, sugerem que a densidade da matéria escura no Sistema Solar e em torno da Terra excede em muito a densidade do halo galáctico e é muito mais alta do que se imaginava anteriormente. Segundo as estimativas, a Terra visível está gravitacionalmente acoplada a uma capa de matéria escura do tamanho de Júpiter. Conforme a matéria escura foi se aglomerando, criou condições para a formação de uma biosfera escura. Esta, por sua vez, deu origem a formas de vida e consciência compostas de matéria escura ao longo de milhares e milhares de anos.

A Teoria argumenta que a matéria escura se apresenta principalmente em forma de plasma de partículas exóticas (inclusive partículas supersimétricas, como charginos e neutralinos). Foi demonstrado em experiências de laboratório feitas ao longo da última década que um mínimo de sistemas celulares do plasma comum pode ser gerado em laboratório. Portanto, a Teoria sugere que mínimos sistemas celulares foram gerados dentro da biosfera escura nos primórdios da Terra e prevê a existência de formas de vida terrestres compostas de matéria escura, que evoluíram a partir desse microssistema de células. Além disso, ao contrário de formas de vida que têm a química como origem, as formas de vida de matéria escura são compatíveis com a vida em um universo supersimétrico.

Essas formas de vida seriam tão variadas em escala, estrutura e inteligência quanto as formas de vida que conhecemos e que se fundamentam nos átomos de carbono — tão diferentes como um micróbio de uma baleia; um mosquito de um tigre; uma girafa de um crocodilo; uma formiga de um ser humano. Seus graus de inteligência e percepção seriam tão diferentes como a percepção de uma centopeia e a percepção e inteligência de seres humanos. A taxonomia dessas formas plasmáticas é ampla e variada. Algumas delas interagiram conosco no passado (intencionalmente ou não).

As entidades que identificamos de maneira geral como fantasmas, anjos, djinns, demônios, deidades (por exemplo, as aparições marianas na atmosfera), alienígenas, OVNIs biológicos, fadas e visualização na superfície da Terra de pessoas recentemente falecidas são características dessas formas de vida plasmáticas vindas da interpenetração de "plasmaferas" escuras ou cópias da Terra. Elas constituem uma ecologia de formas de vida plasmáticas que evoluíram ao longo da história da Terra e, em alguns momentos, formaram relações simbióticas com as formas de vida visíveis baseadas nos átomos de carbono que melhor conhecemos. O Homo Sapiens é o produto de corpos com base em carbono que evoluíram e formaram relações simbióticas com algumas *dessas formas plasmáticas. Ou seja, o resultado de uma simbiogênese. Quando esses corpos de carbono morrerem, os corpos bioplasmáticos continuaram existindo nas cópias da Terra.*

Jay Alfred

Creio que essas manifestações físicas aconteçam quando a energia do fenômeno é suficientemente densa para assumir uma forma mais física e quando a pessoa que o está presenciando é suficientemente aberta para ser capaz de vê-la.

Meghan Shannon

Existe uma variedade de experiências que frequentemente são associadas ao termo "paranormal". Algumas, provavelmente, são apenas percepções internas que resultam das expectativas ou medos, ou são causadas por eles. Podem ser experiências totalmente internas, talvez ajudadas por alguma percepção na realidade que se conforma com a expectativa e é interpretada de acordo com ela. Outras experiências paranormais, possivelmente, são resultados de expectativas e percepções psíquicas. Por exemplo, algumas experiências com fantasmas ou aparições podem ser causadas por expectativas e pelo ambiente externo propício, enquanto outras talvez sejam causadas por uma conexão psíquica com o campo de consciência no entorno. Neste caso, poderia incluir um vestígio de memória de eventos emocionais sofridos por alguém que já não está vivo. Existe a possibilidade de que algum aspecto sobrevivente de uma personalidade falecida seja a fonte, via psi, da experiência da percepção de um fantasma ou aparição e outras manifestações psíquicas que às vezes afetam a realidade física.

As experiências descritas como visão de OVNIs ou abduções podem ter múltiplas causas. Alguns, talvez, sejam experiências internas subjetivas interpretadas como uma nave alienígena; outras podem ser similares a um sonho lúcido, e o conteúdo OVNI seria uma natureza simbólica pessoal. Outras, ainda, são experiências compartilhadas e provavelmente têm um aspecto psi porque nem todos os presentes ob-

servam o OVNI. Algumas experiências estão vinculadas a traumas físicos ou emocionais e se relacionam com o início ou recuperação de uma doença grave. Há casos onde as imagens de OVNIs talvez estejam relacionadas com uma situação espiritual, mas se apresentam numa forma visual aceitável para a sociedade moderna e seu nível de conhecimento sobre a ciência espacial.

Dale E. Graff

Por que vocês acham que com tantos pesquisadores paranormais e "caçadores de fantasmas", "caçadores de OVNIs" e "caçadores de monstros" amadores, os cientistas ainda não encontraram sólidas evidências? Vocês acreditam que esses pesquisadores, tanto cientistas como leigos, estão procurando fantasmas e tudo mais nos lugares errados?

Desconfio que o problema é uma combinação de muitos fatores, como, por exemplo: (1) um choque de paradigmas, com pessoas se recusando a olhar os verdadeiros dados que já fornecem evidência de algo anômalo, e ridicularizando publicamente qualquer um que tenta aprofundar nossa compreensão sobre esses fenômenos; (2) falta de patrocínio, o que afeta não somente a capacidade de realizar pesquisas, como também a possibilidade de publicar seus resultados de modo a esclarecer o público em geral; (3) a proibição, com base legal, de investigadores ligados aos militares, grandes corporações ou patrocinadores particulares de divulgar suas descobertas; e (4) meios inadequados para compreender ou medir a consciência ou energias sutis.

Dra. Pamela Heath

É uma excelente pergunta. Creio que os fenômenos são complexos e elusivos. Como não podem ser "causados", não há como ser adequadamente estudados com base nos atuais paradigmas científicos.

Stanley Krippner, Ph.D.

Eu cheguei à conclusão de que a maioria dos pesquisadores está procurando nos lugares errados e por isso ainda não temos as provas desejadas. Essas pessoas estão obcecadas com a ideia de que as coisas *que estão procurando (o Pé Grande, alienígenas etc.) são feitas de carne e osso. Entretanto, não existe nenhuma evidência que dê suporte a essa hipótese. O Pé Grande, por exemplo, é descrito como um enorme primata, pesando entre 200 e 300 quilos. Onde estão as provas sobre seus hábitos alimentares? Uma colônia de tais criaturas exigiria uma quantidade imensa de alimento por dia, e não temos o mínimo vestígio de uma alimentação desse nível. Em suma, essas coisas parecem ser de carne e osso, mas, sob uma investigação criteriosa, nenhum deles age da maneira que seria esperada de criaturas fisicamente reais. Isso é algo que desafia o bom-senso.*

Por isso, está claro que os "caçadores" estão procurando nos lugares errados. Tentar pegar o Pé Grande com redes ou atirar com balas ou dardos de anestésicos, ou fotografá-lo com câmeras de visão noturna é inútil porque estamos lidando com uma criação da mente que tem uma forma de existência que ainda não temos como começar a entender. Os pesquisadores deveriam se conscientizar de que para encontrá-los não precisamos nos embrenhar em florestas. Na verdade, temos de entrar nos cantos mais escuros e profundos do cérebro humano. Quando agirmos desse modo, quando entendermos como a crença pode gerar a criação espontânea de fenômenos anômalos, encontraremos o Pé Grande, o Yeti e os alienígenas cinzentos de grandes olhos pretos, vindos de Zeta Reticuli.

Nick Redfern

Primeiro de tudo, só posso tratar da questão "fantasmas". Mas, para todas essas coisas fora assombrações, NÓS não estamos no controle quando elas aparecem. O falecido astrônomo e perito em OVNIs, J. Allen Hynek, costumava dizer que não se pode estudar um OVNI, mas somente relatos sobre eles e possíveis evidências físicas abandonadas ou deixadas para trás. E mais, se um país tivesse um OVNI, ele não seria "não identificado" (mas um OVI). Os criptídios, por serem criaturas biológicas, são encontrados se alguém estiver no lugar certo, na hora certa.

Voltando aos fantasmas. Por definição, eles teriam que cooperar conosco para serem "estudados". Ora, não é possível fotografar uma pessoa se ela fica andando em torno da câmera, e, por isso, um fantasma que tem vontade/consciência pode escolher não participar. Os fenômenos poltergeist acontecem espontaneamente, mas podemos estudar e de fato estudamos a faculdade por trás deles que é chamada de psicocinese.

Já com assombrações a coisa é diferente. Como eles têm uma localização específica, às vezes, um objeto, é possível pesquisá-los. Mas, para ser sincero, nós que trabalhamos na parapsicologia científica costumamos ficar chocados diante da completa falta de compreensão do método científico e erros de concepção na utilização de aparelhos e nos próprios fenômenos da ampla maioria dos "caça-fantasmas" (mesmo daqueles que afirmam ser "profissionais").

O uso da tecnologia não é, por si, um método ou processo científico. Se fosse assim, o meu forno de micro-ondas estaria "fazendo ciência". Qualquer macaco vibraria diante das luzes coloridas de um medidor K-2. As sessões de voz eletrônica também não estão "fazendo ciência".

Ciência está na análise, na criação de hipóteses sobre os dados coletados, relacionando-os com as experiências das pessoas, conduzindo testes e tentando compreender o que significam esses dados. Ciência também é rever a literatura e pesquisas do passado para descobrir o que já foi feito para evitar experiências que não deram resultado e apoiar pesquisas que tanto validam as hipóteses como levam para novas direções. Ciência é compartilhar dados com colegas e discutir conceitos, modelos e teorias opostos para de fato entender o que faz mais sentido diante dos dados coletados.

*Existem poucos cientistas tratando da questão fantasmas/aparições/*poltergeist *fora do laboratório. Nós trabalhamos com uma pequena verba no laboratório e não temos patrocínio para pesquisas de campo.*

Eu mesmo precisei arranjar um outro emprego para poder financiá-las. A parapsicologia sofre de falta de fundos e o comportamento de um número grande demais de caçadores de fantasmas não está fazendo nada para ajudar nosso caso.

Uma observação: o fato de alguns caça-fantasmas serem diplomados em uma área das ciências não significa que estão automaticamente aplicando o que sabem sobre ciência nas suas investigações. Cientistas que lidam com a área de exatas geralmente não sabem nada sobre trabalhar com as experiências das pessoas, que são tratadas pelas ciências sociais. Os cientistas sociais, por sua vez, têm pouco conhecimento das explanações alternativas baseadas no ambiente e mundo físico.

Loyd Auerbach

Creio que o problema básico está no fato de a ciência, com base nas premissas históricas sobre como fazer pesquisas, ainda não ter como levar em conta as coisas que não podem ser vistas pela maioria da população. Creio que quanto mais energeticamente denso for o corpo físico, menor será a possibilidade de um indivíduo ver e vivenciar os fenômenos devido aos bloqueios nos canais receptores. Se os próprios cientistas tiverem esses bloqueios, como a maioria da população, eles nem saberão definir o que precisam procurar ou como medir uma experiência com base em premissas científicas. Como já disse anteriormente, escolher não acreditar já é um bloqueio energético que causará distorções antes mesmo de a pessoa começar a pesquisa. Creio, porém, que, à medida que a ciência, a tecnologia e a mente humana forem evoluindo — note o progresso da física quântica —, será muito mais fácil medir esses fenômenos.

Meghan Shannon

Nas experiências onde fantasmas e aparições supostamente se manifestaram, foram documentadas certas evidências em potencial pelos investigadores in loco. *Elas, talvez, não seriam consideradas sólidas pela ciência convencional. Todavia, existe um acúmulo de informações que, em minha opinião, nos fornece algum grau de apoio para a continuidade dessas experiências. A questão deveria ficar focalizada nas causas potenciais mesmo com a falta de evidências sólidas. O termo evidência sólida nem sempre é aceito por todos e termina por confundir avaliações potenciais.*

Pode ser que muitas ou a maioria das experiências paranormais espontâneas sejam apenas eventos internos. Todavia, alguns talvez não sejam totalmente subjetivos. Quanto aos fantasmas e aparições, eu não creio que os "caçadores de fantasmas" estejam procurando nos lugares errados. É possível que eles não estejam lançando sua rede com a amplidão necessária. Podem não estar procurando em muitos outros lugares. Acho que as investigações in loco *com a aparelhagem apropriada junto com a monitorização dos parâmetros fisiológicos dos envolvidos, inclusive dos pesquisadores, seria uma abordagem produtiva. Poderiam fazer parte dos instrumentos detectores de campos elétricos e magnéticos e de campo de consciência. Entre os aparelhos para medir os parâmetros fisiológicos haveria, por exemplo, um eletroencefalógrafo. A coleta de dados sobre os sonhos, especialmente pesadelos, dos envolvidos também poderia fornecer um insight sobre a causa das experiências. Seria interessante avaliar as habilidades psíquicas e a capacidade de mudar de estados de consciência. Uma prova verdadeira da existência de fantasmas e aparições ainda não existe, mas a coleta de mais informações sobre a causa das experiências poderá resultar numa abordagem integrativa. Uma abordagem similar também poderia ser usada na investigação de outros fenômenos paranormais. Todavia, devido à sua natureza imprevisível e as variáveis encontradas tanto no trabalho de campo como nos ambientes das atividades* in loco, *talvez não seja possível fazer um estudo científico sistemático.*

Dale E. Graff

As respostas fornecem um interessante insight sobre o rumo que as pesquisas dos fenômenos paranormais "deveriam" seguir. Talvez, quando as séries de televisão saírem do ar e os muitos curiosos pararem de se chamar "caçadores de fantasmas" surjam oportunidades para fazer uma pesquisa séria. Muita atenção tem sido dedicada às evidências ou dados sobre fenômenos de voz eletrônica, fotografias, vídeos e outros "efeitos" e nenhuma atenção está sendo focalizada nas "causas" desses tipos de fenômeno. O principal problema, como já foi dito, é que possivelmente estejamos procurando fantasmas nos lugares errados. E mais, veremos no próximo capítulo como a mente é uma criadora muito mais poderosa da realidade do que se poderia imaginar.

Dizer que todos os fenômenos anômalos ou paranormais acontecem na mente talvez não seja a história completa. Pode ser que exista uma combinação de forças internas e externas em jogo. Pode ainda ser que crenças e intenções internas estejam de alguma forma vinculadas à capacidade de manifestar "efeitos" físicos no mundo real. No entanto, cada vez existem mais "evidências circunstanciais" apontando para a força interior como sendo o instigador do que vemos, pensamos, sentimos e fazemos, e até se vivemos ou morremos.

Poder mental — ativar!

CAPÍTULO 6
Eu lancei um feitiço em você

A língua tem o poder da vida e da morte.
Provérbios 18:21

Botei gris-gris na sua porta
Logo você estará na sarjeta
Derreti seu coração como manteiga
E-e-e posso fazer você ficar gago.
"I Walk On Gilded Splinters",
Dr. John Creaux (*The Night Tripper*)

O meme para a fé cega garante sua própria perpetuação pelo simples expediente inconsciente de desencorajar uma investigação racional.
Richard Dawkins

Há pessoas que ostensivamente acreditam em qualquer coisa, mas, naturalmente, há aquelas que levam sua crença ao extremo, acreditando piamente em qualquer teoria, conspiração ou trama, sem pedir nenhuma prova. Para a maioria de nós "o feitiço que você lançou" pode, de fato, ter mais poder do que se poderia imaginar. Apesar de a mente ser preciosa, ela também, quando infectada por um meme, sugestão ou pensamento negativo ou destrutivo, pode se transformar em algo terrível. Nos capítulos anteriores examinamos o papel da percepção, crença e sugestão numa tentativa de explicar como a realidade se torna realidade. Agora chegou a hora de descermos um pouco mais fundo e colocarmos o pé na lama para descobrir se de fato podemos usar a nossa mente para criar, construir e prejudicar. Uma pergunta intrigante: outras pessoas podem usar sua mente para nos ferir como visto no filme de 1981, *Scanners* — *Sua mente pode destruir?*

Em vez de discutirmos um roteiro de ficção sobre o uso dos poderes telepáticos ou telecinéticos para explodir a cabeça dos outros, vamos examinar um cenário da vida real com base numa denúncia vinda da Nigéria em outubro de 2009. Segundo ela, 13 igrejas se envolveram na denúncia e tortura de crianças acusadas de bruxaria. Em seguida, elas foram maltratadas, queimadas e até assassinadas por membros ignorantes das suas famílias, querendo se livrar dos demônios encarnados na sua casa. Essas crenças os levaram a cometer as mais chocantes atrocidades contra crianças que eram culpadas de serem apenas crianças, criaturas indefesas contra as acusações de pastores cristãos que levaram a sério a frase bíblica: "Não deixarás um feiticeiro viver."

Quando as crenças resultam na morte de crianças, sabemos que estamos diante de um grave problema. O Fundo para a Infância das Nações Unidas contou à Associated Press que dezenas de milhares de crianças africanas foram acusadas de feitiçaria, a maioria delas pobres, órfãs ou doentes, atacadas por fanáticos religiosos que deveriam estar apodrecendo na cadeia e não dirigindo igrejas. Pior ainda, como se a perseguição não fosse hedionda, pequenas igrejas estão, literalmente, criando suas próprias "bruxas", para bater, queimar e matar só para acompanhar as igrejas maiores. Tudo se reduz a poder, influência e dinheiro. Sam Itauma, de uma organização que defende os direitos das crianças, contou à agência de notícias: "Até igrejas que não haviam encontrado feiticeiros estão sendo forçadas a entrar na competição. [...] Elas são vistas como espiritualmente poderosas porque podem detectar a bruxaria e os pais, às vezes, estão dispostos a pagar por um exorcismo."

A Igreja Apostólica Nigeriana, uma das principais envolvidas nessa loucura, recusou-se a comentar o artigo, talvez devido ao fato de estar ocupada demais aleijando e matando criancinhas.

Para não acharmos que esse tipo de crença distorcida acontece somente em países menos desenvolvidos e com menor nível de educação, temos apenas que ver nossos próprios jornais para ler sobre os maus-tratos, torturas e assassinatos cometidos diariamente em nome da religião, intolerância e ódio. Em 12 de setembro, o corpo do trabalhador a serviço do censo populacional e professor substituto, Bill Sparkman, foi descoberto enforcado numa região rural de Kentucky com a palavra *fed* (abreviatura de "federal") rabiscada no seu peito (a polícia não informou como e com que ela fora escrita). Segundo a notícia da CBS, Bill foi descrito por muitas pessoas como um "inocente", sempre disposto a ver o melhor lado dos outros, um bom cristão que completava sua renda trabalhando em tempo parcial para o Census Bureau. Parece que Sparkman foi morto por fanáticos moradores de uma área cheia de laboratórios de refino de drogas, plantações de maconha e teóricos de conspirações que "acreditavam" estar sendo perseguidos pelo governo. Uma crença pode matar. E mata. Lembre-se também que a maioria das guerras, senão todas, tiveram sua origem em diferenças de crenças.

O PODER DA MENTE

Gostamos de dizer que a mente humana é "inacreditavelmente poderosa", mas a verdade é que seu poder vai até onde nossa crença permite. Quer estejamos falando de uma ferradura que penduramos em nossa casa para termos boa sorte ou da boneca de vodu que usamos para prejudicar um maldito ex, estamos sempre recorrendo às crenças. A ignorância não é uma desculpa legítima porque até mesmo as pessoas mais educadas e poderosas do planeta são culpadas de superstição, preconceito e intolerância.

Mas até que ponto pode ir o poder mental? Você pode fazer um feitiço para alguém amá-lo? Pode matar pessoas apenas as amaldiçoando e apontando um pauzinho para elas ou enfiando um alfinete numa boneca parecida com elas? Você pode se curar e curar os outros de uma doença terminal apenas porque acredita que isso é possível?

As religiões há muito promoveram objetos como talismãs "mágicos" e amuletos para afastarem o mal ou trazer segurança. O fetichismo, a crença em que um objeto físico pode ter poderes sobrenaturais, é tão antiga quanto a humanidade. O emprego de sangue, pele de animais, garras, dentes, contas, moedas, anéis, penas, pedras, pedras preciosas, cristais e plantas específicas por povos nativos e primitivos não é diferente do uso que fazemos de crucifixos, estatuetas de Buda, água benta, pingentes estrela de davi, contas de rosário, bonecas vodu, olho grego contra mau-olhado, terço bizantino, trevo de quatro folhas e pimentas variadas. Colocar um poder reverencial em um objeto é tão parte das tradições e práticas religiosas atuais como foi para os nossos antepassados, que punham valor em diferentes objetos de acordo com sua crença e visão pessoal do mundo.

Religião

Idolatria, totemismo e animismo são crenças fetichistas. Mesmo com a mudança de animismo para politeísmo e monoteísmo, a crença de que esses símbolos têm poder e influência sobre o que supostamente representam ainda faz parte da vida religiosa moderna. Quando os cristãos tomam o sangue e o corpo de Cristo na comunhão, eles podem não ter consciência disso, mas estão dando à hóstia e ao vinho um nível de poder que eles não têm enquanto objetos físicos, mas como símbolos de algo grandioso.

Em agosto de 2009, um fórum sobre religião e vida pública mostrou que um surpreendente número de adultos dos EUA acredita em coisas como maldições e encantamentos. Esse levantamento, em nível nacional, entrevistou mais de 4 mil adultos de várias denominações cristãs e descobriu que 16% deles acreditam em "olho-gordo" e que existem pessoas com poder de lançar maldições e encantamentos nos outros. Dezoito por cento acreditam que viram fantasmas, 30% acreditam em astrologia e — pasme — quase 26% dos entrevistados acreditam que pode haver "energia espiritual" em um objeto, numa árvore ou pedra.

Muitos argumentam que os objetos realmente têm poder próprio. Pode ser que, de algum modo, estejamos enviando energia para eles, que é refletida para nós ou absorvida pelo próprio substrato material. Se acreditarmos piamente que um talismã nos trará sorte, talvez estejamos aumentando a frequência ressonante do objeto para igualá-la à nossa. Talvez estejamos "instilando" uma energia especial no objeto, capaz de aumentar ou diminuir sua frequência ressonante, dependendo do modo como será usado, para prejudicar ou proteger.

Talismãs e amuletos, supostamente, protegem quem os usa dos poderes das trevas e atraem e magnetizam efeitos desejados como dinheiro, amor e influência. Você usa uma estrela de davi? Já carregou no bolso um pé de coelho para "dar sorte"? (Sorte para você, talvez, mas não para o coelho!) Em geral, quando vemos talismãs com formatos ou desenhos intrincados para usarmos no bolso ou como pingente, pensamos nas artes ocultas. Todavia, só precisamos entrar em um templo, igreja, lugar de oração ou sinagoga para vermos talismãs do mundo moderno. Apesar de a Igreja Católica e Igrejas evangélicas chamarem os amuletos de "coisas de bruxaria", seu próprio uso de contas, cruzes e estátuas de santos revela que a ideia de colocar poder em um objeto inanimado não está restrita aos malvados.

Na tradição judaica existem muitos amuletos, entre eles os que carregam em seu interior nomes sagrados ou frases da Torá. O *"tallis"* é um chale com franjas para as orações e tem borlas usadas da mesma forma que as contas de um rosário católico. A própria palavra *"tallis"* tem semelhança com "talismã", apesar de a maior parte dos linguistas dizerem que ela é de origem grega, derivando de *telsma*, significando "iniciar nos mistérios". A palavra *amuleto* vem do latim *amuletum* e designa um objeto "que protege a pessoa dos problemas".

Na cultura muçulmana, as pessoas também usam amuletos com inscrições do Corão. Conhecidas como *Ta'wiz*, essas medalhas são usadas em diferentes situações para simbolizar diferentes coisas. Seria como usar um trevo de quatro folhas para atrair prosperidade ou o pingente *Khamsa*, a Mão de Fátima, que supostamente afasta o olho-gordo. Outros países e religiões usam talismãs para representar deuses e deusas, elementos da natureza como animais de poder e sinos para manter os demônios longe das casas. Tudo isso parece fazer parte do folclore, mas é a base fundamental da maioria dos sistemas de crença.

O simbolismo não pode ser separado da crença, em especial quando existe a crença no invisível ou desconhecido. Os talismãs são um meio de transformar o subjetivo em objetivo ou dar forma ao que não tem forma. Às vezes, eles podem ser divertidos, como numa recente experiência de Dean Radin, Ph.D., cientista sênior do Instituto de Ciências Noéticas. Ele, que ficou famoso por estar no livro de Dan Brown, *O símbolo perdido*, dirigiu um estudo investigativo para o jornal *Explore*, sobre a ingestão de chocolate. Sim, chocolate. (Larry quer acrescentar: por que sempre pareço escolher os projetos de pesquisa mais chatos?) O estudo de Radin envolveu dois lotes de chocolate: um foi objeto de meditação e infundido com as intenções positivas de monges budistas e o outro ficou de lado. A experiência foi feita com dois grupos de voluntários, que teriam de responder a uma avaliação do humor nos três dias em que comeram os chocolates. Nenhum dos voluntários sabia a que grupo pertencia — se eu estivesse num grupo de estudos relacionado com chocolate, não me incomodaria em saber isso, desde que recebesse a mercadoria!

Por estranho que pareça, foi o grupo de controle que mostrou melhor bem-estar e estado de espírito positivo. Os indivíduos que comeram o chocolate abençoado sentiram uma grande mudança de humor no primeiro dia do estudo — provando que o chocolate, tanto o abençoado como o comum, é um fetiche digno de consumo!

Vodu

O uso mais óbvio de fetiches, talismãs e amuletos chegou a nós a partir do folclore e das tradições do Oeste da África. O vodu, também conhecido como vodum, é uma religião praticada ao longo do litoral dessa região. Trata-se de uma tradição animista com uma cosmologia cheia de uma hierarquia de vários *voduns* ou espíritos e elementos divinos governando os humanos e a Terra. As deidades são chamadas de orixás, sugerindo uma visão de mundo panteísta, mas existe um Único Deus, como no monoteísmo, e os orixás atuam como ajudantes de Deus (similar à ideia cristã do Deus cristão e seus anjos). A história do vodum é rica e cheia de simbolismo e há rituais e práticas que muitos ocidentais veem como estranhas — até assustadoras. Os haitianos e dominicanos têm seu vudu e, nos Estados Unidos, ele é chamado de *voodoo* ou *hodoo*. O candomblé é similar nas raízes e rituais e também é praticado em muitos países, mais notadamente no Brasil sob a forma de candomblé jeje.

A santeria cubana, também praticada em cidades da América do Sul com grandes populações cubanas, é similar ao vodum, mas adotou muitos símbolos e rituais cristãos, criando uma prática religiosa sincrética e muito pouco compreendida.

O notável nessas religiões, que são muito mais organizadas do que se costuma imaginar, é que os seguidores têm um claro relacionamento com a natureza e com o visto e o não visto. As práticas voduns podem envolver sacrifício de animais, a adoração dos ancestrais e mesmo a possessão de humanos pelas deidades durante rituais de grande intensidade emocional. Bem no alto da lista das crenças está o poder de fetiches e talismãs, tanto para curar como prejudicar. As bolsinhas de mojo (patuás) são feitas de couro ou pano, geralmente vermelho, e fechadas com barbante, onde são colocados os amuletos que irão proteger o usuário. Elas podem conter desde pedras mágicas, penas e garras de animais, até petições às deidades e espíritos, e folhas de vários tipos. O mojo, que fica dentro do saquinho, dá um poder mágico a quem o usa, o que explica a aflição de muitas pessoas quando o perdem. Quem pode recriminá-las? Afinal, um mojo não é algo que se possa comprar em um supermercado.

Similar em atenção, o *gris-gris* é um amuleto para proteger a pessoa do mal ou atrair sorte e fortuna. Esse saquinho de pano está cheio de ervas, pedras, ossos, cabelos e até terra de cemitério, mas dá ênfase a artigos pessoais de quem vai usá-lo. Também é usado com propósitos negativos, geralmente para conjurar uma maldição ou feitiçaria. Costuma ser deixado na porta da vítima para ser visto, e muitas vezes a reação é uma morte lenta com base no simples poder da sugestão.

Felizmente, a maioria dos seguidores do vodum usa sua religião para o bem, mas existem feiticeiros chamados *botonos* ou *azetos*, que lançam pragas e maldições para prejudicar seus inimigos (uma magia negra defensiva?). Uma das suas ferramentas para isso é a boneca vodu, feita de tecidos grosseiros e coloridos para representar o espírito de uma pessoa em especial. Às vezes, elas são ricamente decoradas, mas a intenção é a mesma: o que é feito na boneca acontece à pessoa que é representada.

As bonecas também podem ser usadas em rituais para trazer boa sorte. Todavia, a tendência é associá-las com o mal. Ele é causado pelos alfinetes colocados em localizações específicas como o coração ou a garganta, trazendo perturbações ou doenças. Em religiões e folclore não africanos, as bonecas geralmente são feitas de madeira, mas a intenção é a mesma. Alguns historiadores afirmam que elas precederam as bonecas africanas.

Há bonecas que são chamadas de efígies porque são de tamanho natural e representam uma pessoa viva ou morta. Efígies costumam ser queimadas em praça pública em comícios políticos

(Marie confessa que participou desse ritual nos seus anos de juventude), mas a intenção original era afastar a pessoa das energias ou espíritos negativos.

As "bonecas de preocupação", ou "bonecas dos problemas", tradicionalmente feitas na Guatemala, têm uma perspectiva diferente. Pequeninas, de madeira e tecidos coloridos, elas são colocadas embaixo de travesseiros, principalmente para eliminar os medos das crianças, ajudá-las a se recuperar de cirurgias e aceitar longos tratamentos. Acredita-se que a bonequinha absorve as preocupações da pessoa, permitindo que ela relaxe, durma e acorde renovada no dia seguinte. Elas são muito populares nos Estados Unidos, mas temos nossas dúvidas quanto à sua eficiência porque o país continua a ser um dos mais estressados do mundo inteiro!

Voltamos a dizer que tudo depende da intenção ao usar a boneca, amuletos ou talismãs, ou se ajoelhar diante de uma cruz onde está uma estátua de um homem crucificado, rezar por perdão, pôr um chale de oração nas costas, falar com uma bonequinha para transferir preocupações ou nervosismo para elas. Mas será que essa intenção, essa crença focalizada, pode realmente curar ou matar? É o objeto ou a mente da vítima que causa as reações fisiológicas frequentemente associadas com itens de fetiche?

Imagine receber uma praga jogada sobre você por um bruxo vivo, moderno. Contam que foi isso que aconteceu a Cristiano Ronaldo, ex-jogador de futebol do Manchester United e atual estrela da equipe do Real Madri. O bruxo em questão é um homem de 39 anos, chamado Jose "Pepe" Ruiz. Segundo um artigo do *Newstrack India* de 30 de setembro de 2009, Ruiz declarou que foi contratado para pôr um feitiço em Ronaldo que deveria lhe causar uma grave contusão. Como o Real Madri pagou cerca de 80 milhões de libras ao clube inglês, se Ruiz conseguir o que quer, Cristiano passará mais tempo no banco do que no gramado.

Como seria de se esperar, as especulações correram soltas. Quem teria feito o "contrato" de magia negra? Foi um clube adversário? O ex-treinador de Ronaldo? Uma fã desprezada? O fato é que, enquanto escrevíamos este livro, estava tudo bem com o jogador e o Real Madri considerou a ameaça pura bobagem.

Apesar de esse caso ser até engraçado, o que aconteceria se Ronaldo acreditasse nos poderes de Ruiz, na magia negra, em sua capacidade de causar mal a qualquer pessoa? A sua mente começaria a fazer a praga realmente acontecer, apenas pensando nela ou, o mais difícil, tentando não pensar nela? Seria uma profecia, daria certo? Estamos todos abertos aos pensamentos e emoções dos outros, e eles podem causar um grande dano sob a forma de abuso verbal, drama e negativismo. Porém, se o astro do futebol tivesse a mais leve certeza de que Ruiz tinha mesmo um poder especial, sua mente poderia começar a tentar encontrar prova desse poder, o que poderia afetar seu desempenho em campo. Só o tempo dirá o que vai acontecer nesse caso, mas, às vezes, essas pragas e maldições podem ser prejudiciais e até mortais devido a consequências indiretas.

Os aborígines australianos têm um interessante ritual de execução que implica o uso de um osso cerimonial chamado *Kundela* ou "osso da morte". Supostamente, se o *kundela* for apontado para uma pessoa, em geral alguém condenado ou expulso pela tribo, ela irá morrer. O "apontar do osso", sempre feito pelo membro mais poderoso da tribo, é acompanhado de um canto que amaldiçoa o indivíduo. O famoso caçador de esquisitices, John Godwin, descreve no site Trivia-Library.com a experiência de ser testemunha ocular do acontecido a um jovem da tribo Mailli que fora "apontado". Ele foi definhando e acabou morrendo no hospital apesar de ter recebido excelentes cuidados médicos. Os médicos não conseguiram descobrir uma causa física para o seu esgotamento, mas Godwin afirmou: "Ele morreu diante dos nossos olhos, em terrível agonia, aparentemente causada pelo simples conhecimento de que ia mesmo morrer."

CRENÇAS DA ANTIGUIDADE

Olhando para o passado distante ficamos sabendo que romanos e gregos tinham "tabuletas de maldição". Feitas de finas folhas de chumbo, nelas eram inscritas maldições e feitiços com a intenção de influir sobre outras pessoas por meios sobrenaturais. Algumas datam do início do século V a.C., e tinham cinco propósitos distintos:

1. Interferir ou amaldiçoar competições, como corridas de bigas.
2. Maldições políticas ou judiciais usadas antes dos julgamentos ou para obter cargos no governo.
3. Encantamentos para atrair um amante ou amaldiçoar alguém que permaneceu indiferente.
4. Trocar maldições para prejudicar negociantes rivais diminuindo seus lucros.
5. Preces pedindo justiça para pedidos de restituição.

Essas tabuletas eram chamadas *defixiones* e foram encontradas em todo o mundo greco-romano. Os gregos chamavam encantamentos específicos de *katadesmos*, ou "amarração". Esse mesmo conceito de "amarrar" é encontrado no latim *defixio*, "afivelar" ou "prender". Como acontece em todos os feitiços, inclusive os usados em antigas e modernas formas de bruxaria, o ato de escrever o pedido e "prendê-lo" lhe conferia poder. Atualmente, os gurus da autoajuda nos ensinam a escrever nossas metas. Em geral, nas tabuletas de maldição só eram escritos o nome de quem a receberia, mas por volta do século IV elas começaram a se tornar mais complexas, com a adição dos nomes de várias deidades chamadas para ajudar. Também surgiram descrições mais elaboradas sobre o motivo da maldição e o desejo de vingança ou de uma restituição mais positiva.

É interessante notar que muitas tabuletas de maldição tinham pregos atravessando a placa de chumbo, para significar a amarração física do encantamento, assim como agulhas e alfinetes são enfiados em bonecas vodu para completar a intenção.

Instrumentos mágicos e objetos rituais foram usados por séculos na bruxaria antiga e hoje estão na Wicca moderna, como varinhas de condão, espadas, caldeirões e *athames* (punhais rituais) carregados de energia usada em encantamentos positivos. Dizem que essas ferramentas têm poder próprio, mas é preciso perguntar se ele vem da crença em que elas são sagradas e especiais. Pense na velhíssima imagem das três bruxas mexendo um caldeirão cheio de um líquido borbulhante. Será que um monte de ingredientes fedorentos realmente fará alguém adoecer ou encontrar o amor verdadeiro?

Tudo indica que desejo e intenção têm importante papel nas manifestações de encantamentos para o bem. Sem dúvida, dizer a alguém que estamos fazendo uma magia para ele encontrar mais amor em sua vida é algo que penetra no subconsciente e influi na sua consciência e percepção. Já dizer a um vizinho que você está fazendo um "trabalho" com um osso de galinha para se vingar dele por ter roubado sua cabra, se ele for culpado e já estiver lutando contra o remorso e contra os próprios demônios internos, a magia dará certo. Sim, o poder da profecia autorrealizante pode ser mais poderosa do que o próprio encantamento!

Portanto, o desejo claramente é um fator importante para fazer bons encantamentos, sonhos e ambições se realizarem porque a própria pessoa está agindo sobre ele. O mesmo papel é desempenhado pelo medo, manifestando-se nos resultados negativos da ansiedade, preocupação e, eventualmente, em sintomas psicossomáticos que, se a pessoa de fato tiver "espírito fraco", podem até causar a morte. A profecia autorrealizadora, às vezes, está espreitando por trás do sucesso de qualquer tipo de sugestão.

Magia solidária

É como se a mente se solidarizasse com o encantamento ou maldição. Quanto mais fraca, instável ou medrosa for a mente, mais é afetada pelo encantamento ou maldição. A magia solidária sugere que tudo está conectado ou ligado a um reino invisível.

Portanto, o ato de enfiar um alfinete numa boneca supostamente pode prejudicar a pessoa que ela representa porque o que acontece no sentido simbólico tem resultado no mundo empírico. Essa ideia é antiquíssima e está representada na arte primitiva das cavernas, onde humanos se vestiam de animais que queriam matar para obter alimento e peles, e no uso de vários tipos de chifres antes de uma grande caçada. Ela também está presente quando alguém toma a hóstia representando o corpo de Cristo durante a comunhão ou joga na loteria marcando os números que têm um significado especial para ele. A essa altura devo dizer que Larry jogou várias vezes os números que considera importantes, mas até agora nada, nada, zero! E olhe que EU concentrei minhas intenções positivas nos vários cartões!!

A magia solidária é baseada em duas leis: a lei da similaridade e a lei do contágio. A primeira sugere que um efeito será muito parecido com sua própria causa, enquanto a lei do contágio garante que, como neste mundo tudo está interconectado, quando entramos em contato com alguém ou com alguma coisa, mantemos esse contato. E sabe de uma coisa? Isso é ciência! Seu nome? Entrelaçamento. No mundo quântico, se duas partículas se entrelaçam, permanecem unidas por vastas distâncias espaciais. Elas têm a capacidade de se afetar mutuamente. Einstein chamou isso de "ação fantasmagórica à distância" e alguns cientistas afirmam que essa "comunicação" entre as partículas é devida a um mecanismo ainda não plenamente conhecido, mais rápido do que a velocidade da luz.

Um praticante de vodu pode recorrer a essas leis para produzir um efeito desejado por meio da fala ou pela imitação. O fator contágio ocorre quando uma pessoa aceita a situação e termina por manifestar o efeito desejado, como se praticante e paciente fossem um só, conectados por algum fio ou teia invisível, solidários com a mesma intenção entre eles.

No entanto, a ciência tradicional rotulou a magia solidária de pseudociência porque ela não pode ser provada ou repetida num cenário controlado. Apesar disso não ser impossível, exigiria a realização de testes extensos e repetitivos com grupos de controle de vários tipos, como os que acreditam, não acreditam e não sabem qual é o encantamento ou maldição que está sendo lançada contra eles. Mesmo assim, os resultados poderiam permanecer totalmente no reino subjetivo, mesmo que tenham mostrado sinais de êxito. Talvez a mágica permanecerá mágica até se tornar parte objetiva de nossa realidade.

A crença em que semelhante atrai semelhante é parte da nossa moderna visão de mundo que ainda não foi descartada, embora tenhamos abandonado as antigas peles das tradições e ideias que não a servem mais para nós (por exemplo, a Terra é plana). Apesar de intelectualmente sabermos que esfregar a barriga da estatueta de Buda que guardamos na estante não nos fará ganhar muito dinheiro, perder peso ou conquistar a fama, nós continuamos repetindo esse ato. Só por hábito. Para dar sorte. Não custa nada. Por que não? Então, quando boas coisas acontecem para nós naquele dia, como encontrar uma nota de 100, automaticamente as atribuímos à carícia que fizemos numa barriga gorda e lisa (do Buda, não do nosso cônjuge). Oh, se por acaso cruzarmos com um gato preto e no dia seguinte formos despedidos do emprego, jogamos a culpa no pobre felino e não porque trabalhamos muito mal, estávamos sempre atrasados etc.

Não é prova suficiente para demonstrar que ela funciona?

O site da Creighton University Medical Center sobre medicina complementar ou alternativa (AltMed.creighton.edu/) apresenta um interessante artigo intitulado "A ciência do vodu", que examina vários estudos científicos analisando o vodu como uma modalidade eficaz de cura. Esses estudos foram feitos para determinar a validade do vodu no sentido médico: se ele depende apenas da sugestão para obter efeitos similares aos dos placebos ou das várias ervas que costumam ser usadas nos rituais e que possuem real valor toxicológico e terapêutico. Entre esses estudos há um que foi publicado no Volume 42, número 7, 2002, "Headache" [Dor de cabeça], que chegou à conclusão de que a melhora dos sintomas em pacientes tratados pelo vodu deve ser atribuída a um efeito placebo. Quando simultaneamente há o estímulo e a inibição do sistema nervoso, parece haver uma diminuição da dor. O autor do estudo, Seymour Solomon, dá o exemplo de alguém bebendo um chá medicinal sobre o corpo de um coelho morto, ocorrendo tanto o estímulo ou a inibição do sistema nervoso, o que pode resultar em alívio. (Nota de Larry: Apesar de esse estudo realmente provocar novas ideias e pensamentos, beber alguma coisa sobre uma carcaça de animal me parece nojento e eu questionaria a segurança higiênica desse comportamento. Resposta de Marie: Não reclame antes de experimentar!)

Um outro estudo tratou do caso de uma mulher com metástase de melanoma, que passara por quimioterapia obtendo apenas uma resposta positiva mínima. O título do artigo, publicado no *Archives of Dermatology Journal*, de 2008, é "A medicina vodu continua firme: um caso de melanoma, fé e fracasso". Ele documenta a decisão da paciente de procurar tratamento médico alternativo nas Filipinas, que pareceu funcionar por algum tempo, até a mulher morrer algumas semanas depois com metástase do câncer. O estudo concluiu que os tratamentos alternativos podem complementar a medicina ocidental, mas não devem ser seguidos como modalidade única de cura. Apesar de a certa altura a paciente "acreditar" que estava curada, o resultado final provou o contrário.

O vodu e outras modalidades alternativas de cura podem ser mais um "nocebo" do que um placebo. O paciente recorre a essas práticas porque acredita que está sendo vítima de intenções negativas, e o efeito nocebo é o resultado da expectativa de ter uma doença incurável porque esse é o resultado que ele espera. Não são espíritos ou demônios que estão enviando energia negativa e doenças, pois elas estão na mente do indivíduo. A simples expectativa de doença ou morte parece gerar doenças e morte no vodu e sistemas de crença similares.

Isso é o mesmo que acontece a um paciente internado em um hospital moderno que recebe a notícia de que tem apenas dois meses de vida e acaba morrendo exatamente dois meses depois. No entanto, todos conhecemos pessoas que ouviram uma sentença de morte da boca de um médico ocidental e viveram muitos anos e até décadas depois dessa previsão. Seria por pura sorte ou devido a uma crença forte e focalizada do paciente apesar das palavras do médico? Esse conceito nos leva a um outro aspecto interessante das maldições e encantamentos. Quanto mais forte for o indivíduo que lança um encantamento ou maldição na percepção do paciente, mais forte este será na manifestação dos resultados. Um curandeiro de aldeia terá mais capacidade de moldar a crença dos moradores do que alguém com menos autoridade espiritual. Mesmo em nossa cultura, tendemos a olhar com respeito um médico ou cirurgião, e confiar neles, e se nos derem a notícia de que temos uma doença terminal, a maioria de nós lhes dará a credibilidade que não daríamos a um vizinho ou desconhecido que nos fizesse o mesmo diagnóstico.

Essa é a conclusão básica de um estudo feito por Richard R. Bootzin e Elaine T. Bailey, da University of Arizona, publicado no *Journal of Clinical Psychology*, de 2005. Intitulado "Entendendo os efeitos do tratamento iatrogênico, placebo e nocebo", o artigo examinou tantos os efeitos positivos como negativos do emprego do placebo e não placebo (nocebo) nos pacientes. O estudo determinou que fatores psicológicos, como o medo de um enfarte, podem ser fatores de risco de morte. Esperar a doença, como já foi dito anteriormente, pode levar à doença. Entretanto, como se poderia imaginar, os autores do artigo pediram estudos científicos adicionais e muito necessários.

Então, como já vimos, o vodu e outros tratamentos espirituais talvez venham a dar certo devido às ervas associadas aos rituais para curar pessoas afligidas por doenças ou possessão, que pode ser tanto positiva como negativa, dependendo do espírito que supostamente possuiu o paciente, levando à questão maior: *São os demônios que possuem as pessoas ou são as pessoas que possuem os demônios?* No entanto, esses tratamentos talvez funcionem por causa do efeito placebo/nocebo. Talvez exista uma combinação dos dois. De fato, certas ervas têm qualidades de cura quando consumidas adequadamente e creio que a maioria das pessoas concorda, mesmo sem uma prova empírica, que nossas mentes podem nos fazer felizes ou doentes. (Pense em quantas vezes você acusou alguém muito chato com as seguintes palavras: "Você me dá enjoo!" Talvez não seja o mau comportamento da pessoa que causou essa reclamação. O culpado é seu cérebro e a ideia que ele tem sobre mau comportamento.)

Remédios Caseiros

Em abril de 2009 um artigo na *Psychology Today* discutiu o lado positivo do vodu ao falar de remédios homeopáticos e placebos. De acordo com ele, dos pacientes que receberam pílulas de açúcar depois de cirurgias como sendo analgésicos, 50 por cento sentiram o mesmo nível de alívio que teriam se tivessem tomado remédios verdadeiros. A aplicação tópica de remédio para verrugas traz a cura, mas o efeito é o mesmo quando se usa água colorida. O autor do artigo, o médico Stephen Mason, comentou: "Ora, com tantos relatos antropológicos de feiticeiros fazendo trabalhos para matar, quem duvidaria do poder da sugestão? Certamente, não os médicos!"

Parece que há algo de positivo em mentir para o paciente administrando um placebo. Todavia, Mason acha que há algo de negativo em contar a verdade para o doente. Até onde um prognóstico negativo poderia criar um resultado negativo? "O feiticeiro pode, afinal, usar seu poder de sugestão para ajudar ou prejudicar. Qual é a extensão do dano quando o paciente ouve que precisa colocar seus negócios em ordem por uma figura de autoridade vestida de branco?" Mason se refere a um estudo da UCLA que chegou à conclusão de que o vírus da Aids se desenvolve quatro vezes mais rápido nos pacientes que desistiram de controlar a doença.

A comunidade médica há muito acredita que o efeito placebo seria eficaz em um pouco menos de um terço dos casos onde foi utilizado, mas alguns estudos clínicos mostraram números muito maiores, às vezes chegando a 70%, segundo um artigo do *Clinical Psychology Review* documentando estudos individuais. A escritora britânica de assuntos científicos, Helen Pilcher, examinou os dois lados da moeda placebo num artigo de grande repercussão chamado "A ciência do vodu: quando a mente ataca o corpo", originalmente publicado na revista *Scientific American Mind* de maio de 2009. Ela começa sua discussão contando um caso real ocorrido 80 anos atrás no Alabama. Um homem, Vance Vanders, teve uma briga com um famoso feiticeiro que, conta-se, atirou um líquido fedorento no rosto de Vanders e lhe disse que ele logo iria morrer.

Semanas depois e à beira da morte, Vanders foi internado num hospital. Os médicos não conseguiam curá-lo e estavam perplexos com os sintomas. Não tinham a menor ideia do que estava errado no paciente. Então, um dos médicos, Drayton Doherty, muito preocupado, confessou que tinha atraído o feiticeiro para o cemitério durante a noite e ameaçou esganá-lo até que lhe desse detalhes da maldição. O homem contou que pusera ovos de lagarto no estômago de Vanders e o réptil o estava comendo por dentro. No dia seguinte, o médico mandou uma enfermeira dar uma dose dupla de emético ao paciente, fazendo-o vomitar. Enquanto isso, Doherty tirou um lagarto verde que trouxera em sua maleta, mostrou-o a Vanders, dizendo: "Olhe o que saiu de você, Vance. A maldição do feiticeiro acabou."

Você pode adivinhar o fim da história. Vance recostou-se no travesseiro, caiu num sono profundo e acordou alerta e faminto. Ele recebeu alta depois de uma semana e saiu do hospital em perfeita saúde.

Esse caso está documentado e teve um ótimo resultado. Infelizmente, muitas pessoas foram amaldiçoadas e morreram. Vance Vanders teve a sorte de encontrar um médico sábio e interessado no seu caso. Se a mente pode acreditar em uma maldição, também pode deixar de acreditar nela. Helen Pilcher também escreveu sobre um caso muito mais atual, falando de um homem com câncer que recebeu do seu médico a notícia de que tinha poucos meses de vida e, de fato, morreu pouco tempo depois. Houve, contudo, um pequeno problema. A autópsia revelou que o homem não deveria ter falecido. Seu tumor era muito pequeno e não havia se espalhado para outros órgãos. A pobre criatura morreu porque o médico lhe disse isso, mas o diagnóstico foi errado. Clifton Meador, médico do Vanderbilt School of Medicine, em Nashville, Tennessee, fez um breve resumo do acontecido: "Se todos o tratam como se estivesse morrendo, você acaba acreditando. Tudo o que acontece no seu corpo se relaciona com sua derradeira morte."

Esse é o poder do nocebo em operação. Pilcher também relata a história de Derek Adams, que tentou cometer suicídio depois de uma separação sofrida, tomando de uma vez 29 pílulas de antidepressivo que tinha em seu poder. O resultado foi uma queda de pressão muito forte e uma viagem ao pronto-socorro. Acontece que Derek participava de um estudo sobre antidepressivos, mas estava no grupo de controle que recebia pílulas (placebo) totalmente inócuas! Depois de esclarecida essa pequena questão, Adams entendeu a situação e 15 minutos após estava alerta e com os sinais vitais normais.

Algumas pessoas argumentam que, se os médicos aprendessem a usar suas palavras com cuidado, parte dos seus mais tristes casos poderia nem acontecer. Talvez a falha esteja na linguagem, atitude e modo de transmitir o diagnóstico ao paciente. Porém, o ônus da responsabilidade cai sobre o paciente, mesmo que ele não perceba. A mente que está entrando no jogo é a sua própria mente. Nenhum sacerdote vodu, feiticeiro ou cirurgião tem o poder de matar somente com palavras. O paciente se mata por acreditar nessas palavras e também pode se curar por causa de palavras. A hipnose, é interessante notar, é um dos meios para eliminar uma crença em falsas verdades sobre a morte, através da mudança nas expectativas do paciente, livrando-o da ansiedade e dos estressores a ela associados.

Portanto, a maldição pode ser derrotada pelo mesmo poder usado para lançá-la. Sugestão. Você vai morrer. Você vai ficar bom. Tudo depende de qual afirmação sua mente escolhe aceitar e acreditar. Ao romper a causa ou o ciclo da crença, vemos o resultado físico — os efeitos — mudar. Mas se acreditarmos que somos mais poderosos do que as sugestões e pensamentos dos outros, estaremos bloqueando o mau mojo, não permitindo que ele se esgueire para o interior de nossos cérebros como se fosse uma doença viral, nos infectando até o nosso falecimento — mesmo sem termos nenhuma doença física inicial.

ACREDITAR EM ACREDITAR

Afinal, como acreditamos no que acreditamos? Como dissemos anteriormente, algumas pessoas acreditam em qualquer coisa, e pensamos que esse é o motivo da popularidade de revistas de fofocas sobre celebridades e o sucesso de programas feitos para enganar o público, como os *reality shows*! A história nos conta que toda civilização tem crenças no sobrenatural, em deuses ou demônios e no poder de objetos naturais, como pedras e penas de pássaro. A crença religiosa talvez seja a dominante e os psicólogos e biólogos evolucionistas pensam que essa crença está gravada no nosso HD cerebral. O *Daily Mail* de 7 de setembro de 2009 publicou as descobertas de Bruce Hood, professor de psicologia da evolução da Bristol University, indicando que "as crenças na magia e no sobrenatural estão gravadas no nosso cérebro desde o nascimento e que as religiões têm à sua disposição uma poderosa força psicológica". De fato, as pessoas podem ser pré-programadas para sentir emoções físicas ou religiosas quando partes específicas do cérebro são estimuladas.

Alguns ateus afirmam que a crença religiosa é resultado de pouca educação, pobreza e doutrinações feitas na infância, mas os estudos de Hood sugerem que essas crenças vêm de um nível fundamental e não são facilmente abandonadas, o que talvez explique o nível de paixão que os indivíduos demonstram quando defendem suas crenças religiosas.

Os biólogos evolucionários salientam a necessidade instintiva de sobrevivência como um fator do surgimento da crença no sobrenatural. Os *Homo sapiens* primitivos podem ter sido ajudados por essas crenças num nível de sobrevivência, como o modo que usamos a construção de narrativas para nos ajudar a explicar e entender o mundo e eventos aos quais somos expostos. Eventos misteriosos frequentemente são atribuídos aos deuses quando não está evidente uma explicação razoável, e para os homens primitivos o universo deve ter parecido ser incrivelmente mágico e estranho.

Os neuroteólogos, que atuam em um campo da ciência que combina a religião com a neurologia, têm uma opinião um pouco diferente. Como as experiências paranormais e até anomalias da mente relacionadas com a memória podem ser explicadas pela atividade no interior das regiões dos lobos temporais, eles acreditam que a crença religiosa também está dormente nessa parte do cérebro. Já houve estudos sobre epilepsia do lobo temporal e visões e experiências religiosas. Os neurocientistas apontam uma notável mudança na química corporal e das emoções em pacientes com epilepsia do lobo temporal quando expostos a palavras e frases religiosas.

Os mais recentes estudos sobre o cérebro, com base em imagens digitais, mostram que o lobo temporal não é a única região que acende durante as experiências religiosas. Andrew Newberg, da University of Pennsylvania, usou a tomografia computadorizada com emissão de fótons simples, ou SPECT — em inglês, para fotografar o cérebro durante experiências religiosas, mostrando as mudanças no fluxo cerebral, sempre que desejado. Monges budistas tibetanos participaram de um estudo. Ficaram meditando enquanto Newberg injetava um contraste radioativo e em seguida media a atividade dos seus cérebros. O resultado mostrou um aumento de atividade no lobo frontal, a parte do cérebro que lida com a concentração. Newberg também observou o lobo parietal, responsável pela nossa orientação dentro do espaço tridimensional à nossa volta. Essa parte do cérebro nos ajuda a calcular a distância que nos separa de objetos e a localização espacial. Ela mostrou uma atividade diminuída, sugerindo que os monges em meditação perderam um sentido de separação em favor de se sentirem como sendo unos com o Universo, o que costuma ser associado com o êxtase religioso ou com a sensação de Nirvana.

Newberg encontrou resultados similares com freiras que permaneceram rezando durante a experiência, inclusive a perda do sentido do eu e um aumento na sensação de unidade. Estudos com imagem podem sugerir que a experiência religiosa é somente o resultado da ativação de partes do cérebro, mas ainda não responde verdadeiramente a pergunta sobre qual é a causa da ativação. Nossos pensamentos? Talvez seja as boas-vindas a um poder externo ou fonte que então afeta psicologicamente o cérebro, bem como nosso ritmo de respiração, pulsação e pressão sanguínea, que se modificam durante a meditação e experiência religiosas.

A propósito, mesmo que o cérebro esteja programado para acreditar em Deus, quem, então, fez a programação?

Obviamente, muitos líderes religiosos não gostam nem um pouco da ideia de que tudo se restringe ao cérebro ou à ideia de que podemos desencadear nossas próprias experiências místicas colocando um aparelho que simula determinadas regiões do cérebro, algo similar ao Dr. Michael Persinger's God Helmet [capacete de Deus do Dr. Michael Persinger], que emprega uma série de eletrodos destinados a alterar o campo eletromagnético na área do lobo temporal, desorganizando os pulsos elétricos, fazendo o lado direito do cérebro ter sensações de proporções paranormais. Pode parecer incrível, mas é possível colocar um aparelho na cabeça e imediatamente sentirmos a bem-aventurança, vermos a face de Deus ou visitarmos seres sobrenaturais unicamente porque um pedaço em especial de massa cinzenta foi ativado e influenciado por meios externos.

Entretanto, também podemos ver e experienciar coisas que na realidade não queremos ver ou sentir, que possam estar ligadas aos profundos medos subconscientes que nem imaginamos ter. Demônios, diabos, monstros. Sim, o cérebro pode ser um fator na possessão demoníaca. Estudos relacionados com a epilepsia interpretaram erroneamente como um "*show*" de vodu, uma sessão onde, durante a "incorporação de espíritos", uma pessoa pode começar a falar em línguas estrangeiras que não conhece, sofrer complexos ataques parciais e automatismos motores, e até mesmo perder a consciência. Durante essas crises/possessões, os eletroencefalogramas mostram um foco temporal anterior direito e atrofia da região do hipocampo direito. Essa similaridade com a causa/efeitos da epilepsia sugeriu que a possessão demoníaca ou incorporação no vodu podem estar relacionadas em um nível fisiológico. A possessão talvez seja desencadeada por um intenso medo ou emoção durante rituais cerimoniais. Estudos anteriores mostraram que a epilepsia pode criar intensas experiências religiosas em alguns pacientes.

Membros da comunidade psiquiátrica já investigaram os fenômenos de possessão a partir de uma perspectiva científica? Sim, sem dúvida, e a moderna psiquiatria considera a possessão como resultado de desequilíbrios neuroquímicos específicos que afetam a percepção da realidade do indivíduo. Outros, contudo, creem que a possessão é resultado de partes profundas e reprimidas da psique humana emergindo para se apossarem periodicamente do ego consciente, como se a pessoa possuída estivesse sofrendo de distúrbio da personalidade múltipla. Carl Jung acreditava que demônios e espíritos eram inquestionavelmente reais, mas não no sentido físico. Eram uma "realidade psíquica" que vivia nos estados mentais mais baixos, emergindo de vez em quando para desafiar nossa percepção, saindo das profundidades escuras e lamacentas da mente inconsciente.

Se, de fato, tudo está na mente, temos que incluir a mente subconsciente na equação, porque mal conhecemos o modo como ela funciona, muito menos o que ela teria o poder de fazer, tornando extremamente difícil discutir com o homem que insiste que vai morrer porque o osso da morte foi apontado para ele ou com a mulher curada em Fátima pela sua fé.

Por que essas duas crenças se manifestam em realidade? Fé cega, talvez. Ou, quem sabe, uma construção da parte mais profunda, mais misteriosa da mente, onde tudo o que acontece pode ser real ou irreal — dependendo, claro, do que acreditamos.

Estudos sobre o poder da prece para salvar os doentes e moribundos mostraram resultados variados. Desde o século XIX a oração de intercessão pelos doentes tem sido tema de um ardoroso debate. A socióloga Wendy Cadge, especializada em religião e medicina, começou a pesquisar a prece intercessora em meados da década de 1960 e colocou seus anos de estudos em um livro, *Paging God: Religion in the Halls of Medicine* [Chamando Deus: religião na medicina]. Ela avaliou 18 estudos publicados realizados entre 1995 e 2006, documentando a evolução da medicina e da religião, mostrando como as duas foram mudando ao longo das décadas.

Os estudos abrangem religiões como protestantismo, cristianismo, budismo e judaísmo. Segundo os dados da pesquisa, alguns resultados mostraram que a prece foi eficaz. Outros estudos mostraram o exato oposto. De acordo com Cadge, as falhas foram causadas pelo protocolo das pesquisas sugerindo que não foram feitos os testes adequados nesses estudos médicos. Como sempre, argumenta-se que a prece é totalmente subjetiva e sua eficácia também depende do fato de o paciente estar, ou não, a par da intercessão.

O simples fato de a pessoa alvo das orações saber que estão rezando por ela pode ajudá-la a se curar? Sem dúvida, é um pequeno problema para os que desejam provar que o poder está na prece em si, na energia curativa do intercessor e não na mente do paciente. O único modo de negar essa correlação seria fazer estudos intensivos e completos com pacientes sem conhecimento de que alguém está rezando por eles ou até afirmar que não há ninguém orando por eles. Se a prece tem algum tipo de influência externa, não fará diferença se o paciente souber ou não. Lembre-se que se alguém faz um trabalho de vodu para um morador da aldeia, ele só será afetado se a maldição tiver poder, e existem muitas "provas circunstanciais" para mostrar que não é isso que acontece. Mais uma vez voltamos à mente da vítima, sujeito ou paciente de um encantamento, prece ou maldição. É nela que acontece a mágica, quer tenha intenção de matar ou curar, e não em uma força externa que é colocada em ação por meio de um canto, osso apontado ou grupo de freiras rezando em um convento muito, muito distante. Sem dúvida, há casos de cura ou adiamento da morte de indivíduos que não sabiam da generosidade de espírito de outras pessoas. Entretanto, não podemos provar que foi a prece, sozinha, a responsável, o corpo curando a si próprio naturalmente ou se foi a mente da pessoa que decidiu que queria ficar curada.

David R. Hodge, professor assistente no College of Human Services da Arizona State University, é um renomado especialista em espiritualidade e religião. Numa entrevista dada ao *ScienceDaily*, em março de 2007, ele conversou sobre seus estudos sobre a prece intercessora. Sua conclusão foi que algumas funcionam e outras, não. Em seu trabalho, publicado no número de março de 2007 do *Research on Social Work Practice*, ele conclui que são necessárias mais pesquisas, porque alguns dos estudos encontraram uma clara correlação entre a prece e a melhoria na saúde. "No seu todo, a meta-análise indica que a prece é eficaz. No entanto, ela é eficaz a ponto de atender as normas da Associação Psicológica Americana, Divisão 12, para validar empiricamente as intervenções? Não."

Hodge sugere que a prece pode ser uma parte efetiva de um processo de tratamento que também inclui tratamentos padrão, mas enfatiza que ela não deve ser usada sozinha. Por outro lado, um outro artigo publicado no *ScienceDaily* de abril de 2006 afirmou que a prece não teve efeito sobre pacientes de cirurgias cardíacas e, pasmem!, em alguns casos ela trouxe uma piora. O estudo, chamado STEP (Estudo sobre os Efeitos Terapêuticos da Prece Intercessora, sigla em inglês), analisou pacientes que haviam sofrido implantes de ponte de safena, com pouca ou nenhuma fé religiosa. Os 1.802 participantes foram divididos em três grupos de 600. Um deles não recebeu preces. O segundo grupo recebeu preces depois de ter sido informado que elas poderiam ou não ser feitas na véspera da cirurgia. O terceiro foi avisado que receberia preces na véspera da cirurgia e nos 14 dias seguintes. As orações eram simples, pedindo uma cirurgia bem-sucedida e uma rápida e tranquila recuperação.

Os resultados foram absolutamente chocantes. O grupo que sabia que estava recebendo orações teve mais complicações do que os outros dois. Mortes nos 30 dias depois da cirurgia aconteceram tanto no grupo que sabia como no que não sabia. Os pesquisadores não tinham uma explicação clara para o fato de pessoas cientes de que estavam recebendo orações sofrerem mais do que os do grupo de controle não informados sobre as preces. Uma possível explicação é que os indivíduos que sabiam da intercessão tiveram a impressão de que estavam muito mal e, sem perceber, "desejaram" piorar.

Um grande número de fatores entra em cena para determinar a eficácia do poder de orações ou maldições. A pessoa alvo parece ser o maior fator de todos. Elas acreditam? Elas aceitam seu destino, bom ou mau? Suas mentes são fortes o bastante para não acreditarem em "trabalhos" ou pragas? Se o subconsciente estiver no comando, o que pensam e acreditam não tem valor?

Mente sobre matéria, ou mente sobre mente. Talvez caiba a nós como indivíduos determinar o nível de controle que damos aos pensamentos, forças e crenças que poderiam nos prejudicar ou ferir.

Como nossos filhos gostam de nos lembrar: "Ninguém manda em mim!"

CAPÍTULO 7

Viagens da mente e lapsos de tempo

O homem... pode escapar da gravidade em um balão; por que ele não deveria ter a esperança de um dia ser capaz de parar ou acelerar sua viagem pela Dimensão do Tempo ou mesmo dar meia-volta e vaguear pelo outro caminho?
H. G. Wells, *A máquina do tempo*

Atualmente, a viagem no tempo, antes confinada à fantasia e à ficção científica, é tão somente um problema de engenharia.
Michio Kaku, revista *Wired*, agosto de 2003

Os eventos da vida se sucedem numa sequência no tempo mas, no seu significado para nós, eles encontram sua própria ordem no fio contínuo da revelação.
Eudora Weltry

A mente pode transcender o corpo? A mente pode transcender o tempo? E, mais importante, a mente pode transcender a morte?

Para qualquer um que possa ter vivenciado uma experiência fora do corpo (EFC), ou viagem astral, existe a certeza de que a mente pode, de fato, deixar o corpo, às vezes por vontade própria, e movimentar-se pelo panorama do mundo. E não falo apenas deste mundo, mas dos outros, que só podem existir quando a parte física da vida desliza para o banco do carona e a consciência recebe permissão para assumir o volante.

A experiência fora do corpo pode acontecer a qualquer hora, a qualquer pessoa. Pense nos momentos de intenso devaneio quando a sensação de ter um corpo físico se dissipa e a mente entra em um estado de imaginação focalizada. Há quem considere o devaneio como uma completa perda de tempo, mas pesquisas recentes indicam que pode haver muito mais em "sair da zona" do que se imaginava anteriormente.

Um estudo feito na University of British Columbia, em 2009, usou a ressonância magnética para examinar o cérebro de participantes que foram solicitados a executar uma tarefa simples e rotineira enquanto a atividade cerebral era monitorada. A crença mais recente na época era que o cérebro tinha uma "rede default" que entrava em ação quando se atingia determinado ponto de tédio, em geral durante tarefas definidas como comuns, fáceis e pouco interessantes. A ideia era essa ser a única parte do cérebro que funcionava durante episódios de devaneios. Porém, o estudo da UBC demonstrou algo muito diferente e muito mais interessante. As imagens indicaram que a "rede executiva" do cérebro, associada ao pensamente complexo e à resolução de problemas, também se mantinha ativa. E mais, quanto menos o sujeito tinha noção de que estava devaneando, mais luzes se acendiam na tela.

Um estudo similar feito no Darmouth College, em 2006, corroborou esses dados, acrescentando que nem todas as mentes vagueiam da mesma maneira e que os sujeitos que apresentavam um maior fluxo de sangue na rede default relataram maior número de episódios de devaneio.

Os resultados sugerem que o devaneio, na verdade, é um estado cognitivo onde a mente pode se aventurar para fora do cérebro e examinar importantes questões ou problemas de vida, mesmo enquanto o cérebro está lidando com situações rotineiras. O corpo permanece em um contínuo estágio de alerta para que possa completar sua tarefa em segurança. Esse fenômeno é visto mais frequentemente quando estamos dirigindo por longas distâncias e nos parece que perdemos o sentido do tempo e do nosso físico. Ao chegar ao seu destino, muitos se perguntam como não bateram em outro veículo ou atropelaram alguém enquanto sonhavam acordados sobre a casa de praia que esperam comprar no futuro. A EFC significa deixar o corpo e viajar para longe dele, com uma clara compreensão de que o corpo físico foi deixado para trás. O viajante, por assim dizer, vê o seu corpo abaixo dele enquanto sobe e se movimenta dentro de um campo astral. Nesse estado, é comum sentir que a mente parece ter poderes sobre-humanos como atravessar paredes, voar sobre oceanos e visitar entes queridos falecidos em outros reinos ou dimensões. Essas experiências são muito mais do que sonhos e frequentemente envolvem alguma lucidez, apesar de muitas pessoas que relataram o fenômeno dizerem que pareciam ter pouco ou nenhum controle sobre ele.

EXPERIÊNCIAS FORA DO CORPO

O termo *fora do corpo* aparentemente apareceu pela primeira vez no livro *Apparitions,* de G. N. M Tyrrell, em 1940. Mais tarde a experiência começou a ser chamada de projeção astral ou viagem astral pelos autores com tendência metafísica. Muitos viajantes podem sair do corpo por vontade própria, mas na maioria a experiência ocorre como resultado de trauma, uso de drogas e extremos estressantes mentais. Ela também pode ser induzida durante a meditação, visualização focalizada ou ritmos binários (em tambores, por exemplo) para incentivar o cérebro a entrar no estado que fica entre o sono e a vigília. Alguns indivíduos contaram que vivenciaram EFCs onde tiveram a nítida impressão de que seu corpo estava completamente paralisado. Também é fácil imaginar o choque sentido pelo viajante quando olha para baixo e vê seu corpo inerte.

Os cientistas e neurologistas comparam a EFC a experiências de realidade virtual, citando possíveis conexões relacionadas com falhas tácteis ou visuais. É interessante saber que estudos demonstraram que as máquinas de realidade virtual podem propiciar o sentido de estar fora do corpo, movimentando-se livremente e explorando o ambiente. No entanto, os que saíram do corpo por vontade própria afirmam que suas experiências vão muito além do virtual e acreditam firmemente que elas são reais e não uma ilusão criada por defeitos em áreas específicas do cérebro. Além das experiências de realidade virtual, as EFCs já foram induzidas pela estimulação direta da junção temporal-parietal do lado direito. Entretanto, os relatos de EFCs naturais sugerem que outros aspectos do cérebro ou consciência estão envolvidos.

Outros estudos científicos sugerem que durante a imobilização do corpo nós perdemos o contato com os dados de entrada do sentido do tato. Todavia, alguns aparentemente retêm uma percepção que vai além dos cinco sentidos. Há também quem vincula a EFC com condições de impacto físico ou mental máximo, como o parto, um acidente traumático ou um evento médico, como uma parada cardíaca. Um desses estudos, publicado no *Lancet*, em 2001, envolveu 344 pacientes que foram ressuscitados depois de sofrerem uma parada cardíaca. Nele, 18% relataram uma experiência de quase morte e muitas outras incluíram a percepção de estar fora do corpo.

As etapas de uma EFC são:

- Afastamento consciente do ambiente e da atividade física. A atenção volta-se para dentro e o corpo entra no modo piloto automático.
- Uma etapa cataléptica ou de paralisia onde o corpo fica imóvel. Podem surgir informações sensoriais, inclusive a visão de luzes brilhantes, zumbidos, vibração ou de chiado na cabeça ou no corpo.
- A percepção separa-se do corpo físico. É vivenciada uma forte sensação de ser puxado para fora do corpo.
- Liberdade de movimentos. Esse é o momento em que começa de fato a "viagem astral". A mente se movimenta fora

do corpo mas, em geral, mantém-se ligada a ele por um fino e visível cordão branco ou prateado. Dependendo da intensidade da lucidez, o viajante pode ter a sensação de excepcional focalização ou clareza.

- Reentrada. O viajante, muitas vezes, "sabe" intuitivamente que deve voltar ao corpo e o faz, frequentemente com grande rapidez e acompanhado de um "estalo" ou um pequeno choque. A pessoa pode ter a impressão de que está entre o sonho e o estado de vigília, mas sabe que *não* estava em devaneio.

Apesar de as EFCs terem talvez uma explicação fisiológica simples, a projeção astral e a viagem astral são um pouco mais complicadas. Segundo relatos, assim que elas começam, parece que "vale tudo". Os viajantes relatam jornadas fantásticas por planos não físicos onde somente o corpo espiritual pode ir. Preston Dennett, autor de *Out-Of-Body Exploring: A Beginner's Approach* [Exploração fora do corpo: a palavra de um principiante], documenta suas viagens astrais feitas 20 anos atrás, numa tentativa de se comunicar com sua mãe falecida. Ele teve centenas de experiências com duração variando entre alguns segundos até horas, e com a prática aprendeu até a controlar aspectos de suas viagens. Apesar de os céticos argumentarem que nada jamais deixou o corpo de Dennett, ele afirma que sentiu a clareza e a "realidade" das experiências e, apesar de puramente subjetivas, davam a impressão de serem apenas um outro nível da realidade que qualquer um pode conhecer com alguma prática.

Entre as experiências de Dennett estão muitos temas que são comuns em outros relatórios de viagem astral, como a presença de um Poder ou Luz Maior, contato com guias espirituais, acesso aos Registros Askáshicos e até mesmo viagens no tempo! Os viajantes relataram tudo o que existe, desde a capacidade de se encontrar com outros viajantes à comunicação com anjos e parentes falecidos, e até sexo no plano astral! Outros relatos incluem uma variedade de formas de vida não humanas diferentes do que são vistas na Terra, desde elfos a monstros troll, de duendes a fadas.

O Dr. Bruce Goldberg escreve em *Exploring the Fifth Dimension: Parallel Universes, Teleportation and Out-Of-Body Travel* [Explorando a quinta dimensão: universos paralelos, teletransporte e viagens fora do corpo] que: "quando ocorre a saída do corpo, não existem leis físicas como as que conhecemos na Terra. O tempo inteiro é simultâneo, de modo que se pode ver qualquer atividade passada, presente ou futura acontecida no plano físico." A EFC não só ignora nossas tradicionais ideias sobre tempo linear, mas até mesmo nossa crença de que existe uma única realidade tridimensional: aquela em que vivemos.

Goldberg afirma que, além da quarta dimensão do tempo, há uma quinta dimensão, que constitui uma teia de estruturas entre as quais estão os Cinco Planos Inferiores, o Plano da Alma e os Sete Planos Superiores. Os cinco inferiores são os planos físico, astral, causal, mental e etéreo, e eles estão focalizados nos pensamentos e ações da alma, as lições a serem aprendidas com a criação de dívidas cármicas ou sua eliminação. O plano da alma é a zona intermediária onde reside o Eu Superior e os Mestres, Guias e os amados falecidos que estão prontos para comunicar conselhos e orientação por meio da telepatia. Os Sete Planos Superiores formam o reino da conexão com Deus, a Fonte, o Único, e supostamente só pode ser acessado depois que toda a dívida cármica for resgatada e o ciclo cármico, superado.

Quer esses planos existam ou não, a completa variedade de experiências que têm sido relatadas sugere a existência de reinos repletos de imagens visuais e sensoriais que parecem, soam, são sentidas e saboreadas tão reais como qualquer coisa que pode ser encontrada no bom e velho plano terrestre.

Outro veterano da viagem astral, Robert Bruce, escreve sobre suas constantes jornadas nas dimensões sutis muito além das nossas, no clássico livro: *Astral Dynamics: The Complete Book of Out-Of-Body Experiences* [Dinâmica astral: o livro completo das experiências fora do corpo]. Com mais de 25 anos de prática, Bruce escreveu a "bíblia" de tudo o que se liga à EFC. Na edição revisada de 2009, propõe sua teoria de um "duplo projetável" que deixa o corpo físico durante uma EFC. Segundo ele, quando isso acontece, a mente se fragmenta em cópias que operam simultaneamente. Elas são: corpo físico/mente, o corpo projetado/mente e o corpo do sonho/mente. Qualquer pessoa que compreenda como esses corpos/mente funcionam pode ajudar alguém a ter uma EFC bem-sucedida.

Ao contrário das antigas pesquisas sobre as viagens astrais, onde era sugerido que a mente sai do corpo, deixando apenas uma casca física imóvel, esperando a volta da mente, Bruce vai além da hipótese "corpo vazio" apresentando a possibilidade de uma mente dividida, onde ambas retêm alguma memória da experiência. "A maioria das pessoas já tem dificuldade de captar o conceito de um único duplo astral se projetando para fora do corpo, imagine o que sentirão ao tentar entender que pode haver múltiplas cópias de uma única mente existindo simultaneamente. No entanto, é essencialmente o que acontece durante uma EFC."

Bruce descobriu o efeito mente dividida durante uma EFC particularmente poderosa, e mais tarde o comprovou com experiências adicionais. O processo está ligado ao fato de o corpo físico reter a "cópia mestre" da mente, memória e espírito, mesmo durante a EFCs. Quando o corpo físico adormece, ele entra em uma fase "mente acordada + corpo adormecido", onde a consciência é então refletida no "corpo energético sutil interior expandido". Esse novo corpo contém uma cópia fiel da mente e memória. Durante o sono, surge um outro aspecto chamado "mente sonho", e a certa altura o indivíduo começa a sonhar.

O corpo energético sutil expandido é o que produz o "duplo projetável em tempo real", que faz a viagem. De novo, uma cópia perfeita da mente e memória é refletida no duplo. No momento preciso em que o corpo se projeta em tempo real e se separa do físico, acontece a primeira fragmentação da mente e o duplo projetado continua como uma "entidade discreta". Então, as três cópias de mente e memória ou de uma única consciência existem em:

1. Corpo físico/mente (cópia mestre).
2. Mente sonhadora (aspecto interno de mente dividida).
3. Duplo projetado em tempo real (primeira divisão externa de mente dividida).

As três permanecem interconectadas, mas também podem funcionar de maneira independente. Cópias adicionais da consciência, então, podem ser criadas para refletir em dimensões cada vez mais altas.

O propósito de tudo isso é "permitir ao espírito essencial vivente se libertar de camadas mais grosseiras de matéria e consciência que o prendem ao corpo físico". A consciência, ou espírito impulsionador, então fica livre para viajar para níveis dimensionais mais altos e até mesmo para tocar a Fonte, enquanto o corpo está adormecido.

O efeito mente-fragmento pode explicar porque alguns dos aspectos mais anômalos das EFCs, como a presença de memórias sombra ou dual tanto do duplo projetado como do corpo físico em repouso. Bruce as descreve como "pontes" perpétuas que passam pelo cordão de energia que conecta o corpo físico/mente ao duplo projetado.

Como Goldberg, Bruce também defende que existem níveis dimensionais separados que o viajante pode acessar sendo a Real-Time Zone (zona em tempo real) o primeiro nível para o qual vão os principiantes da EFC, um tipo de zona tampão, onde se preparam para viajar para outras dimensões. Ele também afirma que os planos astrais estão divididos em sete níveis, cada um contendo muitos setores (ou "reinos" interiores). Essa dimensão é a mais próxima do universo físico, e diz Bruce: "O conteúdo do universo físico se reflete na dimensão astral e a dimensão astral se reflete no universo físico." O fluxo de energia resultante é parte do processo de como pensamentos e intenções se tornam manifestas.

Seria uma grande falha dos autores não mencionar o profundo trabalho sobre EFC feito por Robert Monroe, autor de muitos livros — e o seu clássico de 1970, *Journeys Out of the Body* — e fundador do Instituto Monroe. Ele é considerado um pioneiro no estudo da consciência e nas pesquisas sobre EFC, e seu instituto realiza pesquisas e estudos sobre a evolução da consciência humana. Sua pesquisa é baseada nas suas experiências como "aprendizado durante o sono" na década de 1950 e o levou a escrever seu extraordinário best-seller, bem como mais livros que continuam sua exploração das EFCs e da consciência. Monroe também registrou várias patentes de aparelhos que usam o ritmo binaural para estimular a função cerebral e sincronizar os hemisférios do cérebro.

Apesar de o Instituto Monroe ter sido uma das primeiras instituições a ensinar métodos para expandir o potencial e a consciência humana, ele não é o único dedicado a pesquisar as EFCs. A Academia Internacional da Consciência, situada em Portugal, tem um instituto, o Projectarium, descrito como "um laboratório de autoexperimentação". Aninhado entre 10 hectares de bosques de árvores de cortiça perto da cidade de Évoramonte, na região do Alentejo, esse centro, segundo seu website, é um ponto de convergência para os que realizam pesquisas sobre a consciência usando abordagens tradicionais e multidimensionais, utilizadas tanto por pesquisadores formais como pelo público em geral.

O Projectarium é constituído por um prédio principal com uma área de recepção e monitoramento ligado a um edifício em forma de iglu projetado para facilitar as experiências fora do corpo e a projeção consciente. É uma estrutura incomum e dizem que é a primeira do tipo no mundo, mas... não conte para os esquimós! Inaugurado em novembro de 2006, o Projectarium é um de muitos prédios dedicados às pesquisas localizados no campus da AIC, todos envolvidos na exploração da consciência interior e da percepção multidimensional.

Viajar fora do corpo mas permanecer vivo é, sem dúvida, uma experiência intrigante e emocional, mas o que acontece com a essência, ou mente, no final da jornada da vida? Para os que morreram e viveram para contar, a experiência provou para eles, sem sombra de dúvida, a existência de uma consciência separada do corpo físico.

EXPERIÊNCIAS DE QUASE MORTE

Experiências de quase morte, ou EQM, fazem a indagação máxima sobre a separação do corpo e da mente/consciência. Quando morremos, nosso corpo físico cessa de funcionar e, se aceitamos a teoria de que a mente nada mais é do que uma parte da infraestrutura do cérebro, nossa mente também teria de parar de funcionar. A consciência também deixaria de operar. No entanto, milhares de relatos de indivíduos de todas as partes do mundo, de diferentes etnias e religiões, sugerem que há alguma coisa que continua viva, talvez por toda a eternidade.

A experiência de quase morte típica segue uma progressão de etapas que foram definidas pela primeira vez pelo médico, psicólogo e escritor Dr. Raymond Moody Jr. Considerado o fundador das pesquisas sobre EQM, ele cunhou o termo em 1975. Moody estudou mais de 150 pessoas que haviam morrido clinicamente e voltaram à vida, para elaborar os estágios de uma EQM, sobre os quais escreveu nos seus livros. O mais famoso até agora, *Life after Life* [Vida depois da morte], foi filmado e recebeu muitos prêmios.

As etapas são:

1. Ouvir o pronunciamento da morte, como "Nós o perdemos" ou "Ela entrou em óbito" ou, para os fãs de *Jornadas nas estrelas*: "Ele está morto, Jim."
2. O barulho: uma sensação auditiva sentida enquanto a pessoa está deixando seu corpo físico, que costuma ser descrita como um zumbido, estalos ou batidas fortes. Muitos associam esse som à sensação de movimento pelo espaço ou de calma e profunda paz.

3. A sensação de viajar por um túnel escuro, muitas vezes em uma velocidade extrema. A pessoa sente-se levada pelo túnel por uma força invisível.
4. A sensação de estar fora do corpo, subindo, talvez para um estado descrito como quase celestial.
5. Encontro com entes queridos, orientadores ou parentes falecidos, já no túnel ou perto do seu final. Esses encontros, frequentemente, são patrocinados por pessoas prestativas e amorosas, como espíritos guardiões ou anjos.
6. Ver um "ser de luz", um ser espiritual que seria divino ou um Eu Superior, brilhando de uma forma não conhecida na Terra.
7. Esse ser divino ajuda a pessoa a fazer uma revisão de sua vida, mostrando cenas rápidas dos eventos, como um *slideshow*, e parando nos eventos mais importantes. Essa etapa é muito rápida e termina com uma sensação de compreensão ou entendimento, e uma poderosa sensação de compaixão e amor pelos outros.
8. Descobrir que é hora de voltar e continuar a viver. Frequentemente, a pessoa reluta em voltar, mas se sente obrigada a obedecer.
9. A volta ao corpo e a volta à vida.
10. Fazer mudanças que refletem uma recém-adquirida alegria e apreço pela vida.

Apesar de nem todos os indivíduos passarem por todas essas etapas, elas ocorrem com regularidade suficiente para criar um modelo básico para os estudos da EQM. As pesquisas usam as histórias subjetivas das pessoas enquanto também tentam compreender o que acontece no cérebro durante cada etapa.

Com base nas suas pesquisas com milhares desses pacientes, Moody ficou convencido de que existe vida após a morte. Por sorte, seu trabalho continua no Teatro da Mente do Memorial Dr. John Dee, no Alabama, que realiza pesquisas sobre consciência e EQM. Os estudos de Moody inspiraram dezenas de outros cientistas e pesquisadores, para não mencionar centenas de livros sobre vida após a morte e o enigma da quase morte.

Existe uma significativa controvérsia sobre o que, verdadeiramente, acontece com o paciente. O debate gira em torno do fato de que a ciência ainda não conseguiu provar, em primeiro lugar, que a consciência existe fora do cérebro e, muito menos, se ela continua existindo quando cessa a atividade cerebral. Se a consciência não está localizada no cérebro ou dentro do crânio, talvez ela funcione de uma forma parecida com um receptor de rádio: recebendo ondas sonoras vindas de outro lugar, mas que podem ser "ouvidas" e processadas de forma similar a um rádio de verdade. Os indícios circunstanciais sob forma de milhares de relatórios sobre EQM sugerem que a consciência permanece e avança para outros domínios, mas indícios não são provas concretas.

A epilepsia do lobo temporal já foi ligada aos fenômenos do tipo quase morte, como também aconteceu com o *déjà vu*. A conexão neurológica deixa implícito que qualquer indivíduo pode ser estimulado a passar por essa experiência, como o Dr. Michael Persinger fez com seu Capacete de Deus. Se a consciência e a "mente" só existem no interior do cérebro, quando o corpo morre também morrem a consciência e a mente. Nada sobrevive. Nada continua.

Já foram divulgadas muitas explicações científicas sobre as EQMs. As mais populares são:

- **A teoria do cérebro moribundo** — Introduzida no livro *Dying to Live* [Morrendo para viver], da Dra. Susan Blackmore. Segundo ela, as etapas da EQM nada mais são do que o funcionamento de um cérebro que está morrendo à medida que os neurotransmissores vão parando.
- **A teoria da alucinação** — Também afirma que só funções cerebrais atuam nessas experiências. Perto da morte, diz a teoria, são secretadas endorfinas no cérebro, que agem sobre o sistema nervoso criando um tipo de "barato" ou sensação de júbilo. Isso também pode ser obtido com a

ketamina, um anestésico produzido naturalmente pelo cérebro, ou por uma droga como LSD, como o professor de psicologia, Dr. Ronald Siegel, da UCLA, descobriu quando deu a substância para voluntários. Muitos deles relataram experiências de quase morte.

- **Estimulação do lobo temporal** — Lá vem o lobo temporal de novo, responsável por todos os tipos de experiências estranhas ou místicas quando ativado ou estimulado eletricamente. Uma sugestão é que o medo extremo de morrer estimula o lobo e resulta em uma EQM. É interessante notar que pessoas que sofreram AVCs que danificaram o lobo temporal relatam menos episódios de experiências de quase morte.
- **Teoria da perda de oxigênio** — Quando o cérebro é privado de oxigênio ele pode produzir alucinações e EQM.
- **Teoria da memória do parto** — Podemos estar revivendo o momento do nascimento. Memórias sobre o útero materno falam de uma viagem por um túnel escuro até chegar à luz e à presença de entes queridos na chegada. Olhe só, quando morremos estamos realmente renascendo!

Existem numerosas teorias além dessas, mas nenhuma foi capaz de dar uma plena explicação para todos os elementos da EQM. Mas também temos de perguntar: como podemos ignorar milhões de relatos sobre fantasmas e comunicação com os mortos? Essas experiências seriam mais uma evidência circunstancial de que existe uma parte de nós que não cessa de existir depois da morte do corpo? Uma das teorias mais intrigantes sobre o tema vem de Anthony Peake, pesquisador e autor de *The Demon: A Guide to Your Extraordinary Secret Self* [O daemon: um guia para o seu extraordinário eu secreto]. Com base em suas próprias pesquisas sobre o *déjà vu* e EQM, ele propõe uma opção diferente para a guerra entre os que acreditam que essas experiências existem somente no cérebro e os que não aceitam essa afirmação. Sua teoria vence o abismo que separa a experiência subjetiva e as evidências científicas/empíricas concordando, em primeiro lugar, com a crença de que o corpo realmente morre e nunca volta. Todavia, ele não acredita em uma vida sem corpo depois da morte. Peake apresenta uma terceira proposta. Essa "resposta final" do pesquisador admite a possibilidade de que continuamos a existir depois da morte física — e não apenas no sentido usual de permanecermos vagando pelo mundo que conhecíamos, como fantasmas, espíritos ou consciências.

A interpretação muitos mundos

Essa teoria tem como base a Interpretação Muitos Mundos, proposta inicialmente pelo físico Hugh Everett III, na década de 1950. Trata-se de uma teoria extremamente complexa relacionada com a mecânica quântica, mas a *Enciclopédia de Filosofia de Stanford* nos oferece uma das melhores e mais compreensíveis descrições sobre ela. "A Interpretação Muitos Mundos é uma abordagem da mecânica quântica segundo a qual, além do mundo do qual temos uma percepção direta, há muitos outros mundos similares que existem paralelamente ao nosso, no mesmo tempo e espaço. A existência de outros mundos nos possibilita eliminar o acaso e a ação à distância da teoria quântica e, portanto, de toda a física."

A ideia, em termos extremamente simplificados, é que existimos em universos paralelos e que, se deixamos de viver em um deles, não significa que deixamos de viver em todos. Peake propõe a hipótese de que um pouco antes da morte cerebral caímos fora da "linha do tempo quântica" do nosso universo, nos desobrigamos da opção de vida neste universo e depois caímos na linha do tempo de um universo paralelo. Para os que estão fora, você aparenta estar morto. O cair fora/cair dentro não é um fenômeno observável, mas é algo que todos os seres humanos terão de fazer quando chegar sua hora de morrer. Quando entramos no novo universo, imediatamente passamos a viver nossa nova vida, com a mesma clareza e relevância de quando existíamos no nosso atual mundo. É importante dizer, contudo, que nunca tomamos consciência dessa passagem.

Peake leva essa ideia mais à frente, introduzindo o conceito de um cérebro dividido, onde os dois hemisférios criam sua única e independente consciência. Elas podem interagir livremente. O hemisfério esquerdo é o responsável pela personalidade dominante "Eu", que controla fala, ação e racionalismo, e que ele chama de *Eidolon*, ou "Eu Básico", e o hemisfério direito atua como a personalidade intuitiva, emocional e empática chamada *Daemon*, ou "Eu Superior". O *Daemon* tem uma perspectiva muito mais ampla da realidade e do tempo, e pode acessar memórias presentes, passadas e futuras. Na verdade, durante uma experiência *déjà vu*, é o *Daemon* que preconiza o que virá, resultando em algo parecido com uma intuição no *Eidolon* (desde que estejamos prestando atenção aos sussurros do *Daemon*). Essa intuição pode ser aplicada à resolução de problemas e tomadas de decisão, e é um exemplo perfeito de dois cérebros trabalhando em conjunto. Talvez seja isso que ocorre durante os sonhos lúcidos, experiências fora do corpo e outros estados alterados de consciência.

Peake afirma que é o *Daemon* que vivencia as realidades mais profundas e as experiências místicas. Sabemos que o cérebro direito é o reino da imaginação e da criatividade, que muitas vezes recebe "inspiração" vinda de uma fonte mais elevada. Talvez ela seja o *Daemon* surgindo com grandes ideias e invenções!

Não importa o que os pesquisadores acham que é o correto, a maioria dos humanos acredita no conceito de vida depois da morte. Uma recente pesquisa feita pelo Instituto Gallup mostrou que 70% dos americanos creem nisso enquanto em outros países a porcentagem é um pouco menor. Para os que acreditam, as teorias não importam e, para os que viveram uma experiência de quase morte, elas importam ainda menos. E para os que não acreditam de maneira nenhuma, eles também podem encontrar alguma paz na possibilidade de que tudo seja uma construção do cérebro moribundo na tentativa de tornar o fim um pouco mais fácil e belo do que o indivíduo apenas apagar e deixar de existir. Sim, há algum tipo de transição, possivelmente com a intenção de facilitar nossa entrada no vazio.

Experiências de morte compartilhada

Para fazer as coisas ficarem ainda mais intrigantes, há muitos relatos de experiências de mortes compartilhadas, envolvendo pessoas que não estão morrendo, mas se mantêm muito próximas de moribundos. O Dr. Raymond Moody documentou vários desses casos, sugerindo que indivíduos emocionalmente ligados à vida da pessoa que está morrendo podem ter uma experiência de quase morte como se fossem elas que estivessem fazendo a transição da vida para a morte. Em muitos relatos, o ente querido não está nem física nem geograficamente próximo do moribundo, mas mesmo assim contam que passaram pela experiência. E esse acontecimento não é apenas limitado a um único ente querido. Grupos de pessoas relataram experiências de morte compartilhadas, onde todos tiveram as mesmas visões, ao mesmo tempo, e até mesmo na mesma localidade.

Um estudo feito por Glennys Howarth, da University of Bath, na Inglaterra, e Allan Kellehear, da La Trobe University, em Melbourne, na Austrália, examinou as experiências compartilhadas de enfermeiras e parentes próximos do paciente. Seu relatório "Experiências compartilhadas de experiência de quase morte e de doenças por proximidade: etapas de uma viagem não planejada" foi publicado na edição de dezembro de 2001 do *Journal of Near-Death Studies*, e concluiu que "os processos pelos quais essas pessoas passam na busca de explicações é similar, em muitos aspectos, aos relatados por pessoas que estiveram no centro das experiências de quase morte".

Frequentemente, os entes queridos do moribundo podem apenas compartilhar de uma visão, sem passar pelas etapas de uma EQM clássica. Elas são chamadas visões compartilhadas no leito de morte e podem ser de uma luz branca e brilhante ou de um ser celestial, ou de parentes falecidos esperando o paciente no "outro lado". A Dra. P. M. H. Atwater, Ph.D., autora de *Coming Back to Life* [Voltando à Vida] e *Beyond the Light* [Além da luz], conta que, com base nas suas pesquisas sobre a EMC, várias pessoas podem estar tendo as mesmas visões e nem sempre têm percepção dos outros durante a EQM, porém, posteriormente, descobrem que todos tiveram a mesma experiência. Ela também descobriu que isso frequentemente acontece com pessoas que sofreram um mesmo acidente traumático ou estão internadas numa mesma ala de hospital.

Atwater classifica as EQM em quatro categorias, que diferem um pouco da classificação de Moody. Ela aplicou suas décadas de pesquisas pessoais com pacientes para estabelecer as seguintes etapas, que ela examina melhor no livro *Beyond the Light:*

- **Experiência inicial** — Descrita como uma experiência fora do corpo, onde é discernida uma presença — uma sensação de cordialidade e carinho na escuridão — um tipo de precursor da verdadeira EQM, que permite a abertura para outras realidades.
- **Experiências similares ao inferno** — Sentida como um vácuo negro ameaçador ou estado de purgatório, um fantasma do passado, uma indiferença entorpecida. Frequentemente relacionada com a própria culpa, vergonha, raiva ou medo da pessoa, ou para os que acreditam que serão punidos ou julgados depois da morte.
- **Experiências similares ao céu** — São vistos seres de luz, guardiões, figuras religiosas e entes queridos falecidos que contam o quanto a pessoa era amada e como era importante para eles. Essa é uma validação positiva da vida, em oposição à experiência similar ao inferno.
- **Experiência transcendente** — A pessoa vivencia outras realidades, outros locais e grandes verdades coletivas. Parece que acontece com aqueles que já tinham mente aberta e aceitavam essas possibilidades quando estavam vivas.

Segundo Atwater, todas essas experiências podem acontecer ao mesmo tempo. Ela baseia sua opinião no seu histórico de mais de 3 mil casos de EQM. Os elementos comuns da EQM podem ser encontrados entre esses relatórios, mas também ocorrem experiências individuais que podem se fundamentar nas crenças religiosas ou espirituais, ou nas experiências de vida que elas podem ter reprimido, como agressões ou estupro. Por exemplo, os cristãos podem ver Jesus como o Ser de Luz de sua EQM enquanto um ateu talvez só veja um parente falecido e muito querido aproximando-se dele na saída do túnel escuro. Pessoas que tentaram o suicídio relatam que viram um ser demoníaco, na verdade uma manifestação da sua própria culpa, vergonha e expectativa de ser castigado pelo pecado cometido. Sim, a preferência pessoal, crença e percepção podem desempenhar um papel importante na interpretação que o paciente dá à sua EQM depois de ressuscitado.

Assim, a EQM pode ter, e frequentemente tem, variações individuais, mas os elementos fixos que se repetem em todas elas são fascinantes e exigem mais pesquisas antes de serem consideradas nada mais do que a reação do cérebro à morte, uma função biológica sem significado. Para os que morreram e viveram para contar, a EQM é muito mais. Eles falam de uma janela para um mundo em que, um dia, todos nós entraremos e um lembrete de que a vida, de alguma forma, continua. É um conhecimento que trazem com eles ao voltar ao mundo dos vivos, uma sensação de transformação e mudança só entendida pelos que tiveram a felicidade de conseguir um vislumbre do que está além do véu de nossa suposta mortalidade.

TEMPO

Tanto na EFC, no *déjà vu* como na EQM há um elemento complexo que é o conceito e percepção do tempo. Os que já passaram por esses eventos costumam relatar a aceleração ou desaceleração do tempo muitas vezes por vontade própria. Roy Abraham Varguese, autor de *There is Life After Death* [Existe vida depois da morte], afirma que a maioria das experiências de quase morte provavelmente acontece fora da estrutura tempo/espaço com que estamos acostumados e, no mínimo, a que entendemos. Nos relatos sobre EQM as pessoas afirmam que foram capazes de acelerar o tempo, chegando a um local de maneira quase instantânea, e de se movimentar pelo espaço desafiando o atual conhecimento sobre as leis da energia e da física. Para nós, habitantes da Terra, o tempo nos impele a avançar pelo campo tridimensional. Medimos o tempo pela repetição de mudanças regulares, como o dia e a noite, e o tique-taque de um relógio, por exemplo. Todavia, faça os relógios funcionarem com a velocidade da luz e o tempo deixará de existir, tornando a ideia de contar horas totalmente irrelevante.

Nosso cérebro compreende o tempo linear para dar sentido à nossa vida, mas é somente nossa vivência que percebe o fluxo do ontem, hoje e amanhã. A física sugere que tudo existe ao mesmo tempo. Fora de nosso tempo linear não existe um verdadeiro passado, presente ou futuro. Só escapamos das garras do tempo linear através de estados alterados de consciência, experiências fora do corpo, sonhos lúcidos e experiências de quase morte. No entanto, vivenciamos mudanças na nossa percepção do tempo durante eventos específicos, como extremo tédio ou extrema coerção.

Os policiais, soldados em combate e até praticantes de artes marciais contam que têm a sensação da desaceleração do tempo, chamada "Tachy Psychi", que é a aceleração tanto dos dois centros do processamento visual como a aceleração do disparo das funções de controle motor. Isso acontece quando alguém está sob estresse e as glândulas adrenais liberam um aumento maior do que o normal de adrenalina para o cérebro e a corrente sanguínea, criando uma situação de "fugir ou lutar". O estresse frequentemente causa a perda do controle motor mais refinado e perda de acesso à mente autoconsciente "não adrenal", e não é raro o indivíduo ficar com visão em túnel e surdez.

Esses efeitos combinados são comuns em situações de combate ou quando um policial se envolve em tiroteio. O tempo parece desacelerar e as coisas acontecem sem pensar enquanto o corpo interrompe certas funções orgânicas numa tentativa subconsciente de tentar estimular as funções necessárias para a sobrevivência. Um exemplo desse caso seria a vítima de um assalto à mão armada contar para a polícia que o suspeito carregava uma "arma gigantesca". A arma, provavelmente, não era maior do que o tamanho padrão, mas a visão em túnel da vítima estava tão focalizada nela que perdeu a percepção da visão periférica, essencial para a comparação entre tamanhos.

Quando estamos num tédio de morrer, muitas vezes nos sentimos como se o tempo estivesse passando mais devagar (algo que acontece para a maioria dos empregados que trabalham das 9 horas às 17 horas em escritórios ou fábricas, e para os funcionários fechados em cabines de pedágio, por exemplo, sem direito de assistir à televisão, pobrezinhos!). Ao contrário, quando estamos fazendo algo de que gostamos ou envolvidos em uma atividade entusiasmante, o tempo parece correr. Sem dúvida, ele literalmente voa quando estamos nos divertindo! Mas a verdade é que o tempo em si não mudou. O que mudou foi a nossa percepção dele.

Isso poderia ajudar a explicar o fenômeno de "tempo perdido" de um viajante dirigindo por uma estrada escura, tarde da noite, que de repente se dá conta de que se passaram algumas horas e muitos quilômetros sem que ele tenha lembrança do trajeto percorrido nesse espaço. O tempo perdido pode ser apenas um lapso na percepção consciente onde o cérebro liga o piloto automático para ter certeza de que estamos sãos e seguros enquanto a mente divaga. Também poderia ser um leve estado hipnótico onde entramos sem pensar durante uma longa viagem ou fazendo algo monótono e receptivo. Algumas pessoas afirmam ter sido abduzidas por OVNIs durante episódios de tempo perdido, que talvez estejam mais relacionados com a paralisia no sono. A perda da percepção de pedaços do tempo pode ser atribuída a um tipo de amnésia breve ou fuga, onde parte do cérebro continua a funcionar normalmente para ter certeza de que o corpo sabe o que está fazendo, mesmo que outras partes do cérebro não tenham ciência disso.

O único modo de descobrir o que acontece com nossa mente consciente durante um episódio de tempo perdido é se submeter à hipnose, mas acredito que muitos gostariam de não saber! Marie, que escreve este livro, teve sua própria experiência de tempo perdido há muito tempo, quando morava no vale de São Fernando.

Muitos anos atrás, eu era membro da Sociedade Planetária e Carl Sagan seria o principal palestrante da conferência anual em Pasadena. Eu já tinha a entrada e estava entusiasmada com a possibilidade de finalmente ver "meu ídolo" em pessoa. Ele falaria à noite, por isso me vesti e peguei minhas coisas com bastante antecedência para fazer o trajeto de cerca de 30 a 45 minutos a partir de minha casa, em Burbank. Antes de entrar no meu carro, eu tivera uma série de ocorrências incomuns que podem ou não ter tido alguma relação com o que iria acontecer. Eu estava saindo de casa, me despedindo do meu marido na época, mas, quando cheguei à porta, não consegui abri-la. A maçaneta estava travada. Depois de várias tentativas eu saí, mas, àquela altura, já estava irritada e um tanto desanimada, e tive a impressão de que alguma coisa estava me dizendo para não ir. A sensação se tornou mais palpável quando entrei no automóvel e liguei meu gigantesco telefone celular — lembra-se dele? Eu me sentia meio "desligada". Ignorando os sinais de alerta e bandeiras vermelhas da minha intuição, tomei a direção da via expressa. Seria uma viagem comum que fazíamos com frequência. Liguei para o meu marido dizendo que estava tudo bem e me acomodei para vencer o trajeto. Havia bastante trânsito e pensei que talvez chegasse um pouco atrasada, mas agora eu estava novamente tranquila e entusiasmada. Nenhum sinal de qualquer tipo de trauma.

Mas, não sei por que, eu "voltei para mim" duas horas mais tarde, dirigindo na autoestrada 2 na direção de Sacramento, a capital da Califórnia. Eu estava totalmente desorientada e sem a menor ideia do que teria acontecido nas duas horas que eu tinha perdido. Tomada de pânico, liguei para o meu marido, em lágrimas, saí da autoestrada no primeiro retorno e, voltando na direção oposta, encontrei meu caminho para casa.

Eu não vi Carl Sagan em pessoa e, como ele faleceu algum tempo depois, nunca tive outra oportunidade.

O que aconteceu comigo nessas duas horas? Eu não assumi outra identidade. Eu perdi tempo e me encontrei num lugar onde nunca havia estado, rumando para o norte. Não tinha lembrança, e até hoje não tenho, de como me desviei tanto do meu caminho. No entanto, meu cérebro foi capaz de funcionar no piloto automático para me manter dirigindo de maneira segura, apesar de a minha mente estar em outro lugar. Minha mente fechou. Eu não me lembrava de nada. Foi uma fuga? Um episódio de tempo perdido? Até hoje a experiência me assusta e fico um pouco temerosa quando estou dirigindo pela autoestrada à noite.

A mente de fato vagueia, nem sempre voluntariamente, como em um devaneio. Muitas vezes ela vagueia sem que percebamos. Isso é chamado de *zoning out* ["desatenção"]. Mas a pergunta permanece: para onde foi minha mente ao ficar desatenta?

Larry também teve uma experiência de tempo perdido, ainda mais intrigante porque outras pessoas estavam com ele e também vivenciaram a perda de tempo.

Isso aconteceu enquanto fazíamos uma investigação numa região inabitada no sul do Arkansas onde, por muitos anos,

centenas de pessoas afirmavam ver luzes anômalas flutuando a uns 2 ou 3 metros de altura do chão. Além disso, existiam muitos relatos sobre avistamentos de OVNIs nessa área em especial. Nessa noite, no final de 2007, eu e mais cinco investigadores vivenciamos uma experiência que até hoje não fui capaz de entender plenamente. O local, uma área de uns 7 quilômetros quadrados de trilhos abandonados de estrada de ferro, ficava no meio do nada. As lendas locais contavam que numa noite escura, com uma forte neblina, um trem havia parado devido a um defeito qualquer, e enquanto tentava encontrar o problema, o condutor foi assaltado por uma gangue local de ladrões, que o decapitaram. Desde então, diz a lenda, as luzes verdes e vermelhas que se vê balançando de um lado para o outro seriam da sua lanterna, enquanto caminha pelos trilhos procurando desesperadamente pela sua cabeça. Apesar da falta de autenticação, é uma história interessante e achamos que merecia uma investigação mais profunda. Sempre que estive no local também avistei as luzes, mas creio que temos uma explicação válida para elas — seria um fenômeno geológico. Mesmo assim, o local é intrigante e eu quis levar novos investigadores comigo para eles entenderem que as coisas nem sempre são o que parecem, principalmente no campo da pesquisa paranormal. E, com certeza, nesse incidente elas não foram mesmo!
No dia, chegamos por volta das 19h30. Estacionamos no mesmo lugar onde eu havia parado muitas e muitas vezes. Do local, que fica junto aos trilhos, pode-se ver uma ampla área livre (lembre-se disso porque é importante). Depois de descarregar o equipamento que planejávamos usar, partimos a pé para o nosso destino, uma ponte metálica no último trilho da estrada de ferro, que, em nossa experiência, era o lugar ideal para vermos a anormalidade. Normalmente, esse trajeto levava perto de 45 minutos e

de fato chegamos lá uns 45 minutos depois. Sim, vimos as luzes. Todavia, também passamos por várias outras ocorrências esquisitas como barulhos estranhos e pedras sendo atiradas sobre nós, vindas de um bosque próximo, para não mencionar a constante sensação de estarmos sendo observados.

Fizemos uma varredura na área, mas foi em vão. Chegamos a ligar uma das nossas câmeras de captação térmica, sabendo que se houvesse uma pessoa ou animal por perto, veríamos sua imagem em vermelho. Depois de várias horas realizando experiências ambientais e geológicas, concordamos que era hora de voltarmos para o carro. Àquela altura, estávamos ansiosos para pegar a estrada, porque era bem tarde da noite e vários de nós tinham um bom trajeto pela frente até chegarem às suas casas. Pegamos nosso equipamento e começamos a andar para onde havíamos estacionado. Andamos... andamos... andamos... Lembro-me que em certo ponto eu disse ao grupo que tinha a impressão de que havia algo errado. Senti um "aperto" no estômago e uma sensação de desorientação.

Em seguida, estávamos na extremidade do trilho que ladeava a estrada. Consultei meu relógio. Duas horas e meia tinham se passado desde que começamos a caminhar na direção dos nossos veículos. Que diabos tinha acontecido? Não só a caminhada deveria ter levado 45 minutos, mas como seria possível seis pessoas deixarem de ver quatro grandes veículos 4x4, estacionados numa imensa área livre, sob o luar? Apressamos o passo na direção dos carros e chegamos a eles uns dez minutos depois. Mas, de acordo com nossos relógios, tínhamos começado a andar duas horas e meia antes de chegar àquele ponto. Não fazia sentido!

Até hoje considero essa experiência como uma das mais desconcertantes da minha carreira. Não tenho uma explicação racional para as duas horas e meia de tempo perdido de seis pessoas juntas. Os outros membros do grupo também não conseguem explicar o que aconteceu. Teria sido um "simples" episódio de tempo perdido, talvez causado pelo cansaço físico e mental, e disseminado pela influência de grupo, ou algo muito mais bizarro?

Até hoje, nem Larry nem Marie escolheram se submeter à hipnose para descobrir a verdade sobre o que aconteceu com eles durante essas horas perdidas. Mas pode ficar tranquilo: os dois estão plenamente convencidos de que ninguém inseriu uma sonda anal ou outros aparelhos extraterrestres neles.

Tempestades de tempo

Alguns dos mais estranhos e assustadores relatos de tempo perdido, dobras do tempo e até mesmo "tempestades de tempo" estão documentados no livro *Time Storms* [Tempestades de tempo], da pesquisadora britânica Jenny Randles. Muitos dos casos que ela examina não somente envolvem o movimento de objetos físicos pelo espaço, mas também pelo tempo, frequentemente acompanhado por uma estranha "nuvem de energia" que traz efeitos físicos específicos, levando a uma experiência de "tempestade de tempo". Ela já foi comparada com "rasgos" no tecido da realidade e dizem que entre esses efeitos físicos estão luzes estranhas, mudanças no campo eletromagnético, náusea, desorientação e tempo perdido. Apesar de essas experiências envolverem tanto corpo como mente viajando juntos, elas ainda apresentam um interessante argumento para a viagem no tempo em si, algo que, segundo Randles, está sendo amplamente pesquisado e muito mais perto de se tornar realidade do que imaginamos. Poderíamos pensar nessas tempestades de tempo e lapsos de tempo como exemplos de viagem involuntária no tempo.

Tempestades de tempo e lapsos de tempo têm sido relatados em todo o mundo e por todos os tipos de pessoas. As coincidências nos depoimentos de indivíduos, como a entrada numa névoa estranha e a saída dela horas mais tarde, na mesma localidade ou em localidades diferentes, não pode ser ignorada. O simples fato de essas pessoas sumirem nas filmagens das câmeras de segurança e aparecerem a centenas de quilômetros do local sugere que, pelo menos nesses casos, está acontecendo algo mais do que mau funcionamento cerebral. O argumento, porém, é que são verdadeiras experiências físicas envolvendo a manipulação do campo eletromagnético, que somente estão causando um desmaio no indivíduo, ou talvez uma queda em algum tipo de vórtice ou buraco negro vindo em direção da Terra, que o deposita do outro lado da cidade. Parece um tanto ridículo, mas neste campo há montes de teorias bizarras e bem poucas evidências para provar ou não provar as mais absurdas.

Randles também encontra ligação entre tempestade de tempo e EQMs, sugerindo que uma possa ser confundida com a outra. Talvez a sensação fora do corpo sentida durante a tempestade de tempo seja similar ao que alguém que está à beira da morte e flutua na direção de uma luz forte e celestial sente. Existem também depoimentos falando de visão em tubo ou túnel dentro de uma névoa luminosa que se parece muito com o que acontece na EQM. Além disso, muitas das mudanças neurais e hormonais que acontecem na EQM também foram relatadas nos casos de tempestades de tempo, onde está presente um extremo medo da morte.

Se o tempo não for linear e nossa mente não estiver localizada no cérebro (que percebe o tempo linear), está fora da gama de possibilidades sugerir que a mente pode viajar e o corpo não? As muitas anomalias apresentadas neste livro propõem que a mente de fato tem a capacidade de transcender as amarras que a prendem ao presente — o agora — e se aventurar para o passado e o futuro. Talvez um dia, com a prática, será possível fazer uma viagem mental para passearmos no Antigo Egito ou nos lançarmos 10 mil anos no futuro, desde que aprendamos as técnicas de usar o tecido do tempo.

O físico David Bohm falou sobre uma ordem complexa sob essa realidade manifestada. Ela contém todo o tempo, no mesmo momento. Se de fato existe um campo unificador, talvez o Campo do Ponto Zero da física teórica e atualmente da metafísica ou o Campo Cósmico da Memória, sobre o qual Ervin Lazlo escreve em *The Akashic Experience* [A experiência akáshica], que conecta tudo e todos, quem somos nós para negar que não viajamos para o passado e o futuro durante nossas experiências mais anômalas e menos entendidas? Lazlo sugere que existem indícios baseados na ciência para dar suporte ao conceito de um campo cósmico da memória que abrange todas as informações do passado, presente e futuro e que podemos acessá-las nos estados alterados de consciência.

"Um grande conjunto de informação sugere que podemos adquirir conhecimento sobre outras pessoas que estão além do nosso contato sensorial. Centenas dessas experiências foram documentadas", escreve Lazlo, citando as conexões transespaciais entre indivíduos distantes uns dos outros, que foram demonstradas em estudos reais examinando "as funções cerebrais correlatas de indivíduos distantes". Isso dá respaldo à ideia de EFC e EQM compartilhadas e, mesmo assim, como indivíduos podemos acessar informações, talvez sobre nossa própria existência em outros universos ou o que acontece conosco quando morremos. "O campo akáshico não contém apenas um registro passivo da consciência de uma pessoa, criada durante seu tempo de vida, que permanece intacta, mas também armazena um pacote dinâmico de informações obtidas nas experiências acumuladas nessa vida."

Déjà vu, lapsos da mente, viagens no tempo, EFC e EQM — talvez sejam ocasiões em que nos libertamos das algemas do tempo linear e caminhamos pelo campo akáshico com muito mais frequência do que pensamos.

No capítulo seguinte viajaremos por um panorama diferente da mente e do tempo, que todos nós vivenciamos diariamente ou, digamos, noturnamente.

CAPÍTULO 8
Viajando pelo espaço dos sonhos

Sonhos são ilustrações... do livro que sua alma está escrevendo sobre você.

Marsha Norman

Sonhos são as respostas de hoje para as perguntas de amanhã.

Edgar Cayce

Mitos são sonhos públicos, sonhos são mitos particulares.

Joseph Campbell

Apesar de não vivermos uma vida tipo James Bond, cheia de ação, intrigas e belas mulheres (ou homens, conforme o caso), acredite ou não, temos uma vida dupla.

Não estou sugerindo que todos têm casos extraconjugais, trabalham para a CIA ou são super-heróis à paisana quando voltam para casa. Nossa vida dupla começa à noite, quando fechamos os olhos; nosso cérebro começa a produzir ondas DELTA — e deslizamos para o sono REM.

Todos nós temos vidas duplas — em nossos sonhos.

Muitos livros e filmes tentaram se aprofundar no estranho e misterioso mundo dos sonhos e existem inúmeros laboratórios de pesquisa dedicados ao estudo do sono e dos sonhos. Há uma abundância de teorias a respeito da interpretação e significado dos sonhos. Os psicólogos e pesquisadores podem nos dizer que o sonho nada mais é do que o subconsciente exibindo seus novelos enroscados por meio de simbolismo e metáfora. (Isso significaria que as pessoas disfuncionais, que têm mais nós na vida, sonhariam mais?) Outros psicólogos dizem que os sonhos deixam nossa imaginação correr solta, uma permissão que raramente lhe damos durante nossa vida cotidiana.

Existem outras explicações de pesquisadores e estudiosos sugerindo que os sonhos são um lampejo de outra realidade, um domínio paralelo que muitos insistem ser real e, às vezes, até *mais* real do que o mundo que conhecemos e amamos.

Embora muitos sonhos certamente pareçam simbolizar os temores ou desafios da vida, nem todos têm significado. No sonho, a maioria das imagens pede interpretação. Elas representam algo que está em nosso estado acordado que precisa ser enfrentado ou mesmo mudado. Assim, sonhar com ondas gigantes pode significar que estamos assoberbados, com medo de nos afogar sob o peso dos desafios que encontramos frequentemente. Sim, sonhos recorrentes de ser perseguido por uma figura negra podem querer dizer que estamos "fugindo de alguma coisa" no estado de vigília — algo que seria melhor enfrentarmos cara a cara antes de sermos prejudicados, tanto física como mentalmente. E quem ainda não teve um sonho em que estava voando? Alguns dizem que isso representa o desejo de liberdade, outros afirmam que ele está ligado à sexualidade. Mas pode ser que eles sejam apenas nossa oportunidade, (como humanos presos à Terra) de conseguirmos uma "perspectiva mais alta" em nossa vida.

Uma teoria sobre o *déjà vu* afirma que o evento é na verdade uma experiência psíquica relacionada com nossos sonhos. Sonhamos com um acontecimento, pessoa, conversa ou lugar e o reencontramos algum tempo depois, quando estamos acordados. Será que temos uma experiência fora do corpo enquanto sonhamos e fizemos realmente o que o *déjà vu* indica? Os sonhos seriam precognitivos por natureza? Talvez essas experiências sejam rápidas visões da nossa existência em um universo paralelo. Poderiam, também, ser uma conexão com um campo coletivo de experiências, inclusive a nossa. Mais tarde, acordados, podemos passar por uma vaga reexperiência do evento.

SONHOS LÚCIDOS

Os estudos mais atuais sobre o sono estão focalizando um pouco menos o "simbólico" e mais o potencial que eles oferecem para vivermos outros níveis de realidade, nos comunicar com pessoas ou mesmo caminhar por um cenário do tempo passado ou futuro. Para Robert Waggoner, autor de *Lucid Dreaming: Gateway to the Inner Self* [Sonhos lúcidos: portal para o eu interior], e presidente eleito da Associação Internacional para o Estudo dos Sonhos, o sonho lúcido é a capacidade de controlar os próprios sonhos e também de criar a experiência de sonho. Tendo vivenciado muitos sonhos lúcidos, ele quis se aprofundar na ideia de se manter consciente no estado de sonho. Seus anos de pesquisas, documentados nesse fascinante livro, fizeram o autor imaginar "até que ponto a mente influencia a percepção e sensação no estado de vigília? Tendo consciência no estado de sonho, temos a impressão de que essa influência é extensa". Waggoner percebeu que no seu estado de vigília ele vivenciava apenas coisas como "elas de fato existem". No entanto, sua pesquisa e sessões de hipnose lhe deram motivo para afirmar que a "experiência sensorial no estado de vigília deve ser considerada como algo que sofreu modificações".

Então, a mente desempenha o papel de modificador da realidade sensorial no estado de vigília.

O termo *sonho lúcido* foi cunhado por Frederick Van Eeden, em 1913. Ele era um psiquiatra que registrou meticulosamente muitos dos seus próprios sonhos. O sonho lúcido não é uma nova área de interesse ou estudos. Foram os participantes de movimentos metafísicos que durante o século XX voltaram a trazer o assunto ao conhecimento do grande público.

Segundo o *DreamStudies.org*, o sonho lúcido começou a ser registrado em 1000 a.C., nos antigos textos hindus do Upanishad, e faz parte de um outro texto, o Vigyan Bhairav Tantra, que ensina como ter visões durante o sono e dirigir a consciência dentro dele. Os sonhos gozavam de muito prestígio na Grécia Antiga e Aristóteles pode ter vivenciado sonhos lúcidos em 350 a.c., quando escreveu em *Sobre sonhos*: "muitas vezes, quando uma pessoa está dormindo, há algo na consciência que lhe diz que o que está se apresentando diante dos seus olhos é somente um sonho." Platão e Sócrates também escreveram sobre sonhos e alguns sugerem que o primeiro relato comprovado do sonho lúcido aconteceu em 415 d.C. e foi feito por santo Tomás de Aquino. Mais tarde, contudo, ele afirmou que alguns sonhos eram obras demoníacas, assim lançando a pesquisa dos sonhos numa "idade das trevas" particular. Bem mais tarde, até mesmo René Descartes, o famoso filósofo, matemático, físico e escritor francês, escreveu sobre seus próprios sonhos lúcidos num pequeno jornal chamado *Olympica*.

A pesquisa de Stephen LaBerge, estudante que fazia o doutorado em 1980, foi a introdutora da atual onda de interesse pelo assunto. Ele afirmou que tinha sonhos lúcidos desde a infância e seus estudos levaram o fenômeno a um novo patamar, principalmente depois de ele ter sido bem-sucedido nos contatos com muitas pessoas que também tinham sonhos lúcidos. LaBerge, inclusive, treinou pessoas para "voar" e executar várias tarefas durante o sonho, como relatou no livro *Lucid Dreams* [Sonhos lúcidos], de 1985.

Quando sonhamos, tudo nos parece real, e segundo Waggoner, em quase todos os sonhos, nossos sentidos não nos informam a diferença entre estar acordado ou sonhando. Ao contrário, nossos sentidos "parecem confirmar que algo com que sonhamos está realmente acontecendo". Ele diz, ainda, que o único modo de verdadeiramente perceber a natureza da realidade que vivemos no sonho é aumentar nossa consciência do estado de sonho. É o que acontece com o sonho lúcido.

Trazer a percepção consciente para o estado de sonho nos permite ter algum controle sobre o que sonhamos, sobre quem aparece nos nossos sonhos e no que resulta dos sonhos. Segundo Waggoner, o sonho lúcido pode ser aprendido e mesmo aperfeiçoado com a prática e seguindo certas diretivas destinadas a incentivar a mente pré-sonho a fazer o que desejamos que ela faça. Pode se tratar de algo simples, como afirmar que você reconhecerá suas próprias mãos durante o sonho e depois, no estado lúcido, olhar para as mãos e "ver que de fato são as suas". O aprendizado tem etapas muito mais complicadas, como viajar para outros locais, conversar com outras pessoas (talvez até outros sonhadores lúcidos!), ou até mesmo dar um final positivo para um pesadelo recorrente, modificando seu resultado.

Os sonhos lúcidos parecem mais "reais" devido à nossa percepção mais aguçada e nossa participação neles. Em vez de ser a plateia, assistindo os sonhos passarem como um filme em nossa tela mental, podemos nos tornar o protagonista, diretor e produtor do espetáculo!

Waggoner escreve que existem níveis de lucidez, ou seja, seis graus de percepção dentro do sonho:

1. **Prelúcido** — O sonhador nota algo de bizarro ou incomum no sonho. Por exemplo: Marie está sonhando com um pônei cor-de-rosa e no sonho tem a percepção para dizer a si mesma: "Pôneis não podem ser cor-de-rosa. Estou inventando." Deve ter sido a comida chinesa que...
2. **Sublúcido** — O sonhador tem uma vaga percepção de estar sonhando. Por exemplo, Larry sonha que ganhou na loteria e depois pensa que deve estar sonhando porque nunca comprou um bilhete em sua vida.
3. **Semilúcido** — O sonhador sabe que está sonhando, mas deixa fluir as cenas com um mínimo de interferência. Ele pode fazer pequenos ajustes, mas a maior parte continua se desenrolando sem intervenção. Por exemplo: Larry so-

nha que está ajudando sua esposa a lavar a louça, percebe que está sonhando e a deixa fazer a maior parte do trabalho, como sempre, como na vida acordada. Nota de Larry: Esse exemplo poderia ser considerado prelúcido porque eu costumo limpar a casa!

4. **Lúcido** — O sonhador sabe que está sonhando e percebe que pode fazer escolhas e importantes modificações na experiência. Por exemplo: Marie sonha que deseja ter uma carreira como a de Stephen King e então contrata um pistoleiro chamado Guido para eliminar King e depois assume a sua identidade.

5. **Plenamente lúcido** — O sonhador lembra-se da sua vida física e de todas as tarefas que precisa executar. Ele também mostra altos níveis de manipulação. Por exemplo: Larry está lúcido e diz: "O que Marie me pediu para fazer ontem? Oh, sim, ela quer que eu pergunte ao lobo que sempre aparece no meu sonho o que ele representa. Marie é mulher e sei que se não fizer o que ela pediu vai haver um dramalhão." Portanto, Larry se aproxima do dito lobo, faz a pergunta e o lobo responde: "Sou um lobo. Com que eu me pareço, seu pateta?"

6. **Superlúcido** — O sonhador mostra um nível extremamente alto de manipulação e também de clareza de pensamento, energia pessoal, memória etc. Este estado representa a mais elevada percepção de tudo. Por exemplo: Marie está lúcida no seu sonho e, conhecendo sua soberba habilidade de ter sonhos lúcidos, decide que deseja experimentar o amor incondicional. Ela grita sua intenção na percepção e de repente sente uma intensa sensação de ser amada. Para ser justa com Larry, um outro exemplo: ele está plenamente lúcido e tem percepção do seu poder e controle como sonhador lúcido. Como ama músicas da década de 1980, quer experimentar o que sentiria se fizesse parte de uma banda da época. Assim, ele põe sua pergunta "lá fora" e *voilá*. Ele está no palco tocando bateria com o grupo.

(Larry e Marie desejam se desculpar com Robert Waggoner pelos nossos exemplos nos seus níveis de lucidez e espera que os receba com o bom humor que tentávamos incentivar!) Nem é preciso dizer que chegar ao mais alto nível de lucidez exige paciência e o bom e velho trabalho árduo. No entanto, a maioria de nós já teve a percepção de estar em um sonho que estávamos verdadeiramente sonhando. Para o leitor que deseja aprender tudo sobre sonhos lúcidos, recomendamos a leitura do fascinante livro de Waggoner.

AVENTURAS EM LUCIDEZ

Eu nasci um sonhador lúcido, portanto, sou naturalmente consciente de que estou sonhando enquanto durmo e posso fazer escolhas dentro dos sonhos. Em minhas pesquisas, cheguei à conclusão de que o termo sonho lúcido tende a ser uma afirmação "guarda-chuva" para abranger intrigantes fenômenos relacionados com o sono-tempo. A maioria das pessoas iguala o sonho lúcido ao pleno controle sobre os próprios sonhos, o que é totalmente possível. Dependendo do indivíduo, ele pode acontecer com bastante regularidade. No entanto, ter "pleno controle" durante o tempo todo não é prático nem muito comum.

Quando criança, eu conseguia controlar meus sonhos na maior parte das vezes e tinha muitos sonhos de grande intensidade, inclusive projeções astrais, sonhos precognitivos e experiências fora do corpo. Frequentemente, eu via minha escola e a sala de aula onde um professor ensinava uma matéria que ainda não tínhamos visto. Eu também interagia ativamente com meus colegas, o que me dava um enorme insight sobre como lidar com meu verdadeiro dia na escola. Para desgosto dos meus pais, esse conhecimento me inclinava a faltar porque sabia que nada de interessante seria ensinado naquele dia. Eu preferia ficar em casa ouvindo rádio e jogando Gameboy. Apesar do meu natural talento para utilizar meus sonhos lúcidos, havia patamares além dos quais eu não conseguia chegar. Descobri que, como tudo, essa capacidade também faz parte do processo de aprendizagem e crescimento. Para melhorar e crescer na direção desejada na vida é preciso analisar e resolver qualquer conflito interno. São nossas percepções de quem somos e onde estamos que moldam a realidade com que nos identificamos, quer a acordada ou nos sonhos. Afinal, os sonhos são uma forma de comunicação subconsciente e, como sabem as pessoas que praticam o autodesenvolvimento, entender a programação subconsciente é uma etapa vital para se chegar ao conhecimento do verdadeiro eu. O modo como percebemos a realidade é vividamente fortalecido no sonho ou no mundo astral. Se alguém tem fobias na vida cotidiana, elas podem gerar pesadelos quando o agente da fobia surge no estado de sonho. Se há um forte desejo na vida no estado de vigília, na vida do sonho esse desejo tende a ser uma atração quase incontrolável.

Porém, o mais fascinante tema do mundo dos sonhos são os sonhos telepáticos ou compartilhados. Minhas experiências sobre esse assunto têm sido profundas e despertam um grande interesse em mim. Elas me levam a acreditar que o "plano astral" pode ser usado como um tipo de internet telepática. Nosso corpo seria o computador e o modem, e o plano dos sonhos ou astral seria a fiação entre os computadores. Quanto mais afinada estiver sua máquina, mais rapidamente você poderá processar suas informações e jogar melhor enquanto disputa uma partida com outras pessoas on-line. Existem muitas técnicas excepcionais para atingir a lucidez. Cabe a você querer aprender. Portanto, treine seu cérebro e todos poderemos nos encontrar no plano astral!

Jerry Avalos, *www.youtube.com/user/whosludidwhatnow*

Entretanto, os sonhos lúcidos parecem ir contra a ideia de que os sonhos são o subconsciente desmanchando seus nós. Manter o controle durante a lucidez significa arrancar o controle do nosso subconsciente antes do processo de modificação, partindo de uma potencial lição aprendida (o nó desmanchado) para uma percepção vivenciada durante o estado de sonho. O subconsciente não está mais no controle de cada aspecto da direção ou imagens do sonho. A mente consciente sequestrou o avião. O subconsciente saiu do prédio.

Waggoner continua com suas pesquisas e atualmente faz experiências com a telepatia dos sonhos (ver abaixo) enquanto continua na linha de frente da nossa compreensão sobre o sonho lúcido.

TELEPATIA NO SONHO POR ROBERT WAGGONER © 2009

Uma mensagem postada em um fórum sobre sonhos lúcidos chamou minha atenção. Alguém escreveu que não via nenhuma prova sobre sonhos lúcidos ou sonhos lúcidos mútuos. Além disso, ninguém jamais ofereceu um "mecanismo" para explicar como o sonho mútuo poderia ocorrer. Sem um mecanismo, acrescentou, relatos sobre sonhos compartilhados provavelmente são coincidência e não têm sentido.

Depois de publicar um capítulo sobre sonhos lúcidos mútuos no meu novo livro *Lucid Dreaming: Gateway to the Inner Self* [Sonhos lúcidos: um portal para o eu interior], não pude deixar essa afirmação sem resposta. Postei um novo tópico: "Sonhos lúcidos. Alguma prova? Penso que sim..." Além disso, sugeri o provável mecanismo para ter sonhos mútuos: a telepatia nos sonhos.

Poucas pessoas sabem que nas décadas de 1960 e 1970 estudos científicos patrocinados pelo NIH investigaram a telepatia no sonho. Um importante psiquiatra e pesquisador, Montague Ullman, e o psicólogo Stanley Krippner,

Ph.D., conduziram os projetos de pesquisa no Maimonides Medical Center, no Brooklyn. Enquanto um "transmissor" telepático olhava para uma imagem escolhida ao acaso, o "receptor" da experiência dormia em um quarto, ligado a aparelhos que monitoravam o momento em que ele entrava no sono REM e sonhava. No final do ciclo, ele era acordado e pediam que descrevesse o sonho.

Para avaliar os resultados de maneira objetiva, um grupo de cientistas recebia várias figuras e as respostas do receptor, e tinha de avaliar qual delas era a imagem "alvo". Os cientistas conseguiram combinar os sonhos do receptor com as imagens certas! A fascinante história sobre a continuação dessa experiência pode ser encontrada no livro *Dream Telepathy* [Telepatia em sonho], por Montague Ullman, Stanley Krippner e Alan Vaughan. Décadas depois, esse pouco conhecido e controverso canto da ciência recebeu uma nova atenção por parte do cientista Dean Radin, que voltou a analisar as experiências e todos os numerosos dados estatísticos resultantes e concluiu que as descobertas foram significantes e não ligadas ao acaso.

Para falar no fórum sobre telepatia nos sonhos e o provável mecanismo envolvido em relatos de sonhos mútuos, propus uma experiência. Sugeri que um coordenador independente deveria encontrar um voluntário para ser o transmissor e eu mesmo seria o receptor telepático. O coordenador daria uma série de imagens ao transmissor, e na noite combinada ele escolheria uma delas para me enviar. Eu, por minha vez, diria a mim mesmo que a imagem viria a mim no estado de sonho e, na manhã seguinte, eu a apresentaria ao coordenador.

Levou um mês, mas finalmente foi encontrado um voluntário para ser o transmissor. Por sorte, essa moça havia investigado a telepatia como parte de um projeto e acreditava na possibilidade de haver telepatia no sonho. Eu não lhe contei que só havia feito telepatia com pessoas que conheço. Para mim, esse elemento seria um desafio ainda maior, pois nem sabia qual era o nome completo da transmissora nem fora apresentado a ela. Isso significava que eu teria de isolar seus pensamentos entre os de milhões de pessoas no planeta e em seguida reconstituí-los no meu sonho.

A experiência ainda está em progresso, mas aqui você verá a imagem e um resumo dos meus sonhos na primeira sessão.

- **Sonho 1** — Estou sentado com outras pessoas em torno de mesas de piquenique, conversando sobre água e cooperação.
- **Sonho 2** — Minha mulher telefona para uma amiga enquanto estamos sentados na cama. Ela lhe diz para mudar o horário do jogo, passando de 17 horas para as 18h30. Então vamos para um restaurante que tem uma sala de espera com um sofá. Nas paredes há quadros de pratos como presunto e ovos mexidos etc. Eu tomo uma cerveja.

  Vamos para o salão, onde há mesas brancas, e estamos nos sentando de frente para uma mulher de vestido amarelo-ouro que está em adiantado estado de gravidez. Enquanto nos acomodamos, ela dá um soluço como se a hora do parto tivesse chegado; ela olha para o marido e parece preocupada.
- **Sonho 3** — TJ (um colega professor) está sentado com outros três homens diante de um aparelho de televisão assistindo um programa — pode ser também que eles estejam sendo entrevistados por um apresentador. Há comida sobre uma mesa próxima, coberta por uma toalha branca. Pouco depois, TJ parece chegar com um trator para pegar coisas.
- **Sonho 4** — Estou andando por uma rua e vejo um sofá por perto, e há livros sobre ele. Pego um velho livro, que parece ter um título em língua estrangeira. Vejo que tem figuras como se fosse um livro de lendas e mitos. Eu o abro e vejo uma imagem colorida de um

homem vestindo uma túnica e apontando com a mão (sinto que ele se parece com Moisés).

Em seguida, tenho a impressão de que estou esperando meu irmão no lado de fora de um café, mas ele está fechado e meu irmão não chegou. Decido ir embora, mas agora as vias estão cobertas de neve e a rua está bloqueada por carros e caminhões. Volto para o café.

Meu irmão aparece, com sua mulher e filhos, e eu percebo que um outro estabelecimento, Giselle's, está aberto. Entro e descubro que existe um outro café no piso superior, que é muito mais charmoso, com janelas antigas, plantas etc. Ali estão oferecendo um *brunch* com ovos, frutas, tortas e muito mais. De repente ele se enche de pessoas. Quando estou me preparando para sentar num sofá, aparece um senhor aleijado e eu lhe dou o lugar. Conto às pessoas que estou fazendo uma experiência com alguns europeus (visite o fórum *www. lucidipedia.com,* Seção Avançada.)

Assim que meu coordenador recebeu o relato dos meus sonhos, ele imediatamente descobriu a imagem que fora transmitida. Era uma pintura do artista Seiki Uehara. Nela havia uma garçonete em um café, servindo comida e bebida nas mesas, e o cozinheiro vestido de branco (como Moisés) estava atrás do balcão. Como vocês podem perceber, meus repetidos sonhos com lanchonetes, comida e bebida, mesas e garçonete refletem satisfatoriamente a imagem. Eu até noto outros detalhes, como o vestido amarelo-ouro da mulher sentada na mesa principal. Na telepatia de sonhos, não "vemos" a imagem como ela é. Em vez disso, captamos os pensamentos do transmissor e sua interpretação da imagem. Às vezes, ela é muito próxima da realidade, como nesse caso. Mas em outras ocasiões o transmissor pode se focalizar na sua impressão sobre o conjunto de imagens captadas pelo alvo.

A telepatia no sonho, portanto, pode ser o mecanismo subjacente dos sonhos mútuos ou compartilhados. Nós nos conectamos telepaticamente durante o estado de sonho. Os relatos bastante comuns de pessoas que viram um avô ou avó se despedindo em um sonho e depois acordaram e receberam a notícia inesperada do seu falecimento podem ser explicados pela telepatia nos sonhos. No caso dos sonhos mútuos ou compartilhados, uma experiência de sonho de uma pessoa pode telepaticamente nos atrair para seu pensamento e resultar em uma criação de sonho mental similar.

Se você deseja explorar esse item, tente repetir a experiência. Peça a um amigo para escolher uma imagem e mandá-la para você. Quando for dormir, declare sua intenção de sonhar com ela. No dia seguinte, comparem o resultado. Talvez você venha a descobrir que a telepatia no sonho representa um modo alternativo de comunicação e serve como uma prova do seu potencial maior.

Robert Waggoner é o autor de *Lucid Dreaming: Gateway to the Inner Self*. Maiores informações sobre seu trabalho estão no site: *www.lucidadvise.com*.

Para algumas pessoas, a lucidez pode ocorrer sem intenção ou aviso. Recebemos várias narrativas de indivíduos que tiveram sonhos incomuns, muitas vezes contendo elementos de *déjà vu*, precognição e algum grau de lucidez.

Eu tinha esse sonho recorrente, nem contei quantas vezes, mas estava acontecendo vários anos antes de eu conhecer meu

atual marido. Nessa época, eu ainda estava casada com o pai da minha filha mais velha. Os sonhos recorrentes eram dois, na verdade. No primeiro, eu caminhava subindo uma colina numa grande pastagem na companhia de alguém que eu não conhecia. Era um homem muito alto e usava botas de cowboy, jeans, uma camiseta escura e chapéu. Não me lembro muito dele porque, enquanto eu caminhava, só olhava para o chão. Chegamos ao alto da colina e começamos a nos beijar, mas eu sempre acordava depois do beijo. Descobri depois que o homem era meu atual marido, Brent, e a colina que subíamos ficava na fazenda do pai dele. Quando ele me convidou para conhecê-la, saímos para um passeio e fomos para aquela colina. O tempo todo, enquanto caminhávamos, eu pensava sem parar: "Já estive aqui antes..."
Carol, outubro de 2009

Quando tenho sonhos lúcidos, posso fazer qualquer coisa e ir aonde eu quero. Posso modificar meus sonhos à vontade. Posso ter superpoderes, visitar outros lugares e épocas, conhecer outras pessoas. Adoro as noites em que posso sonhar assim. Tenho a impressão de que eles duram horas, mas, quando acordo, vejo que só se passaram uns 30 minutos. Nessas ocasiões eu me sinto extremamente descansado, como se naqueles 30 minutos eu tivesse dormido a noite inteira. A maioria dos meus sonhos lúcidos acontece dez minutos depois de eu adormecer. Sei que os cientistas dizem que o sono REM não acontece assim tão cedo, mas para mim é assim. Um dos meus sonhos lúcidos ainda me assusta. Eu sabia que estava sonhando e controlando meu sonho, mas aconteceu algo inesperado, não planejado. Entrei numa cozinha e vi Jesus ali. Ele me disse para segui-lo enquanto entrava num quadro pendurado na parede. Eu o segui, e por um breve instante, enquanto entrava no quadro, senti todo o meu corpo relaxar. Jamais me sentira tão confortável e relaxado em minha vida. Não sentia meu peso e atualmente, quando penso no que aconteceu, creio que nem tinha mais um corpo ou talvez nem estivesse nele, não sei explicar. No entanto, fiquei muito assustado com o sonho, pensando que talvez fosse um truque e aquela pessoa não fosse Jesus, e também com medo de não conseguir acordar se continuasse a segui-lo. Então, me forcei a acordar. Jamais passei por nada parecido antes, embora tenha tentado muitas vezes repetir o mesmo sonho.

Wes Rickena, novembro de 2009

Posso controlar completamente os meus sonhos a ponto de lembrar o que fiz a alguém e onde aconteceu. Neles, eu digo a mim mesma que estou sonhando e, se sentir medo, posso escolher sair do sonho/pesadelo a hora que quiser. Também posso voltar a um sonho da noite anterior para acertar coisas que ficaram pendentes porque resolvi sair dele, para lidar com isso em outra ocasião. Também tenho sonhos recorrentes e assim que entro neles, posso avançá-los até chegar à parte em que estava previamente.

Hayleymay, outubro de 2009

    Experiências desse tipo acontecem com sonhadores regulares que compreendem a diferença entre o sonho simbólico habitual e o sonho que "cheira" a uma outra realidade paralela ao estado de vigília.

    Realidades paralelas, talvez até universos paralelos. No entanto, nossa "mente acordada" raramente tem a oportunidade de observar esses vislumbres fugidios. O *déjà vu* nos permite dar uma espiada no que talvez esteja acontecendo durante o estado de sonho. Porém, quando sonhamos, o processo dura muito mais e oferece maiores oportunidades para explorar o panorama físico e mental. Então, o que acontece ao nosso cérebro durante o sono que poderia desencadear essa habilidade de viajarmos para reinos desconhecidos?

SONO REM

Nos seres humanos, o sonho é dividido em duas fases principais: o sono não REM, que ocupa a maior parte do início do sono noturno, e o sono REM — Rapid Eye Movement [Movimento Rápido dos Olhos]. O não REM talvez seja um estado para o repouso do cérebro, depois da intensa atividade de um dia acordado. O cérebro permanece desperto e consciente, mas não tão ativo como durante o completo estado de vigília. A maior parte dos sonhos ocorre durante a etapa REM. Nesse estágio, os olhos da pessoa se movimentam rapidamente de um lado para o outro e de cima para baixo. Usando o eletroencefalograma (EEG), os cientistas determinaram que o gráfico da atividade cerebral durante o sono REM é similar ao gráfico EEG do cérebro quando acordado. Todavia, a atividade muscular é pequena durante o sono REM, com o objetivo de manter os músculos inativos e nos impedir, pelo menos na maior parte do tempo, de atuarmos nos nossos sonhos.

O sono é constituído por cinco fases distintas. Ao começarmos a dormir, passamos pelas quatro primeiras etapas de sono, de ondas lentas, que vão aumentando de profundidade de fase para fase, até chegarmos à fase REM, a dos movimentos oculares rápidos.

Nessa etapa, apesar de estarmos dormindo, os batimentos cardíacos e a respiração se aceleram, e a pressão sanguínea sobe devido à presença de ondas alfa, que estão presentes na nossa atividade diária normal. Durante essa fase, o resto do corpo fica essencialmente imobilizado devido à liberação de glicina, um aminoácido secretado pelo tronco cerebral. Isso ocorre cerca de 90 minutos depois de a pessoa adormecer, e ele circula pelas outras quatro fases: sono leve, um pouco mais profundo e o mais profundo estágio do sono, quando o cérebro entra na etapa delta, a mais lenta onda do cérebro (de zero a quatro ciclos por segundo). Essas são as fases do sono não REM. Em seguida, começa o REM, e o cérebro se torna ativo de novo, resultando nos sonhos que vivenciamos.

Quantos sonhos diferentes temos a cada noite? A maioria das pessoas sonha mais do que uma vez por noite. Na verdade, frequentemente temos vários sonhos, durante entre cinco e 20 minutos em média e, ao contrário da crença popular, sonhamos em cores. Simplesmente não nos lembramos de cada sonho quando acordamos.

O Instituto Nacional de Distúrbios Neurológicos e Derrames escreve:

O sono REM começa com sinais de uma área situada na base do cérebro, chamada *pons* (ponte). Esses sinais viajam para uma região cerebral chamada tálamo, que os dirigem para o córtex cerebral, a camada externa do cérebro que é responsável pelo pensamento, aprendizado e organização de informações. O *pons* também envia sinais que desligam os neurônios na medula espinhal, causando uma paralisação temporária dos músculos dos membros. Se alguma coisa interfere nessa paralisia, as pessoas começam a fisicamente "atuar" na história do sonho — um problema grave e perigoso chamado distúrbio de comportamento do sono REM. Alguém que está sonhando com um jogo de beisebol, por exemplo, pode sair correndo da cama e bater com a cabeça num móvel ou atingir alguém que está dormindo por perto na tentativa de pegar a bola.

Alguns cientistas acreditam que os sonhos são a tentativa do córtex de encontrar significado nos sinais randômicos que recebe durante o sono REM. O córtex é a parte do cérebro que interpreta e organiza as informações vindas do ambiente durante o estado consciente. Também pode ser que recebendo sinais aleatórios do *pons*, durante o sono REM, o córtex tente interpretá-los, criando uma "história" feita de atividade cerebral fragmentada. Durante os sonhos, algumas partes do cérebro são desativadas, inclusive o córtex pré-frontal lateral dorsal, a parte responsável pelas decisões ou volição, e pelo pensamento racional. A pesquisa sobre sonhos feita com a técnica de tomografia com emissão de positrons (PET), realizada em meados da década de 1990, mostrou que os sonhos REM começam na região límbica do cérebro — nosso cérebro "primitivo". Ela controla as emoções e torna-se muito ativa, explicando, talvez, porque os sonhos são tão potentes em termos emocionais.

SONHOS E EXPERIÊNCIAS FORA DO CORPO

Embora não exista concordância sobre o porquê dos sonhos, sua interpretação é ainda mais controvertida. Talvez o cérebro esteja apenas juntando pedacinhos de informações abstratas armazenadas no neocórtex para fazer um quadro mais lógico. Pode ser, também, que não seja o cérebro operando, mas algo situado fora dele.

Muitas pessoas comparam os sonhos com experiências fora do corpo, porque existe a sensação de estar na percepção, mas não no corpo. Os sonhos lúcidos se aproximam das EFCs, mas carecem de muitos aspectos essenciais que são relatados, como o cordão ou fio de prata que supostamente mantém a essência ou percepção ligada ao corpo físico ou a capacidade de olhar para baixo e ver o corpo adormecido. Além disso, a experiência fora do corpo pode acontecer a qualquer hora e não somente durante o sono.

O conceito de teletransporte leva a experiência fora do corpo um passo além, porque leva o corpo junto com a mente ou percepção. Todavia, a EFC permite ao indivíduo viajar apenas neste nível ou panorama da realidade existente, enquanto os sonhos talvez nos deixem ter vislumbres de outros níveis da realidade. "Os sonhos são muito mais do que uma simples representação da comunicação vinda do seu subconsciente", escreve o Dr. Bruce Goldberg no livro *Exploring the Fifth Dimension* [Explorando a quinta dimensão]. Ele examina os elementos comuns entre conceitos que envolvem os universos paralelos, como os físicos teorizam, e a habilidade de atravessar outras realidades através dos sonhos, teletransporte e EFCs.

"Os sonhos são tão válidos e relevantes para nossa vida como o estado de vigília. A única verdadeira referência é que nossos sonhos acontecem em um diferente plano de existência. Esse é o motivo da grande dificuldade de entender e decodificar nossos sonhos com base nos paradigmas convencionais", acrescenta Goldberg. As leis físicas do mundo onírico talvez não sejam as leis físicas que vivemos diariamente neste nosso plano.

Não é importante o veículo que uma pessoa escolhe para viajar aos vários planos da realidade, porque todos resultam na clara sensação de que a mente, ou a percepção consciente, não está ligada ao corpo e que os estados de sonho são tão reais quanto os estados de vigília. Portanto, se a mente pode decolar a qualquer hora e passear à vontade por todos os diferentes planos da existência, principalmente durante os sonhos, podemos sugerir a hipótese de que o sonho através do tempo é possível. Os sonhos precognitivos sugerem a habilidade do indivíduo de visualizar algo que ainda não aconteceu. Para muitas pessoas esses sonhos não são apenas uma sensação vaga de que algo triste ou terrível vai ocorrer, mas vislumbres muito detalhados de um evento futuro que termina exatamente como foi sonhado.

Cerca de dois anos atrás tive um sonho no qual eu dirigia meu automóvel e comia uma barra de chocolate. Quando cheguei a um sinal de trânsito, lembro-me de que fiquei olhando à minha volta para ver se havia algum policial por perto, porque estava para jogar a embalagem de chocolate pela janela e não queria ser multado. Enquanto me dirigia para um outro farol de trânsito para virar à esquerda, vi uma radio-patrulha passar e sorri ao pensar que poucos minutos antes eu procurava por eles. Depois que eles passaram, entrei na rua à esquerda e quase imediatamente me vi diante de um farol vermelho. Quando a luz ficou verde, comecei a entrar à esquerda, e nesse momento um caminhão vermelho que furou o sinal bateu diretamente no meu carro, o que me acordou.

Cinco meses depois, eu tinha esquecido completamente o sonho até que uma manhã, eu voltava para casa depois da faculdade, comendo um Twix. Cheguei a um farol vermelho e olhei à minha volta procurando um policial porque estava pronto para jogar a embalagem pela janela. Feito isso, tive de parar em um outro farol vermelho e um carro de polícia passou por mim. De repente me lembrei do sonho. Quando entrei à esquerda, encontrei um outro farol vermelho, onde teria de fazer uma curva à esquerda. Recordando o sonho, não virei quando o farol mudou e vi um caminhão vermelho atravessando o sinal vermelho.

Bobby Nelson, apresentador do programa
Strange Frequencies Radio, novembro de 2009

Depois dos terríveis ataques terroristas de 11 de setembro de 2001, milhares de pessoas publicaram seus sonhos proféticos na internet. Claro, é impossível provar qualquer coisa depois de o fato acontecer, mas mesmo se uma porcentagem mínima desses relatos *realmente* previu o evento nos seus sonhos, já é impressionante. Atualmente, muitos fóruns de pesquisa sobre sonhos proféticos da internet permitem que as pessoas contem os sonhos que imaginam que irão se tornar realidade. Posteriormente, depois do fato, eles poderão ser validados por investigadores independentes.

Como esses sonhadores estão se conectando a um conhecimento futuro e de onde ele está vindo? Com base nas teorias da física quântica, principalmente na Teoria Muitos Mundos, do físico Hugh Everett III, da década de 1950, podemos existir em um número infinito de universos paralelos que fazem parte de um universo em expansão. Cada vez que executamos uma nova ação ou fazemos uma nova escolha, outro universo paralelo instantaneamente se separa, e lá estamos nós de novo. Essa ideia, como já discutimos no Capítulo 1, poderia explicar o *déjà vu,* a visualização à distância, telepatia, visão do futuro e de vidas passadas — para não mencionar quase tudo que consideramos ser fenômenos "paranormais", muitos envolvendo a habilidade de entrar num depósito de informações ao qual não temos acesso quando conscientes.

O Dr. Bruce Goldberg sugere uma quinta dimensão que é infinita em tamanho e objetivo. Ele sugere que somente quando estamos em um estado alterado de consciência, como hipnose, meditação ou mesmo durante uma experiência fora do corpo, somos capazes de olhar essa quinta dimensão, que vai além das nossas três dimensões espaciais e uma temporal. "O espaço-tempo contínuo descreve a simultaneidade de todos os eventos de nossa vida. Agora temos de adicionar uma quinta dimensão de vidas paralelas ocorrendo em universos paralelos."

Assim, se em nossa realidade, quando estamos acordados, somos apenas um de um número infinito de "eus" que existem nesses universos adicionais, podemos assumir que o mesmo vale para nossa realidade de quando estamos dormindo. Os sonhos, especialmente os precognitivos, podem ser um dos nossos "eus" levando nossa realidade para outras dimensões onde as leis da física são novas e bizarras, em comparação com as nossas. Além disso, podemos ultrapassar a estrutura de tempo linear do nosso cérebro e olharmos para o passado e presente.

Obviamente, se examinarmos os dados experienciais, subjetivos, de milhões de pessoas que têm sonhos lúcidos, *déjà vu*, sonhos proféticos, faculdades psíquicas, visualização remota ou simplesmente a capacidade de entrar em estados alterados de consciência que produzem visões ou recepção de conhecimento vindo de fontes mais altas, fica claro que está acontecendo alguma coisa na mente permitindo que ela alcance além das nossas limitações físicas. Talvez exista um campo de informações que pode ser visitado por mentes que descobriram exatamente como fazê-lo e assim não somente conseguem ver suas vidas passadas, como o que poderá acontecer daqui a duas semanas.

Hipnogogia

Algumas das experiências mais incomuns relacionadas com estados de sonho ocorrem no período intermediário entre o sono e o acordar, chamado hipnogogia. Nele, as pessoas relatam visões muito nítidas e sensações diferentes das experimentadas no estado de sonho. A hipnogogia é diferente do sono REM e dá a impressão de que o corpo continua adormecido, mas a mente está se ativando. O termo também se aplica à etapa imediatamente antes de adormecer. Todavia, a maioria das experiências chamadas "paralisia do sono" ocorre nessa etapa. Tal como acontece com o *déjà vu*, existem registros sobre hipnogogia desde a época de Aristóteles. Esse estágio de transição também pode ser a origem do fenômeno Incubus/Succubus, onde as pessoas sentem que estão sendo sexualmente manipuladas ou atacadas por uma criatura demoníaca invisível que são incapazes de rechaçar.

Paralisia do Sono

A paralisia do sono, frequentemente, é acompanhada por elementos auditivos incomuns, como murmúrios, zumbidos, arrastar de roupas ou objetos, e rugidos. Também pode haver alucinações de sombras ou entidades escuras cujas feições ou formas são vagas ou borradas. Além disso, podem surgir sensações físicas bem fortes de estar sendo pressionado, esmagado ou sufocado. Alguns indivíduos sofredores de paralisia do sono também falam de formigamento, vibrações no corpo todo e até orgasmos. Frequentemente, eles interpretam essas sensações como sendo paranormais e alguns ufólogos já afirmaram que muitas abduções atribuídas a seres extraterrestres são, na verdade, episódios de paralisia do sono.

Nesse estado, a pessoa fica muito mais sensível a emoções extremas como terror ou euforia, dependendo da experiência.

Eu (Marie falando) já tive vários episódios horríveis de paralisia do sono que acontecem quando estou extremamente cansada, tanto mental como fisicamente. Eles seguem um mesmo padrão. É como se estivesse paralisada, não consigo abrir os olhos e sinto uma presença pesada sentada no meu peito, dificultando minha respiração. Cheguei a "sentir" um hálito quente nas minhas orelhas e ouvir uma respiração pesada ao meu lado. Lembro-me que muitas vezes me debati e gritei pedindo socorro, mas meu marido na época sempre me dizia no dia seguinte que meu sono fora tranquilo, sem gritos ou movimentos bruscos. O que quer que fosse — e, acredite-me, eu o sentia como físico e real —, era obra da minha mente. Eu não estou sozinha nessas experiências.

Já tive vários episódios de paralisia do sono, mas este se destaca dos outros. Numa noite de sábado, adormeci no sofá e "acordei" para sentir que meus braços estavam esticados junto ao meu corpo e eu não conseguia me mexer. Senti uma coisa pesada sentada no meu peito e olhei para cima. Vi uma sombra flutuando sobre mim. Eu tinha a impressão de que era uma figura masculina, e quando ele falou, minha percepção se confirmou. As palavras que ele disse gelaram meu sangue para sempre. "Tenha medo de mim." Depois senti que meus ombros e minha cabeça estavam sendo levantados da almofada. Ele me puxava pela gola da minha camiseta. Não sei bem como saí daquela situação, mas quando finalmente acordei, vi minha cadela dormindo profundamente ao meu lado. Ela não percebeu nada do acontecido porque, caso contrário, teria latido. Todas as paralisias de sono que vivenciei aconteceram à noite, nesse sofá. Nunca tive nada na cama ou durante o dia. Uma noite, escutei um programa de rádio e o convidado falava sobre paralisia do sono. Fiquei sabendo exatamente o que acontecera comigo e daí em diante nunca tive um episódio nem mesmo parecido. Algumas pessoas com quem falei disseram que assim que se conscientizaram de que era uma paralisia do sono, nunca mais tiveram um outro episódio. Entendi, então, que quando não tínhamos consciência do que estava acontecendo o medo do desconhecido tomava conta de nós. Assim que aprendemos o que estava realmente acontecendo, a verdade nos libertou.

Tammy Jones, outubro de 2009

Para começar, eu morro de medo quando tenho paralisia do sono. Minha mente está alerta, mas meu corpo não se mexe. Eu sempre ouço e "sinto" uma outra pessoa no meu quarto. Estou deitado, indefeso, e sinto que uma coisa ou pessoa maligna está me olhando dos pés à cabeça. Uma vez, posso jurar que ouvi alguém murmurar no meu ouvido: "Alô." Foi tão claro e tão perto do ouvido que me assustei demais. Odeio a sensação de impotência quando estou ali, incapaz de me mexer, sabendo que meu corpo ainda está dormindo, e sentindo essa presença e ouvindo todos os tipos de barulho (só ouvi a voz clara uma única vez). Eu ouço batidas de todos os tipos, portas abrindo e fechando com força, passos de um lado para o outro e alguém correndo dentro do quarto. Por algum tempo tentei lutar fazendo todo o possível para me manter acordado. No entanto, quando caí semimorto de sono depois de alguns dias, foi pior ainda.

Wes Rickena

Como acontece com todos os outros tipos de fenômenos inexplicados, existem inúmeras teorias para tentar explicar a hipnogogia, como a perda dos limites do ego que permite a liberdade desenfreada do ambiente mental, o que poderia explicar os elementos ilógicos da experiência. Outros, como o pesquisador Herbert Silberer, sugerem que as alucinações relatadas durante esse estado intermediário são ideias abstratas que se tornam concretas sem a repressão ou censura da mente acordada. Outros mais, ainda consideram os elementos mais folclóricos que frequentemente são encontrados nos "terrores noturnos". Essas experiências costumam ser muito intensas, como na lenda inglesa da "velha bruxa" que senta no peito do sonhador ou o Incubus/Succubus com forte carga sexual e origens demoníacas.

PESADELOS E PARALISIA DO SONO

Todas as culturas têm sua própria ideia ou explicação sobre a paralisia do sono. Nenhuma delas é agradável!

- Na cultura africana, a paralisia do sono isolada costuma ser chamada de "a bruxa cavalgando nas suas costas".
- Nas culturas do Camboja, Laos e Tailândia, a paralisia do sono é denominada *pee umm* ou *khmout sukkhot*. Ela é descrita com um evento onde a pessoa está dormindo e sonha que uma ou mais figuras fantasmagóricas estão próximas e, em alguns casos, até segurando-a para impedi-la de se levantar.
- Na cultura Hmong, a paralisia do sono é uma experiência chamada "*dab tsog*" ou "demônio esmagador". É comum a pessoa ver uma figura pequenina, não maior do que uma criança, sentada no seu peito.
- Na cultura vietnamita, a paralisia do sono é chamada de "*ma è*", significando "segurado com força por um fantasma" ou "*bóng è*", "segurado com força por uma sombra". Muitas pessoas dessa cultura acreditam que um fantasma entra no corpo do indivíduo, causando a paralisia.
- Na cultura chinesa, a paralisia do sono é amplamente conhecida como "*pinyin*", que se traduz por "fantasma apertando o corpo para baixo" ou "fantasma apertando o corpo na cama".
- Na cultura japonesa, a paralisia do sono é denominada "*kanashibari*", que em sentido literal significa "preso ou amarrado por metal", de *kane*, "metal", e *shibaru*, "amarrar, atar".

- Na cultura filipina, "*bangungut*" ou morte súbita e inexplicada no sono é tradicionalmente atribuída a pesadelos. Pessoas que afirmaram terem sobrevivido a esses pesadelos contam que experimentaram os sintomas da paralisia do sono.
- Durante o julgamento das bruxas de Salém, várias pessoas relataram ataques noturnos causados por várias das supostas feiticeiras, inclusive por Bridget Bishop, que poderiam ser resultado de paralisia do sono.
- No folclore húngaro, a paralisia do sono é chamada de "*lidércnyomás*" (apertado pelo *lidérc*) e pode ser atribuída a entidades paranormais, como "*lidérc*" (espectro), "*boszorkány*" (bruxa), "*tündér*" (fada) ou "*ördögszeret*" (amante do demônio). A palavra *boszorkány* deriva da raiz turca "*bas*", que significa "apertar".
- Na cultura da Islândia, a paralisia do sono geralmente é chamada de "*mara*". Um *goblin* ou súcubo (porque costuma ser feminino) é a causa dos pesadelos. (A palavra inglesa *nightmare* deriva desse nome.)
- Outras culturas europeias apresentam variações do mesmo folclore, chamando a mulher do pesadelo de diferentes nomes: proto-germânico: *mar n*; inglês antigo: *maré*; alemão: *mahr*; holandês: *nachtmerrie*; islandês, norueguês antigo, sueco: *mara*; slovênio: *mora*; búlgaro, sérvio, polonês: *mora*; francês: *cauchemar;* romeno: *moroi*; tcheco: *m ra*. A origem da crença é muito mais antiga e está na raiz proto indo-europeia *mora*, um íncubo, da raiz *mer-*, "esfregar" ou "fazer mal".
- Na Nova Guiné, as pessoas se referem ao fenômeno como "*Suk Ninmyo*", e ele é atribuído a árvores sagradas que usam a essência humana para sustentar sua vida. Contam que as árvores se alimentam durante a noite, de modo a não perturbar a vida humana cotidiana, mas, às vezes, a pessoa acorda durante a alimentação, o que resulta em paralisia.

- Na cultura turca, a paralisia do sono, às vezes, é chamada de "*karabasan*" (o atacante/esmagador escuro). Seria uma criatura que ataca as pessoas no sono, apertando seu peito e roubando sua respiração.
- No México, acredita-se que a paralisia do sono é, na verdade, o espírito de uma pessoa morta que penetra na pessoa adormecida, impedindo qualquer movimento. Isto é chamado de "*se me subió el muerto*" (o morto subiu em mim). (Adaptado da Wikipedia.)

Uma das teorias mais científicas diz que, ao contrário do que acontece no sono REM, onde o corpo é propositalmente "desligado" durante o sonho, a hipnogogia talvez seja um bloqueio momentâneo desse processo de desligamento, que ocorre tanto na entrada, como na saída, do sonho. Assim, a paralisia do sono pode ser explicada como a mente procurando acordar antes de o corpo receber o sinal para acompanhá-la.

Seja qual for a explicação, mais uma vez estamos diante de algum tipo de separação entre mente e corpo, sugerindo que a mente, muitas vezes, pode vivenciar realidades que vão muito além do físico. Quer nos movimentemos para fora ou além do corpo presos por um cordão prateado ou manipulemos tempo e espaço em um estado de grande lucidez durante um sonho, ou, ainda, gritemos de pavor com a sensação de estarmos sendo sufocados que termina no momento em que "acordamos", a mente parece possuir faculdades que só estamos começando a compreender.

Talvez pesquisas futuras venham a corroborar os sonhos precognitivos a ponto de se tornarem cientificamente aceitáveis, ou provar que os sonhadores lúcidos atuam em um nível ou plano de realidade diferente, em que ainda existe consciência. Como disse David Bohm em certa ocasião, podem existir três níveis de ordem, e a ordem é o reino da mente, da consciência, para ver a conexão entre a vida como um todo e todo o tempo, e por isso não podemos discernir a ordem na realidade manifesta. Lidamos com a realidade "no mundo real", mas talvez estejamos errados em acreditar que essa é a verdadeira realidade e não a realidade dos nossos sonhos. Afinal, durante um sonho não temos a sensação de estarmos vivos, presentes e potentes? Tudo isso talvez se torne muito confuso porque basicamente questiona tudo o que consideramos real ou manifesto.

Se a mente é parte do cérebro ou completamente separada dele, se a consciência é uma estrutura de redes neurais, gatilhos e conexões, ou totalmente separada do nosso organismo, o fato é que, através de experiências subjetivas ao longo da história e em todo o mundo, sabemos que existem outros mundos a serem explorados e só a mente pode ser o explorador. O corpo, pelo menos até agora, não tem a capacidade de ir onde a mente vai. Quem sabe um dia o teletransporte do corpo físico e a viagem no tempo sejam uma parte normal da vida, mas eles, por enquanto, são apenas construções de nossa mente, onde a consciência se movimenta entre os dois estados, modificando percepções, renovando crenças e abrindo-se para um mundo novo de possibilidades e experiências.

Em nenhum lugar isso é mais evidente do que à noite, quando nos deitamos para repousar depois de um árduo dia de trabalho, fechamos os olhos e sonhamos.

Não somos apenas menos razoáveis e menos honestos nos nossos sonhos... Quando dormimos, também somos mais inteligentes, mais sábios e mais capazes de fazer julgamentos corretos do que quando estamos acordados.
Erich Fromm

CAPÍTULO 9
Você já leu isso antes? Revisitado

Eu já nasci mais vezes do que qualquer um, exceto Krishna.
Mark Twain

Eu sei que não morro. Certamente, eu morri 10 mil vezes antes. Eu rio diante do que vocês chamam de dissolução e conheço a amplidão da vida.
Walt Whitman

É terrível desperdiçar a mente.
lema do United Negro College Fund

Parecia que Tom e Judy não tiravam um dia de folga há anos. Desde que haviam comprado um mercadinho na cidade 15 anos antes, sua vida parecia estar centrada no trabalho. Para pequenos empresários tentando competir com os grandes da economia atual, um período de descanso nunca fora uma opção. Trabalho, trabalho, trabalho. Mas haviam prometido um ao outro que um dia fariam a viagem de lua de mel que por motivos financeiros não fora possível no início do casamento.

Certo dia de muito movimento, Tom estava empilhando produtos, quando sentiu uma forte pontada no braço. Ele desmaiou, e quando acordou estava deitado numa maca de pronto-socorro, cercado por médicos e enfermeiras. Ele sofrera um enfarte de menor gravidade. Mais tarde o médico falou que ele devia estar sofrendo de fadiga crônica e sugeriu que ele se afastasse de qualquer tipo de estresse. Mas como ele poderia simplesmente fechar as portas por algum tempo quando se aproximava o período de melhores vendas? Depois de dizer ao médico que descanso não estava em sua agenda, este respondeu: "Se você quiser viver, é sua única opção."

Muito bem, alguns de vocês estão dando tratos à bola e perguntando se está tendo um *déjà vu*. Outros imaginam que os autores do livro fizeram uma pegadinha. Outros, ainda, talvez estejam se perguntando se houve uma falha de revisão na editora.

Sim, você já leu isso antes, na Introdução deste livro. Este artifício serve apenas para lembrar da rapidez com que esquecemos certos detalhes e ainda assim manter a sombra do reconhecimento de que fizemos, ouvimos, vimos, lemos ou vivenciamos tudo antes. A mente adora nos pregar peças sempre que possível.

Todavia, como os capítulos anteriores indicaram, ainda entendemos muito pouco o que acontece em nossa mente, cérebro e consciência. Apesar de todos os incríveis avanços no conhecimento e tecnologia médicos, ainda estamos no escuro no que se refere ao mais importante e inquestionável aspecto do que nos define como "nós", seres humanos. É possível que os mistérios do universo interior precisem de muito mais tecnologia para serem descobertos. Para compreender. Para saber.

Sobre a sensação de já ter vivenciado alguma coisa anteriormente:

Quando eu tinha uns 10 anos de idade, costumava ter essas experiências de déjà vu, mas não estou falando de uma ou outra ocasião. Eu tinha episódios fortes que aconteciam com grande frequência, às vezes, até diariamente. Aconteciam com tanta regularidade que em alguns momentos eu pensava que estava repetindo o dia inteiro. Lembro-me de um dia na escola em que fiquei verdadeiramente assustado a ponto de ir me consultar com o orientador psicológico. To-

das as manhãs, minha professora de matemática escrevia na lousa os problemas que tínhamos de resolver para fazer nosso cérebro funcionar direito durante o resto das aulas. Eu era muito ruim em matemática. Fiquei sabendo mais tarde que eu tinha uma deficiência no aprendizado de números e por isso sempre lutei arduamente com a matemática. Mas, naquele dia, fui para minha carteira, sentei e olhei para o quadro-negro. Lembro-me de resmungar para mim mesmo porque ela havia escrito os mesmos problemas do dia anterior. Comecei a escrever os problemas e os resolvi com facilidade. Quando levei o caderno para a professora, ela olhou para mim, surpresa. "Ora, Nicolas. Você deve estar estudando muito em casa. Resolveu perfeitamente esses problemas." Eu disse que era fácil quando ela repetia os problemas. A professora me lançou um olhar estranho e afirmou que era a primeira vez que escrevia aqueles exercícios. Eu lhe digo, Marie, até hoje me recordo dos problemas que ela colocou no quadro-negro, mas não estou falando da segunda vez, quando os repetiu, mas da primeira vez, antes de haver uma "segunda vez".

Nicolas J. Janvier

Sobre a possibilidade de ter tido um sonho precognitivo de um desastre catastrófico:

7 de dezembro de 2003
Eu estava caminhando pela avenida da praia numa cidade litorânea. Não lembro do que estava fazendo nesse lugar, mas, de repente, tive a sensação de que uma onda enorme viria e afogaria milhares de pessoas na praia e também no interior. Meu namorado, Jeff, estava comigo, e começamos a correr. Corríamos mais do que seria humanamente possível. Eu estava descalça e pisando em mato, campos e florestas. O lugar sempre mudava. A certa altura eu galguei um morro coberto de neve, mas, apesar de ainda estar descalça, não senti frio.

Também nunca me cansava. Eu podia sentir o maremoto se aproximando. Havia muitos arbustos e árvores, e Jeff e eu tínhamos de correr numa trilha cheia de lama para fugir dele. Passamos por um vilarejo e pensei em subir uma escada que levava ao alto de um prédio, mas no mesmo instante soube que a onda iria varrer o vilarejo inteiro. Então, vi outras pessoas correndo. Gente de todas as idades corria à frente e atrás de nós. Eu continuava, sem sentir cansaço. Sabia que a água há muito tinha coberto a cidade costeira de onde Jeff e eu havíamos fugido. Sabia, também, que centenas de pessoas tinham morrido. Eu podia ver a sombra da onda imensa com o rabo do olho. Continuei correndo e, apesar de termos entrado quilômetros na mata, a água continuava vindo. Famílias corriam juntas, mas eram atrasadas por causa dos muitos filhos. Jeff pegou um menininho no colo e continuou correndo. Meu primeiro pensamento foi que pegar uma criança só iria me atrasar, mas senti que Jeff estava fazendo a coisa certa. Então, corri para uma mãe e pedi que me desse seu filho mais novo. Ela me entregou uma menininha de 3 ou 4 anos, mas bem pequenina. Acomodei-a em meus braços e puxei o capuz da sua blusa para proteger sua cabeça dos galhos. Jeff e eu continuamos com nossa corrida desabalada. Eu sabia que as únicas crianças que iriam sobreviver eram as nossas. As famílias não teriam a menor chance. A onda continuava vindo, cada vez mais rápido, e se aproximava muito.

 O tsunami no oceano Índico matou quase 230 mil pessoas em 11 países, exatamente um ano depois, em 26 de dezembro de 2004.

Christie Fournier

Nossa mente, de fato, funciona de maneiras muito misteriosas.
 Por sua própria natureza, a ciência tende a não levar a sério experiências pessoais prévias, bem como outras experiências pessoais e subjetivas que apresentamos ao longo deste livro. Mas podemos

mesmo ignorá-las? Devemos varrê-las para debaixo do tapete só porque ainda não foram descobertos os mecanismos físicos causadores, em estudos seguindo a metodologia científica? Sim, devido à falta de provas irrefutáveis, alguns indivíduos até defenderiam essa atitude irresponsável. No entanto, agindo dessa forma, eles estão desprezando as experiências de milhões de pessoas ao longo da história.

A ciência talvez nos dissesse que um sonho com um tsunami um ano antes de ele acontecer no mundo real não passa de uma coincidência. Mas, para o sonhador, não existe tempo nem espaço para a precognição. Ao longo da história, os grandes profetas e videntes declararam ter poder para ver eventos futuros. Pense nos bem conhecidos místicos: Nostradamus, Malaquias, São João com o Apocalipse, e Edgar Cayce. Claro que suas profecias estão abertas à interpretação e nem sempre são totalmente exatas, mas milhões de pessoas acreditam nelas. Por que não perguntarmos a nós mesmos se há alguma verdade nelas?

Esses sonhos, visões e profecias falam de coisas que poderiam acontecer — se um caminho em especial fosse tomado? Se fosse seguida uma determinada linha do tempo? Se fosse ou não tomada uma decisão? Todavia... seriam eles a prova de que a mente pode ver outros níveis da realidade onde esses eventos acontecem?

Certamente, estamos entrando no reino da especulação e conjectura. Mas, será mesmo isso? Lembre-se: nós mal começamos a entender a realidade e a consciência, e, menos ainda, a saber quantos níveis elas contêm. E até onde elas podem ir para o passado e para o futuro.

O cérebro é parte do nosso corpo físico, um sistema de um organismo vivo composto de sistemas interconectados, cada um com diferentes papéis e propósitos. Extraia o cérebro e o corpo morre. Talvez a energia do organismo vivo não morra, apenas mude de forma, transformando-se em um tipo diferente de energia que não pode ser vista, medida ou pesada. Ou se transforme na misteriosa "energia escura", a hipotética forma de energia que permeia todo o espaço e que, segundo a teoria dos físicos, representa 74% do total da energia-massa do universo. Esse conceito pode ter um alicerce científico na lei da conservação da energia. A lei, calcada nos princípios básicos da física, diz que a quantidade total de energia em um sistema isolado permanece constante ao longo do tempo e não pode ser criada nem destruída — só mudar de uma forma para outra.

Foi sugerido que o corpo humano contém elementos tanto de sistemas isolados como abertos. Por exemplo, o fato de absorvermos substâncias do ambiente, como alimento e ar, e devolver outras substâncias como dióxido de carbono e dejetos, se ajustaria perfeitamente à categoria de sistema aberto. Nosso sistema circulatório é um sistema fechado, porque o sangue permanece nas veias e artérias e as substâncias químicas são trocadas por osmose. Já foi dito que o cérebro é um sistema fechado porque a única coisa que ele troca com o mundo exterior são "informações" — e, mesmo nesse caso, a troca é intermediada pelo próprio cérebro e manifestada por meios somáticos. Portanto, voltamos à pergunta inicial: o que acontece com a energia contida no organismo quando ele morre? Será que ela apenas se dissolve na obscuridade ou, de alguma maneira, assume uma nova forma?

Isso certamente explicaria os sempre crescentes relatos sobre todos os tipos de experiências místicas e paranormais. Também ajudaria a explicar as mais modernas pesquisas mostrando que nossos pensamentos e intenções têm muito mais poder do que se imagina, porque eles possuem uma energia própria, capaz de sobreviver depois da morte física.

Uma reportagem no site *Telegraph.co.uk.*, de 3 de dezembro de 2009, vinda da Associated Press, contou em detalhes a pesquisa de um grupo de cientistas europeus que foram bem-sucedidos em criar uma mão robótica totalmente controlada pelo pensamento. Ela foi implantada no paciente, que havia perdido a mão esquerda e parte do antebraço, e ele conseguiu movimentá-la usando apenas seus próprios pensamentos. Eletrodos colocados no braço permitiram aos cientistas medir a complexidade de movimentos que o homem foi capaz de ativar.

Mesmo que os cientistas envolvidos em pesquisas sobre o cérebro digam que não existe novidade nos impulsos criados pelo pensamento e que afetam os nervos, a experiência ainda abre a porta para encarar o pensamento sob uma luz totalmente nova. Por anos os cientistas têm caçoado dos gurus da autoajuda que falam do poder do pensamento e que, se você modifica seus pensamentos, modifica sua vida. O fato é que livros como *O segredo* nos mostram algo de válido nessa crença! Parece que se você mudar seus pensamentos e conseguir dirigi-los com um propósito, poderá também movimentar uma mão robótica para fazer um gesto obsceno para alguém!

Mais uma vez recorremos às ordens da realidade do físico David Bohm. O cérebro pode ser o controlador do domínio da ordem aparente, o físico e o manifesto, o que vemos e fazemos no "lado de fora". A mente seria o mestre da ordem interna, do vasto território invisível onde pensamento, crença, ideia ou arquétipo convergem e se combinam para criar a essência oculta de uma coisa qualquer. Então, a consciência seria a ordem da força controladora, o superintendente que tudo sabe, que conecta o eu individual a tudo o que existe — visível ou invisível, passado, presente e futuro. Essas três ordens estão operando no mundo à nossa volta e também operando na nossa própria realidade. A morte de uma delas, principalmente a aparente, de maneira nenhuma indica o término das outras duas.

Se formos além, englobando essas ordens com o fluxo de interconectividade explicado por Bohm e outros físicos quânticos, poderemos rever as anomalias da mente. Teremos de levar em conta a rede subjacente que parece conectar partículas que entram em contato umas com as outras nas vastas distâncias de tempo/espaço, o campo coletivo de toda a informação, a fonte de todas as fontes. O *déjà vu*, sonhos lúcidos, precognição, lapsos do tempo, viagens mentais, falhas na memória, personalidades alternadas, maldições do vodu, encantamentos e controle da intenção — até mesmo fantasmas, OVNIs, criptídeos e faculdades psíquicas — talvez estejam sob o domínio das ordens que não conseguimos ver no sentido físico. É possível que esse campo, ou grade, de conectividade realmente crie as condições para permitir a viagem no tempo, a viagem astral, bem como todas as experiências do *self* em outros universos e dimensões. E mais, será que esses são os meios que facilitam a aparição de entidades pertencentes a outros universos e dimensões no nosso mundo?

Existe um mecanismo conectivo dentro dos níveis ou planos dessa Grade que liga um nível a outro, e a mente, ou consciência, tem a habilidade inata de usar esses mecanismos de uma forma que nosso corpo físico não conhece. Apesar de estarmos limitados pela carne e pelo sangue, a mente não tem restrições similares. O corpo físico se transforma em pó depois da morte, mas a consciência permanece, porque não é matéria, não tem forma. O que não tem forma segue suas próprias leis, muito diferentes das leis que regem a forma, leis que os nossos melhores e mais brilhantes cientistas estão apenas começando a estudar e estão longe de compreender. Esse é o campo da ciência noética, das pesquisas sobre consciência, das experiências com o pensamento e a intenção. Um ambiente laboratorial controlado talvez não seja suficiente. A metodologia atual não contém o método necessário.

Nenhuma tecnologia, por mais moderna que seja, consegue provar que esses eventos são verdadeiros, mas também não consegue provar que eles são falsos. Os céticos argumentam que as experiências mencionadas acima são subjetivas e dependem da crença, imaginação e interpretação pessoal. No entanto, pode ser que eles estejam absolutamente certos. Talvez nossa percepção fundamental da realidade seja enormemente diferente e muito mais complexa do que imaginamos.

Estamos falando sobre o domínio do não visto, da zona livre do cérebro sem restrições, o lugar preferido da consciência, da fronteira final e do maior mistério ainda não descoberto. O universo oculto que nenhum telescópio, por mais caro ou sofisticado que seja, é capaz de penetrar. Estamos falando do vasto e inexplorado território que só nos revela sua existência em estranhas experiências que não conseguimos explicar.

Ele é a mente humana.

No filme *Matrix* (1999) Neo vê um gato passar perto deles e, em seguida, um gato igual passa perto deles, exatamente como o primeiro:

Neo: *Opa! Um* déjà vu.
[Todos param imediatamente]
Trinity: *O que foi que você disse?*
Neo: *Nada de mais. Só tive um pequeno* déjà vu.
Trinity: *O que você viu?*
Cypher: *O que aconteceu?*
Neo: *Um gato preto passou por nós e logo depois passou outro, igual a ele.*
Trinity: *Igual, como? Era o mesmo gato?*
Neo: *Talvez. Não tenho certeza.*
Morpheus: *Switch! Apoc!*
Neo: *Que é isso?*
Trinity: *Um* déjà vu *geralmente é um rasgo na Matrix. Acontece quando eles modificam alguma coisa.*

Será que estamos vivenciando apenas rasgos na Matrix ou, como gostamos de chamá-la, na Grade? Segundo recente pesquisa feita pelo Instituto Nielsen, há computadores em mais de 80% dos lares americanos. Então, façamos uma analogia com um computador para progredir em nossa análise.

Imagine que cada um de nós, seres humanos, somos um "biocomputador" brilhantemente projetado, um Mac ou, para os ultratecnólogos, uma máquina Linux, construída com hardware ou software padrões, mas possuindo também a capacidade de modificar (ou melhorar) de acordo com nossas necessidades e desejos. Um processador mais rápido? É para já! Maior memória? Chegando!

Como biocomputadores, rodamos programas similares a todos que nos cercam — um sistema-base de operação, também chamado de "programa máster". Todavia, nós temos a liberdade de modificar o sistema e adequá-lo à nossa necessidade alterando aspecto e configuração do desktop. Podemos, também, trocar o protetor de tela, instalar programas úteis para nós e, mais importante, usar a "rede de conectividade", com a qual podemos nos conectar às vastas redes externas, como a internet, para colaborar com novos conhecimentos e trocar informações com nossos pares.

Como biocomputadores, nosso aspecto físico externo é tão parecido que seria praticamente impossível para alguém determinar o que "temos por dentro" sem abrir ou romper a caixa (ou, em nosso caso, o crânio!). Todos nós temos corpo, cérebro e outras partes que parecem similares, com algumas variações genéticas, mas todos exibimos nossa humanidade.

Nós adequamos nossos "programas" com base em experiências de vida, crenças, habilidades, intenção e condicionamento e conhecimento socioculturais. Assim, nossa realidade off-line, desligada, é o que chamamos de realidade do nosso eu (*self*). Ela é nossa e só nossa, e ninguém, nem os mais brilhantes cientistas, pode provar ou não provar sua existência, porque somos nós, como indivíduos, que a estamos vivenciando.

Trabalhamos a maior parte do tempo nessa realidade desligada, criando e processando nossa vida de acordo com as informações que entram em nosso cérebro, filtradas pela lente da consciência individual. Separamos e escolhemos o que nos interessa, o que é mais importante para o funcionamento cotidiano de nossa vida. O resto nós ignoramos (ou tentamos reprimir).

De vez em quando, quando sentimos necessidade de nos ligar a algo maior e mais amplo do que nossa vida mundana, nos conectamos e subitamente estamos expostos a outras pessoas, outras crenças, realidades e consciências que estão na Matrix, na Grade. É nela que encontramos a conectividade que não temos quando estamos isolados, desligados. Ligados a ela, podemos ver "um quadro mais amplo".

Quando estamos on-line nós, como biocomputadores, recebemos uma enxurrada de informações às quais não teríamos acesso enquanto desligados, e nosso CPU (ou cérebro) agora tem a tarefa de processar, compreender, classificar e integrar tudo. Algumas dessas informações podem, com certeza, parecer paranormais, anômalas, incomuns ou simplesmente esquisitas! *Déjà vu*, sonhos proféticos, saber quem vai ligar um pouco antes do telefonema, ver uma menininha perdida numa localidade remota e ajudar a polícia a encontrá-la, entrar num estado alterado de consciência, ver uma assombração ou um OVNI: são falhas ou rasgos no programa que nos recusamos a aceitar como normal quando estamos off-line, mas que talvez façam parte de toda a experiência on-line.

Da mesma maneira que você pode ter 3 milhões de amigos que nem conhece pessoalmente no Facebook, estar on-line abre a porta para milhares de novas experiências que não estavam à nossa disposição até nos conectarmos com a World Wide Web — www — ou com a Grade da conectividade.

Então, o cérebro é mais do que alguma coisa que vivencia o off-line? Talvez seja a consciência humana que nos proporciona a experiência mais rica e profunda de estar on-line. Embora ambos tenham de trabalhar juntos para manter o sistema como um todo operando sem tropeços, apenas um deles tem pleno acesso ao "quadro mais amplo" da Grade.

Na próxima vez em que você tiver um *déjà vu* ou qualquer tipo de momento estranho e inexplicável que não se encaixa no programa básico da sua existência, tente parar e sentir o que está acontecendo. Faça uma tentativa séria de entender em vez de apenas pensar nele. Essa não é a hora de forçar o cérebro a operar usando seus meios habituais, analíticos e racionais, mas permitir que a "outra" parte de nós vivencie em vez de analisar. Chegou a hora de deixarmos de lado a parte esquerda do cérebro e darmos ao lado direito a oportunidade de intuir, sentir e ser. Chegou a hora de dar permissão à sua consciência — seu *self* on-line — para apenas sorrir e acenar diante do reconhecimento de uma falha, um rasgo no programa Master, um programa que abre o acesso à Grade e a todos os seus níveis de realidade, e oferece possibilidades infinitas para mente, memória e tempo.

Somente quando sua consciência estiver totalmente focalizada no momento presente é que você pode receber qualquer prêmio, lição ou prazer que ele tem a lhe oferecer.
Barbara DeAngelis

Chega uma hora em que a mente passa para um plano mais alto do conhecimento, mas não consegue provar como chegou lá.
Albert Einstein

Eu conheço uma única liberdade, a liberdade da mente.
Antoine de Saint-Exupèry

FONTES

Para saber mais sobre as pessoas e pesquisas mencionadas neste livro, esta é uma listas de sites que também o manterão informado e atualizado.

PARAEXPLORERS — WEBSITE DOS AUTORES
www.paraexplorers.com
ARKANSAS PARANORMAL AND ANOMALOUS STUDIES TEAM — ARPAST
www.arpast.org
MARIE D. JONES
www.mariedjones.com
JAY ALFRED — TEORIA DO PLASMA ESCURO
www.dapla.org
LOYD AUERBACH — DIRECTOR, OFC. OF PARANORMAL INVESTIGATIONS
www.mindreader.com
RICHARD BRODIE — VIRUS MENTAIS
www.memecentral.com/rbrodie.htm
ALAN BROWN — DÉJÀ VU
http://smu.edu/psychology/html/people/brown.html
AMERICAN PYSCHIATRIC ASSOCIATION
www.psych.org
ROGER BROWN/DAVID McNEILL — TOT
www.isites.harvard.edu

ANNE CLEARY — DÉJÀ VU
lamar. colostate.edu/-acleary/AnneCleary.htm
PETER FENWICK — EXPERIÊNCIA FORA DO CORPO (EFC)
www.towardthelight.org/peterfenwick.html
ART FUNKHOUSER — DÉJÁ VU E EXPERIÊNCIA QUASE MORTE (EQM)
http://dreamtalk.hypermart.net/member/files/art_funkhouser.html
DALE E. GRAFF — FÍSICO, SEMINÁRIOS PSI, INICIATIVA
www.dalegraff.com/
DRA. PAMELA HEATH — PARAPSICOLOGIA
www.pamelaheath.com/
INTERNATIONAL CONSCIOUSNESS RESEARCH LABORATORIES
www.icrl.org/
INSTITUTO DE CIÊNCIAS NOÉTICAS (IONS)
www.noetic.org/
IRVING JANIS — GROUPTHINK
www.12manage.com/methods_janis_groupthink.html
STANLEY KRIPPNER, Ph.D. — CONSCIÊNCIA HUMANA
stanleykrippner.weebly.com/
BRUCE LIPTON, Ph.D. — PODER DA MENTE
www.brucelipton.com/
ELIZABETH LOFTUS — MEMÓRIA
faculty.washington.edu/eloftus
LYNNE McTAGGART — EXPERIÊNCIAS DE INTENÇÃO
www.theintentionexperiment.com/
CHRIS MOULIN — DÉJÀ VU
web.mac.com/chris.moulin/MoulinLab/Chris_Moulin.html
NATIONAL INSTITUTE OF MENTAL HEALTH — DISTÚRBIOS DA MEMÓRIA
www.nimh.nih.gov/

VERNON NEPPE
www.pni.org/clinical/briefneppebio.htm
ANTHONY PEAKE — DÉJÀ VU E EXPERIÊNCIAS DE QUASE MORTE (EQM)
www.anthonypeake.com/
MICHAEL PERSINGER — CÉREBRO, "GOD HELMET" [CAPACETE DE DEUS]
www.parapsych.org/psiexplorer/michaelpersinger.htm
NICK REDFERN — TULPAS, OVNIs, CRIPTOZOOLOGIA
www.nickredfern.com/
RHINE INSTITUTE
www.rhine.org/
SCIENTIFIC AMERICAN MIND
www.scientificamerican.com/
MICHAEL SCHMICKER — CONSELHO DE CONSULTORES, RHINE INSTITUTE
www.booksbymichael.com/
MEGHAN SHANNON — ESTUDOS SOBRE XAMÁS E AYAHUASCA
www.infinitelightperu.com
J. DAVID SMITH — COGNIÇÃO ANIMAL
wings.buffalo.edu/psychology/labs/smithlab/
STANFORD ENCYCLOPEDIA OF PHILOSOPHY
plato.stanford.edu
RICK STRASSMAN — PESQUISA DMT
www.rickstrassman.com/
DAROLD TREFFERT — SÍNDROME DO SAVANT
www.daroldtreffert.com/
UC DAVIS CENTER FOR MIND AND BRAIN
http://mindbrain.ucdavis.edu/
ROB WAGGONER — SONHOS LÚCIDOS
www.lucidadvice.com/
DR. LEE WARREN — HABILIDADE SAVANT LATENTE
pureinsight.org/node/156
VICTOR J. ZAMMIT — EXPERIÊNCIA DE QUASE MORTE (EQM)
www.victorzammit.com

BIBLIOGRAFIA

Associated Press. "Edward Lighthart." *Seattle Times*, 20 de agosto de 2009.

Brodie, Richard. *Virus of the Mind:* The New Science of the Meme. Carlsbad, Calif.: Hay House, 1996.

Bruce, Robert. *Astral Dynamics:* The Complete Book of Out-of-Body Experiences. Charlottsville, Penn.: Hampton Roads, 2009.

Cadge, Wendy. *Paging God:* Religion in the Halls of Medicine. Boston, Mass.: Harvard University Gazette, 2009.

"Deep Brain Stimulation in Hypothalamus Triggers Déjà vu Memory Recall in Patient." *Science Daily*, 30 de janeiro de 2008.

Dennett, Preston. *Out-Of-Body Exploring:* A Beginner's Approach. Charlottesville, Va.: Hampton Roads, 2004.

Dossey, Larry. "The Power of Premonitions." *New Dawn Magazine* 9 (2009).

Foer, Joshua. "The Psychology of Déjà vu." *Discovery Magazine*, 9 de setembro de 2005.

Fuller, John G. *The Ghost of 29 Megacycles*. Londres: Grafton Books, 1987.

Gazzaniga, Michael. *The Mind's Past Berkeley*. Calif.: University of California, 1998.

Goldberg, Dr. Bruce. *Exploring the Fifth Dimension: Parallel Universes:* Teleportation and Out-of-Body Travel. Los Angeles, Calif.: Bruce Goldberg, Publisher, 2009.

Gooch, Stan. *The Origins of Psychic Phenomena*. Rochester, Vt.: Inner Traditions, 2007.

Gordon, Susan. "The Mind and the Brain: A Review of the Human Amygdala." *PsyCritiques*. Setembro de 2009, 54.

Graff, Dale E. "Explorations in Precognitive Dreaming." *Journal of Scientific Exploration* 21 (2007): 707-29.

_____. *River Dreams*. Boston, Mass.: Element Books, 2000.

_____. *Tracks in the Psychic Wilderness*. Boston, Mass.: Element Books, 1998.

Hamilton, W. D. "Geometry for the Selfish Herd." *Journal of Theoretical Biology* (1971).

Hancock, Graham. *Supernatural: Meetings with the Ancient Teachers of Mankind*. Nova York: The Disinformation Company, 2007.

Hauser, Marc. "The Mind." *Scientific American*: (2009).

Hawkins, David R. *Power Vs. Force: The Hidden Determinants of Human Behavior*. Carlsbad, Calif.: Hay House, 2002.

Hayes, Michael. *The Hermetic Code in DNA: The Sacred Principles in the Ordering of the Universe*. Rochester, Vt.: Inner Traditions, 2008.

Headache: The Journal of Head and Face Pain. 42 7 (2002).

Hodge, David R. *Research on Social Work Practice*. Março de 2007.

Howarth, Glennys, e Allan Kellehear. "Shared Near-Death and Related Illness Experiences: Steps on an Unscheduled Journey." *Journal of Near-Death Studies Studies* (2001).

Janis, Irvin. *Victims of Groupthink: A Psychological Study of Foreign-policy Decisions and Fiascoes*. Nova York: Houghton & Mifflin: 1972.

Jones, Marie D. e Larry Flaxman. *The Resonance Key: Exploring the Links Between Vibration, Consciousness, and the Zero Point Grid*. Franklin Lakes, N.J.: New Page Books, 2008.

Jung, Carl. *Memórias, sonhos e reflexões*. Rio de Janeiro: Ediouro, 2006.

Koch, Cristof, e Susan Greenfield. "How Does Consciousness Happen?" *Scientific American* (2007).

Krippner, Stanley. *Human Possibilities: Mind Research in the USSR and Eastern Europe*. Garden City, N.Y.: Anchor Books, 1980.

Krippner, Stanley, com Montague Ullman e Alan Vaughn. *Dream Telepathy: Experiments in Nocturnal ESP.* Jefferson, N.C.: McFarland Publishers, 1989.

Lazlo, Ervin. *The Akashic Experience: Science and the Cosmic Memory Field*. Rochester, Vt.: Inner Traditions, 2009.

Lipton, Bruce. *The Biology of Belief: Unleashing the Power of Consciousness, Matter and Miracles*. Santa Rosa, Calif.: Mountain of Love Books, 2005.

_____. "Mind Power." *New Dawn Magazine*. Janeiro-fevereiro de 2008.

Lewis, James R. e Evelyn Dorothy Oliver. *The Dream Encyclopedia*. Canton, Mich.: Visible Ink Press, 2009.

Mason, MD, Stephen. "Upside of Voodoo." *Psychology Today*, abril de 2009.

McTaggart, Lynne. *The Field: The Quest for the Secret Force in the Universe*. Nova York: HarperCollins, 2002.

Monroe, Robert. *Journey Out of the Body*. Garden City, N.J.: Doubleday Books, 1971.

Peake, Anthony. *The Daemon: A Guide to Your Extraordinary Secret Self*. Londres: Arcturus Publishing Ltd., 2008.

Peake, Anthony. *Is There Life After Death?* Londres: Chartwell Books, 2001.

Peat, F. David. *Synchronicity: The Bridge Between Mind and Matter*. Nova York: Bantam Books, 1987.

Pilcher, Helen. "The Science of Voodoo: When Mind Attacks Body." *Scientific American Mind*. Maio de 2009.

Proud, Louis. *Dark Intrusions: An Investigation Into the Paranormal Nature of Sleep Paralysis Experiences*. Jefferson Valley, N.Y.: Anomalist Books, 2009.